股份有限公司类别股法律制度研究

吴荣荣／著

GUFEN YOUXIANGONGSI LEIBIEGU
FALÜ ZHIDU YANJIU

法律出版社
LAW PRESS · CHINA
北京

图书在版编目（CIP）数据

股份有限公司类别股法律制度研究 / 吴荣荣著.
北京 : 法律出版社, 2025. -- ISBN 978 - 7 - 5197 - 9996 - 0

Ⅰ. D922.291.914

中国国家版本馆 CIP 数据核字第 2025600K0P 号

股份有限公司类别股法律制度研究
GUFEN YOUXIANGONGSI LEIBIEGU FALÜ ZHIDU YANJIU

吴荣荣 著

责任编辑 韩梦超
装帧设计 鲍龙卉

出版发行 法律出版社
编辑统筹 辞书·融出版编辑部
责任校对 王 丰 李景美
责任印制 吕亚莉
经　　销 新华书店

开本 710 毫米×1000 毫米 1/16
印张 11.75 **字数** 190 千
版本 2025 年 3 月第 1 版
印次 2025 年 3 月第 1 次印刷
印刷 北京盛通印刷股份有限公司

地址:北京市丰台区莲花池西里 7 号(100073)
网址:www.lawpress.com.cn
投稿邮箱:info@lawpress.com.cn
举报盗版邮箱:jbwq@lawpress.com.cn
销售电话:010 - 83938349
客服电话:010 - 83938350
咨询电话:010 - 63939796

书号:ISBN 978 - 7 - 5197 - 9996 - 0
定价:58.00 元

凡购买本社图书,如有印装错误,我社负责退换。电话:010 - 83938349

序

吴荣荣博士是我指导的2015届中国人民大学法学院经济法学博士,现为北京联慧律师事务所高级合伙人。吴荣荣博士在民商法、经济法领域深耕多年,不仅具有扎实的学术功底,还曾担任民商事审判庭法官和上市公司高管,也具有丰富的民商事审判和企业管理经验,真正实现了将理论与实务相结合,在法学研究、司法实务领域均有建树。

在我的鼓励和建议下,荣荣以《股份有限公司类别股法律制度研究》作为博士论文题目。写作过程中,他几易其稿,精益求精,最终完成了一篇高质量的博士学位论文,获得了外审专家与答辩委员的一致好评。本书正是在其博士学位论文基础上,结合近年理论研究成果、立法动态与司法实践,经过认真修改、增补而成。

类别股,顾名思义,是指在一家公司内部存在不同类别的股份,如优先股、劣后股、表决权差异股、转让受限股等。各种类别股附带的权利、义务及其发行条件、流通性等各不相同,为公司提供了更为丰富的融资工具和治理手段,同时也为投资者提供了更多样化的投资选择。然而,类别股法律制度的复杂性也引发了诸多争议,怎样平衡类别股对传统公司制度、“同股同权”原则带来的冲击与影响始终是学术研究的焦点。2023年,我国新修正的《公司法》增设了类别股相关条款,标志着我国正式在法律层面引入了类别股制度。当类别股制度真正进入我国法律实践,如何理解与适用新《公司法》的类别股条款,如何发现、总结实践中出现的新问题,作出进一步的制度创新,都亟待理论界与实务界的探索。

本书正是基于这样的背景而诞生。在原博士学位论文的基础上,作者又根据近年来的理论研究成果,结合新《公司法》的修正内容,深入剖析了类别股法律制度的理论基础、历史演进、国际比较、制度构建及其实践应用,以期为我国股份有限公司类别股法律制度的实践与完善提供有益参考。

在理论探讨方面,本书基于公司法、证券法等学科的理论知识,系统梳理了类别股法律制度的基本概念和原理,深入分析了其背后的法理逻辑和价值追求,全面揭示了类别股法律制度构建和运作的规律,并且围绕黄金股、双层股权结构等公司实践中的热点问题作出了富有意义的探讨。

在历史演进方面,本书回顾了类别股法律制度在全球范围内的产生、发展和演变过程,特别是详细介绍了代表性国家和地区的类别股法律制度发展脉络。通过对历史脉络的梳理,读者可以更加清晰地认识到类别股法律制度在不同国家和地区的发展特点和趋势。

在国际比较方面,本书选取了多个具有代表性的国家和地区,对其类别股法律制度的立法模式、具体内容、实践效果等方面进行了深入的比较分析。这种跨国界的比较研究,不仅有助于读者更全面地了解类别股法律制度的全球现状和未来趋势,也为我国类别股法律制度的完善提供了宝贵的借鉴和启示。

在制度构建方面,本书基于2023年《公司法》相关规定,梳理了我国股份有限公司类别股法律制度,指出尚待改进之处,并提出一系列制度创新,如优先股合同解释原则、类别股东会议制度、表决权复活制度等,为我国股份有限公司类别股法律制度的进一步完善提供了重要参考。

在实践应用方面,本书结合具体的案例和数据,对类别股法律制度在实践操作中的应用进行了详细的分析和讨论。这些案例和数据不仅揭示了类别股法律制度的实际效果和影响力,也为读者提供了宝贵的实践经验,读者可以从中吸取教训。

作为一本内容丰富、体系完整、分析深入的学术著作,本书不仅能使读者全面认识和深入理解股份有限公司类别股法律制度,也能为我国股份有限公司类别股法律制度的完善提供有益的参考和借鉴。

在当前我国社会、经济发展的历史性征程中，习近平总书记开创性地提出了"新质生产力"的概念，强调以科技创新催生新产业、新模式、新动能。将习近平总书记提出的这种创新思维映射到法学研究领域，就是法学研究需要关注新问题、新理论，为经济发展和法律实践提供源源不断的新思路、新方法。我相信，本书就是在我国《公司法》革新之际，将类别股研究的最新成果与法律实践结合的一个典范。本书的出版不仅将对我国公司法律制度的创新和发展产生积极的影响，也能为公司、法律工作者运用类别股新制度来践行"新质生产力"的发展要求提供指引。并且，借由本书的出版，我也期待更多的学者和实务工作者加入类别股法律制度研究的行列，共同为我国公司治理的现代化与资本市场的健康发展贡献智慧和力量。

最后，祝贺荣荣新书付梓出版，也祝愿他在专业领域"百尺竿头，更进一步"，取得更好的成绩！

是为序。

刘俊海

目　录

前　言

一、选题背景

近年来，随着新发展格局的形成，我国资本市场法治不断走向完善，对于推动资本市场健康发展、优化营商环境、加强产权保护均有着极为重要的意义。资本市场法治建设中，最为重要的内容当属股票发行注册制改革与《公司法》的修改，二者同时进行、相互交织、彼此辉映。

注册制改革的实施，经历了从局部试点到全面推开的过程。2019 年 6 月 13 日，上海证券交易所宣布科创板开板，标志着注册制的首次落地。同年 12 月 28 日，十三届全国人大常委会审议通过了新修订的《证券法》，其中重点内容就是明确要全面推行注册制，将发行股票应当“具有持续盈利能力”的要求，改为“具有持续经营能力”。2020 年 8 月 24 日，深圳证券交易所创业板改革并试点注册制，标志着资本市场全面深化改革进入“深水区”。2020 年 10 月 31 日，国务院金融稳定发展委员会召开专题会议。会议特别提出，要增强资本市场枢纽功能，全面实行股票发行注册制，建立常态化退市机制，提高直接融资比重。2021 年 9 月 3 日，北京证券交易所注册成立，同时试点注册制。2022 年 8 月 1 日，证监会主席易会满在《求是》上发文称，经过近 3 年的试点探索，以信息披露为核心的注册制架构初步经受住了市场考验，配套制度和法治供给不断完善，全面实行股票发行注册制的条件已基本具备。2023 年 2 月 17 日，中国证监会及证券交易所等发布全面实行股票发行注册制制度规则，自发布之日起施行。这标志着注册制的制度安排基本定型，注册制推广到全市场和各类公开发行股票行为，股票发行注册制正式全面实施。

在党中央“五位一体”总体布局和“四个全面”战略布局引领下，为深化国有企业改革、持续优化营商环境、完善产权保护制度、健全资本市场基础性制度、促进资本市场健康发展、解决公司法律制度与改革和发展不适应、不协调的问题，《公司法》修改工作于2019年启动。我国现行《公司法》于1993年制定，1999年、2004年对个别条款进行了修改，2005年进行了全面修订，2013年、2018年又对公司资本制度相关问题作了两次重要修改。2013年的修改取消了最低注册资本限额，引入注册资本认缴制和一系列配套制度，极大地激发了市场主体投资兴业的积极性。2018年的修改进一步完善了原《公司法》第142条规定的股份有限公司股份回购制度。而此次的修改是对《公司法》的全面、系统修改。2023年12月29日，第十四届全国人民代表大会常务委员会第七次会议修订通过新《公司法》，并自2024年7月1日起施行。新《公司法》删除了2018年版《公司法》中的16个条文，并新增和修改了228个条文，其中有112个条文经历了实质性的修改。相比于旧法，新《公司法》有诸多亮点，如认缴出资5年内缴足；公司股东会、董事会、监事会召开会议和表决可以采用电子通信方式；股权和债权也可以出资；股东认缴、实缴出资额应当公示；有限责任公司股东对外转让股权应当书面通知其他股东；股权转让人对受让人未按期缴纳的出资承担补充责任等。其后又出台了有关新《公司法》的行政法规与司法解释。[①]

注册制改革与《公司法》修改的一个交汇点，就是股份有限公司类别股法律制度。新《公司法》明确引入了股份有限公司类别股法律制度。该法第144条规定：公司可以按照公司章程的规定发行下列与普通股权利不同的类别股：(1)优先或者劣后分配利润或者剩余财产的股份；(2)每一股的表决权数多于或者少于普通股的股份；(3)转让须经公司同意等转让受限的股份；(4)国务院规定的其他类别股。公开发行股份的公司不得发行前款第2项、第3项规定的类别股；公开发行前已发行的除外。类别股主要体现为利润分配顺序、表决权数及自由转让权利等与普通股实行同股不同权。但新《公司法》规定，对于监事或者审计委员会成员的选举和更换，类别股与普通股每一股的表决权数相同。同时，新《公司法》第146条还规定了类别股的分类表决制度：发行类别股的公司，有本法第116条第3款规定的事项等可能影响类别股股东权利的，除应当依照第116条第3款的规定经股东会决议外，还应当经出席类别股股东会议的股东所持表决权的2/3以

---

① 主要包括《企业信息公示暂行条例》(2024修订)、《国务院关于实施〈中华人民共和国公司法〉注册资本登记管理制度的规定》、《最高人民法院关于适用〈中华人民共和国公司法〉时间效力的若干规定》等。

上通过。公司章程可以对需经类别股股东会议决议的其他事项作出规定。

虽然近年来注册制改革进行得如火如荼,《公司法》的修订也已完成,但在现实层面,国内 A 股市场截至 2024 年 1 月并未发生重大改变,2007 年牛市之后,一直到 2014 年年初在全球股市中排名垫底,股民叫苦连天;2014 年 7 月,股市开始发力,A 股在券商金融地产等权重板块的推动下创出新高持续到 2015 年,上证指数最高 5178 点,这也是上证指数离 2007 年 6124 点最近的年份,2015 年上证指数最低 2850 点,上涨幅度 9.41%,震荡幅度 71.95%,震荡幅度是这 10 年最大的,年成交额 1,321,215 亿元,也是这 10 年最大的。而自 2016 年到 2024 年年初上证指数一直徘徊在 3000 点左右,再未超过 4000 点。中国进入了长达八年半之久的熊市。在股市低迷,融资渠道狭窄,疫情之后实体经济百废待兴的大背景下,我国投资者因互联网金融的发展而热情高涨。2015 年 12 月 31 日,经国务院批准,民政部通知中国互联网金融协会准予成立。2016 年 3 月 25 日,中国互联网金融协会在上海黄浦区召开成立会议暨第一次全体会员代表大会,上海市市长杨雄和中国人民银行副行长潘功胜共同为协会揭牌,2023 年 3 月 7 日,中国互联网金融协会在北京召开第二届会员代表大会暨第二届理事会第一次会议。互联网金融是利用互联网技术和移动通信技术等一系列现代信息科学技术实现资金融通的一种新兴金融服务模式。以支付宝的余额宝和微信的理财通为代表的互联网金融工具,极大地降低了国民的银行储蓄热情,大家纷纷将储蓄转移到余额宝或理财通等互联网金融工具中,造成了银行的存款危机。据笔者亲自体验,其他互联网金融公司的理财项目基本都是刚一公布,几分钟甚至更短时间内就被抢购一空,几近疯狂。究其本质,余额宝和理财通仅仅是互联网公司和货币基金的联合,而其他互联网金融工具也是互联网公司进入金融领域,方便网民理财而已。互联网金融的迅速壮大从一个侧面反映了我国国民投资渠道的匮乏。此外,最高人民法院民庭作出判决[(2012)民提字第 11 号],虽然改判对赌协议中甘肃世恒公司的股东迪亚公司对甘肃世恒公司的担保条款有效,并判决迪亚公司向海富投资公司支付协议补偿款,即基本实现海富投资公司的诉讼目的,但最高人民法院亦认定海富投资公司与甘肃世恒公司之间的对赌条款无效,理由是损害了甘肃世恒公司的公司利益和债权人利益,亦即私募股权投资者和公司之间签订的对赌协议无效。本案被学界称为“对赌协议第一案”,最高人民法院确定了一个规则,即无效情形仅限于以目标公司为主体的回购和补偿条款,而对于股东与投资方签订的补偿承诺,不违反法律法规的禁止性规定,是当事人的真实意思表示,应属有效。2014 年年初,北京市第一中级人民法院审理的北京某投资中心诉曹某某股权转让纠纷一案,①亦遵循了上述最高人民法院的判例。无论是互联网金融受国人追捧,在国内如火如荼,还是私募股权基金走在法律的"钢丝绳"上,无奈选择"对赌协议",都映射出公司融资渠道狭窄,国内投资渠道匮乏的现状。公民有钱需要投资增值,而公司缺钱,需要融资扩股,双方为何未能一拍即合?如何发挥公司制度,吸引各类投资者进行投资,是有效解决公司融资难的重要路径选择之一。而类别股份制度具有的混合证券的性质,有效规避了债券和普通股的弊端,又在合理的利益平衡分配下满足了各类投资者的投资目的,是有效解决公司投融资困难的重要举措。也正是因为国内投资渠道匮乏,导致股市在长期低迷后,突然暴涨。暴涨的背后是投机,投机的背后是危机,而危机产生的根源是国内的资金无处可去,投资者的资金像蝗虫一样呼啸而至,呼啸而离,从房地产市场、文玩市场到农副产品市场,每到一个行业就引发商品价格的剧烈波动,资金撤离后又留下一个个烂摊子,很多实实在在的从业者深受其害。如果 20 世纪 90 年代初我国在上海、深圳等地出现的优先股萌芽能够开花结果并枝繁叶茂,那么现在让学界头疼和司法部门挠头的"对赌协议",以及让金融从业者兴奋和金融监管部门伤脑筋的互联网金融工具会发展但不会壮大,这两种新生力量会给社会经济造成影响,但不至于上升到理论界和实务界都对此进行热烈关注并进行激烈争论的地步,解决公司投融资困难的关键在于进一步完善《公司法》中有关股份制度的规定,特别是类别股份制度。

二、选题的意义

类别股份制度不仅能够扩宽公司投融资的渠道,也能有效促进股权分置改革,有助于解决公司中的国有资本(国有股)问题。研究类别股份的意义是通过进一步完善类别股份制度,助力公司的融资,解决国有企业存在的问题,改善公司的资本结构并提高公司的运营效率。

第一,类别股份制度有助于公司融资。类别股份制度有利于公司融资,提高

① 参见北京法院网,http://bjgy.chinacourt.org/article/detail/2014/02/id/1218671.shtml,2014 年 3 月 1 日访问。

公司运营的效率，并能拓宽投资渠道，从而促进我国实体经济的发展。在目前货币政策影响下，公司通过贷款融资难上加难，因此发行普通股成为主要的融资形式。但是，目前我国的A股市场正处于熊市转牛市的档口，上证指数从2005年的7000多点，一直下跌到2012年的1000多点，直到2015上证指数突破5000点，这也是距离2007年最近的一次。而自2015年以来A股市场上下波动，始终未能突破4000点的大关，常年于3000点左右徘徊。很多股民被套牢，几十亿元的资产在股市中蒸发。这种现象使得普通股的融资也受到了阻碍。但是公司仍然需要资金来进一步发展。因此，发行类别股份将有助于实现这一目标。有些类别股份不用公司发行新股，也可以达到融资的目标，比如公司可以向股东发行某种股份，规定在股份发行时，股份不用全额支付购买股份的金额，但在符合某些条件的情况下，股东必须支付剩余的金额，类似于美国之前出现过的"渗水股"。通过发行这种股份，使得一开始资金不太充裕的投资人仍然可以购买股份，在一段时间以后，如公司出现资金困难，则可以要求股东继续支付剩余对价，从而降低了投资门槛，有利于投资兴业。此外，发行多种股份，还可以使投资者的选择增多，吸引投资者的投资热情，也有利于公司的融资。

第二，有利于解决国有股面临的问题。由于特殊国情和历史原因，虽然经过多年的股权分置改革，但在我国的大型公司中，国有股一股独大的状况没有根本改变。国有股的份额远大于中小股东的份额，而且国有股股东与政府往往关系密切，导致中小股东话语权缺失，中小股东、债权人和劳动者的权益无法保证。如果对国有股进行改革，使其无法享有投票权，或者享有有限的投票权，则可以防止权力"寻租"现象的产生。另外，为了使国有资产保值增值，应当赋予国有资产获得收益的优先地位。2019年10月，国务院发布《关于进一步做好中央企业控股上市公司股权激励工作有关事项的通知》，积极支持中央企业控股上市公司建立健全长效激励约束机制；2020年4月，国资委在总结中央企业控股上市公司股权激励工作的基础上，制定了《中央企业控股上市公司实施股权激励工作指引》；2021年1月，国务院国有企业改革领导小组办公室印发《"双百企业"和"科改示范企业"超额利润分享机制操作指引》，指导相关企业率先推进改革工作。与以往的激励政策相比，国有企业的股权和分红激励实施条件和政策边界更为清晰，调动了企业参与改革的积极性，带动企业经营水平普遍提升。如果将国企的员工持股计划与类别股制度结合，会极大地增加持股计划的灵活性、多样性和科学性，在提高员工的积极性，增加企业运营效率的同时，保证国有资产的保值增值。

第三，使公司的运营更有效率。现代公司法规定了股东会、董事会和监事会三种公司组织，但三者的运行差强人意，各种冲突不可避免。诚然，提高股东参与公司治理的积极性和强化董事的诚信义务是解决问题的重要手段，但是一旦上升到主体的主观能动性问题，往往缺少可操作性，且无法明确具体标准，导致立法借鉴难度极大；而类别股份制度却可以从立法设计方面提供一个便捷解决方法，比如赋予某类股东在选举董事或其他高管时享有较多投票权，或者利用偿还股将公司高管的利益与公司的利益捆绑在一起，缓解“代理成本”，上述类别股份制度设计都可以改善公司资本结构并完善公司治理结构，提高公司的运营效率，并且拓宽投资渠道，吸引投资者的投资热情。

关于类别股份，国内外学者在这一领域的研究逐渐受到关注，尽管国内相关专著相对较少，但近年来已有一些学者进行了深入的研究。而笔者的选题着重于对各国的类别股制度立法例进行归类总结，并以优先股为范例，深入分析优先股发行后公司以及各利益团体（包括普通股股东、优先股股东、公司管理层等）的利益冲突，从类别股的股权和债权混合性质出发，力图从公司法和合同法规范上寻求平衡各利益冲突并保护弱势的类别股股东的基本机制。

第四，面对优先股工作的逐步启动，笔者试图对已经发行优先股的公司进行实证研究，借以评估优先股工作推进的程度、融资规模和行业特征，并对已发行优先股的基本性质和重要条款进行归纳，以总结出中国优先股发行的市场惯例，并指导未来的优先股发行工作。

三、研究方法

在本书中，笔者运用所学的经济学、管理学、法学、金融学和哲学等理论知识，通过研读国内外的相关法学著作、期刊文献和有关翻译资料，采用历史分析和比较分析相结合，经济分析和法学分析相印证的研究方法，在充分知悉国内外公司法中典型的类别股份制度的基础上，用实证分析等方法，对类别股份相关法律问题进行深入研究。

第一，比较研究方法。就比较研究方法而言，在经济全球化的大背景下，各国在经济领域中的相互依赖程度日益加深，因此，各国公司立法呈现日益相近的特征。这种现象源于客观上需要遵循一套共同的规则，尤其在商事组织法方面。虽然各国公司法的体系存在差异，但就公司的本质及其治理结构而言，基本保持一致。而一些经济发达国家已经构建了比较成熟的类别股份制度，因此对国外较为成熟的类别股制度的研究对于我国类别股份制度的建立有着非常强的借鉴作用。本书在探讨类别股份具体权利配置及类别股东保护制度时，将广泛运用比较分析方法，深入剖析美国、英国、日本、德国、韩国等国家和我国台湾、香港地区的类别股份制度法律理论、法律规范及判例，以此为借鉴，探讨如何制定合适的立法途径，设置合理的类别股份，以及如何保护类别股东等问题。同时，结合我国实际情况，进行取舍和改进。

第二，经济分析方法。类别股份制度的诞生源于交易实践，其本身便是交易经验和智慧的结晶。在类别股份权利配置的过程中，无不应验了成本收益的经济学思维方式。本书将遵循法经济学的研究范式，立足于交易的本质，对类别股份权利配置的合理性以及公司立法应如何规范类别股份融资交易进行深入探讨，旨在促使类别股份立法实现公平、自由与效率的价值目标。

第三，历史研究方法。国外相对成熟的类别股份制度历经漫长的演变过程。本书立足于其历史发展脉络，深入探讨关键制度环节的构建与形成，以便对之作全面、深入的理解和介绍。

第四，功能路径分析方法。本书主要从功能角度探讨了公司法与公司章程在类别股权生成与配置过程中的作用。

第五，判例分析法。英美法系国家的类别股份制度不仅涵盖成文法制度，而且包括众多判例。本书旨在通过分析英国、美国等国家的重要判例，对此进行深入论证。同时，本书还对其他典型案例进行了实证研究，通过具体实例进一步印证所提观点。

四、主要创新

第一，在充分探析类别股份制度基础理论的前提下，以类别股的主权利作为类别股种类的分类标准，对不同种类类别股进行归类分析，寻求其个性和共性，抽象出一般规律。

第二，对类别股份制度不足进行分析，明确提出以下两种观点：(1)优先股合同是不完全合同；(2)类别股引入公司后，将导致不同的公司法律关系主体之间产生利益冲突，为了解决各种利益冲突，需要寻找利益平衡的途径。

第三，从我国股份制改革和股份类别入手，对我国股份种类的设置及不足进行充分论述，认为我国现有的股份存在以下不足：国有股一股独大，导致公司治理效果低下；股份类别创新性不足，导致公司缺乏有效的融资渠道；股份的类别与国际通行规定脱轨，导致实用性较差，从而认为我国类别股份制度研究和建设仍然需要进一步的发展。

第四，对我国的优先股工作背景、现状和不足进行了分析研究，并提出了优先股制度发展的改进方向。

第五，从合同法和公司法两个角度探讨如何保护类别股股东权利，降低机会主义行为对类别股股东和普通股股东的损害。从治理类别股股东与公司其他主体之间的利益冲突出发，重点论述了类别股东大会制度、表决权复活制度、董事的信义义务、异议股东股份评估权制度、独立董事制度和证券投资者保护基金制度等利益平衡范式，并认为我国的类别股份制度的设计要充分考虑上述制度模式，并争取在借鉴的基础上予以引进或完善。

第六，将境外类别股份制度的成功经验与我国经济实践相结合，充分考虑优先股工作开展情况，结合公司各方利益冲突治理和利益平衡范式，对符合我国国情的类别股份制度设计提出相关建议，并对后续《公司法》修订提出具体建议。

第七，通过对类别股份制度的研究，探索公司法的未来发展趋势。类别股份制度的产生、发展与完善是市场经济发展的产物，公司法应当注重市场交易主体的主观能动性，着重发挥市场的作用，尽量减少政府的不必要干预。

五、文献综述

以下资料为本书的写作提供了大量丰富有益的借鉴素材和参考资料。

对于类别股份产生的原因，朱慈蕴、沈朝晖（2013）认为是满足公司融资多样化与投资偏好差异。[①] 葛伟军（2010）认为是基于股东平等原则、适应社会经济发展、保护中小股东、最初的股份持有人维持对公司的控制、满足不同种类股东的投资意图和利益等原因，需要为设置不同的股份类别扫清制度障碍。[②] 郭富青（2002）认为从类别股的价值取向进行分析，特别股的设置主要是为了筹集资本，

① 参见朱慈蕴、沈朝晖：《类别股与中国公司法的演进》，载《中国社会科学》2013 年第 9 期。

② 参见葛伟军：《论类别股和类别权：基于平衡股东利益的角度》，载《证券法苑》2010 年第 2 期。

以及经营者为了实现控制公司的目的。[1] 赵玲(2021)认为类别股能够有效满足投资者的多元化需求,立法者在公司法层面对此作出回应是法治现代化进程的重要助推。[2] 傅穹、肖华杰(2019)认为除为投资者和融资者提供便利外,对于各国(地区)交易机构而言,在经济全球化背景下,类别股制度更是争夺独角兽资源的重要制度支撑。[3] 雷兴虎、薛波(2016)认为类别股的效用还体现在便于股权继承,出资转换(债转股),并且可以帮助企业预防敌意收购等。[4]

对于类别股的属性,Paul L. Davies 和 Sarah Worthington(2012)认为只要该权利被明确作为类别权被规定在公司章程、细则或者发行条款中,或者与公司的分红、投票权或者权利变更的程序有关,那么该权利是类别权。[5] 郭富青(2002)认为特别股是普通股之外股份存在的一种特殊形式,实质上是股权平等原则的例外。[6] 朱慈蕴、沈朝晖(2013)认为其是兼有股权和债权的混合性证券,其实质是对股东权利的分割和再组合。[7] 李燕、郭青青(2016)认为类别股是股权子权利的分离和重新组合。[8] 综观世界各国,很多国家都没有对类别股作出明确的定义,而是示范性地列举了股权的子权利,公司可以对股权所具有的子权利自由约定并规定在公司章程,如美国《示范公司法》及各州公司法示范性的列举了数项"股权子权利"。

对于类别股的融资价值,朱慈蕴、沈朝晖(2013)认为契合了私募股权投资者与创业企业的合作需求、满足厌恶风险或者风险承受力低的公众投资者的需求、国有企业或家族企业中政府或家族创始人可保持对公司的控制权。同时朱慈蕴、神作裕之(2019)认为结合类别股制度,公司就可以从融资的必要性和确切性、公司的分红负担等多种角度出发,单独或者组合使用类别股的多项基本权能,进行

---

① 参见郭富青:《股份公司设置特别股的法律透视》,载《河北法学》2002 年第 5 期。

② 参见赵玲:《我国类别股创设的法律路径》,载《法学杂志》2021 年第 42 卷第 3 期。

③ 参见傅穹、肖华杰:《我国股份有限公司类别股制度构建的立法路径》,载《西南民族大学学报(人文社科版)》2019 年第 40 卷第 8 期。

④ 参见雷兴虎、薛波:《公司法现代化背景下我国类别股制度之建构》,载《商事法论集》2016 年第 29 卷第 2 期。

⑤ See Paul L. Davies and Sarah Worthington, *Gower and Davies' Principles of Modern Company Law*, 9th Edition, Sweet & Maxwell, 2012.

⑥ 参见郭富青:《股份公司设置特别股的法律透视》,载《河北法学》2002 年第 5 期。

⑦ 参见朱慈蕴、沈朝晖:《类别股与中国公司法的演进》,载《中国社会科学》2013 年第 9 期。

⑧ 参见李燕、郭青青:《我国类别股立法的路径选择》,载《现代法学》2016 年第 2 期。

符合各种公司情况的融资。[①] 丁楹(2013)则认为优先股在并购和创业企业中将发挥重要的作用。[②] 任尔昕(2010)认为,建立种类股制度有利于融资渠道创新;有利于改善公司融资质量,拓宽融资渠道;可以作为风险金融的工具,促进创业企业的发展;可以作为针对敌对收购的防卫手段;可以为我国国企改革提供参考思路。[③]

对于类别股的公司制度价值,刘俊海(2012)认为可以促进国资国企改革、解决国家股和 VIE 难题。[④] 朱慈蕴、沈朝晖(2013)认为类别股使得股权价值理念发生变化,可以丰富股东平等原则的内涵,推动公司法信义义务的演进与分层,增强法律强制与公司章程自治的互动、挑战僵化的公司资本制度与观念。[⑤] 李耕坤、王雅伦(2023)也认为,引入类别股制度,有利于股东平等原则从形式化走向实质化。[⑥] 李波、单漫与(2009)认为可以调整国有银行的治理机制和管理绩效。[⑦] 任尔昕(2010)认为建立种类股制度能充分实现公司的融资功能;是私法自治在公司法领域的具体实现;有利于对股权平等原则的科学理解。[⑧]

对于类别股的具体制度构建,朱慈蕴、沈朝晖(2013)认为类别股的种类必须法定化,协调类别股与债权人利益,对于双层股权结构的引入应区分情形加以规制,应建立完善的类别表决机制。[⑨] 俞广君(2015)则认为同股同权是股东平等的要求,但股东平等并不等于权利相同。[⑩] 同时其表明反对法定类别股,如果类别股规定得不够完善,事实上的类别股就会应需而生,此时法定类别股就失去了意义。而赵玲(2021)认为在初期采取类别股法定化并逐步过渡到章定化的进程

---

① 参见朱慈蕴、[日]神作裕之:《差异化表决制度的引入与控制权约束机制的创新——以中日差异化表决权实践为视角》,载《清华法学》2019 年第 2 期。

② 参见丁楹:《从美国优先股制度发展历程看中国转轨时期优先股制度的建立》,载《中央财经大学学报》2013 年第 5 期。

③ 参见任尔昕:《关于我国设置公司种类股的思考》,载《中国法学》2010 年第 6 期。

④ 参见刘俊海:《优先股将根治国企、VIE 难题》,载《董事会》2012 年第 3 期。

⑤ 参见朱慈蕴、沈朝晖:《类别股与中国公司法的演进》,载《中国社会科学》2013 年第 9 期。

⑥ 参见李耕坤、王雅伦:《修法背景下公司类别股制度的引入与完善》,载《北京化工大学学报(社会科学版)》2023 年第 1 期。

⑦ 参见李波、单漫与:《国有银行治理结构与管理层激励——多项任务委托代理、经理人市场和优先股》,载《金融研究》2009 年第 10 期。

⑧ 参见任尔昕:《关于我国设置公司种类股的思考》,载《中国法学》2010 年第 6 期。

⑨ 参见朱慈蕴、沈朝晖:《类别股与中国公司法的演进》,载《中国社会科学》2013 年第 9 期。

⑩ 参见俞广君:《事实上的类别股与"同股同权"的理解偏差》,载《金融法苑》2015 年第 2 期。

中,作为不完备条款的类别股类型及权利义务设计条款,应当由司法解释加以填补。[1] 丁楹(2013)则认为应考虑平行制推进方式,并以国务院出台行政法规的形式对其进行规定。[2] 任尔昕(2010)认为对普通股进行表决权分离的做法不利于公司的正常发展;影响种类股设置的股权内容包括公司利润分配事项、公司剩余财产分配事项、表决权事项、转换权事项和偿还权事项;同时需要加强对种类股东权利的保护。[3] 郭富青(2002)认为应从特别股设置的类型、特别股的发行条件、特别股份权利的变更以及不同类别股份之间的利益平衡等方面进行监管。[4] 李燕、郭青青(2016)认为在深入分析类别股种类及立法选择的基础上,应区分公司形态,将三种类别股立法路径分别适用于封闭公司、非上市公众公司及上市公司。[5] 王建文(2020)则侧重于类别股的表决制度,对于类别股的分类表决制度,既应对法定分类表决事项作明确规定,亦应赋予公司章程足够的自治空间,允许公司章程在法律列举的基础上增加分类表决事项,尤其是将与类别股股东权益无直接关系的事项纳入分类表决,实现对类别股股东权益的充分保护。[6] 对于我国类别股份较少适用的原因,王欣新、魏现州(2010)认为公司法发展历史短暂、理论不完善;金融投资工具不足,经济管理缺失。[7] 曹葵(2008)认为我国的《公司法》和《证券法》没有预留优先股的立法空间,由于法律基础的缺乏,在 1997 年《证券法》实施前曾获发行的优先股最终被公司回赎为库存股并随后注销。[8] 周友苏(2005)认为《公司法》层面为创设普通股以外的其他类别股设定了需国务院另行规定的立法层级,这带来了设置类别股实际操作的困难。[9] 与此同时,《证券法》等相关法律在类别股的问题上是完全空白。而立法现状导致了商事实践中种类股无法获得工商部门登记的现实。叶林(2008)认为维持国有股在国民经济

---

① 参见赵玲:《我国类别股创设的法律路径》,载《法学杂志》2021 年第 3 期。

② 参见丁楹:《从美国优先股制度发展历程看中国转轨时期优先股制度的建立》,载《中央财经大学学报》2013 年第 5 期。

③ 参见任尔昕:《关于我国设置公司种类股的思考》,载《中国法学》2010 年第 6 期。

④ 参见郭富青:《股份公司设置特别股的法律透视》,载《河北法学》2002 年第 5 期。

⑤ 参见李燕、郭青青:《我国类别股立法的路径选择》,载《现代法学》2016 年第 2 期。

⑥ 参见王建文:《论我国类别股股东分类表决制度的法律适用》,载《当代法学》2020 年第 3 期。

⑦ 参见王欣新、魏现州:《在我国公司法中设置优先股制度初探》,载《法律适用》2010 年第 10 期。

⑧ 参见曹葵:《恢复优先股发行　促进市场稳定健康发展》,载《中国证券报》2008 年 11 月 5 日。

⑨ 参见周友苏:《公司法修法理念的凝炼与阐释——台港澳地区公司法近年改革与发展的启示》,载《社会科学研究》2005 年第 1 期。

中主导地位并保护国有资产是社会主流要求和国资委工作的方向,由此,将国有股大规模的转换为优先股不具现实性。①

谷世英(2015)以优先股为研究对象,结合域外优先股法律制度发展概况,提出了对我国建立优先股制度的立法建议。这可能涉及对优先股在国内法律框架下的合理设定和规范性建议。② 邓峰(2009)研究了优先股的性质与公司融资结构之间的关系,以及与股份回购、盈余分配等制度相关的问题。③ 这表明在国内学者中有关于类别股份与公司财务和治理结构的深入研究。刘俊海(2015)详细介绍了常见的类别股份的种类,包括其含义、特点和权利。这对于理解类别股份的多样性和复杂性提供了基础。④ 梁上上(2005)围绕表决权介绍了一股一权例外的几种情形,对类别股份中的超级表决权进行了深入的探讨。这有助于理解在表决权方面类别股份的特殊性。⑤ 汪青松(2014)介绍了日本公司法中的类别股份制度,并引入了"股东权的子权利"概念。这为对类别股份的理解提供了跨国法律制度的比较观点。⑥ 郭富青、沈朝晖、刘胜军(2015)等在类别股东保护问题上提出了分类表决制度和表决权复活制度对类别股东权利保护的积极作用。⑦ 这强调了在公司治理中采用适当的机制来保护类别股东的权益。

总体而言,国内学者对于类别股份制度的研究逐渐增加,涵盖了从制度设计、法律框架到公司治理、股东权益保护等多个方面。这些研究为深化对类别股份制度的理解和推动其在我国的发展提供了有益的参考。

对于借鉴域外先进立法,梁胜、易琦(2013)对境外优先股法律制度进行了比较研究,认为域外优先股法律制度具有三个特点,即多层性、多样性和灵活性,并可将优先股划分为标准化和非标准化两种类型。⑧ 日本、韩国方面,张志坡(2012)认为我国的立法可以借鉴日本的优先股制度建设经验,结合必要的法律

---

① 参见叶林:《公司股东出资义务研究》,载《河南社会科学》2008 年第 4 期。

② 参见谷世英:《论我国优先股股东权利保护制度的完善》,载《上海金融》2015 年第 5 期。

③ 参见邓峰:《资本约束制度的进化和机制设计——以中美公司法的比较为核心》,载《中国法学》2009 年第 1 期。

④ 参见刘俊海:《全民股东权利与国企治理现代化》,载《社会科学》2015 年第 9 期。

⑤ 参见梁上上:《股东表决权:公司所有与公司控制的连接点》,载《中国法学》2005 年第 3 期。

⑥ 参见汪青松:《优先股的市场实践与制度建构》,载《证券市场导报》2014 年第 3 期。

⑦ 参见郭富青、沈朝晖、刘胜军:《类别表决权:类别股股东保护与公司行为自由的衡平——兼评〈优先股试点管理办法〉第 10 条》,载《法学评论》2015 年第 1 期。

⑧ 参见梁胜、易琦:《境外优先股法律制度比较研究》,载《证券法苑》2013 年第 1 期。

规制和足够的自治空间以创设规范性和灵活性相结合的优先股条款，以满足融资方和投资方的双重需求。[①] 李海燕（2014）主要探讨了日本公司法九种类别股的功能以及日本上市和非上市公司如何组合搭配九种类别股以更好地实现企业融资、控股、防范收购等。[②] 董新义（2014）认为可以借鉴韩国新《商法典》的修改，在我国也创建类别股制度，但种类股的立法应当更多重视章程自治优先。[③] 王东光（2013）以韩国公司法为例指出，如果公司可以享有优先股转换权不利于股东的利益，此种转换权应当为股东所独享。[④] 欧美方面，胡果康（1998）认为优先股在欧美的商业实践中显现出重要作用，其与普通股和债券具有一定的互补性，均为资本市场不可或缺的重要融资方式，优先股具体条款的设计需要以公司和投资者的具体需求为基础，没有程式化的完美方案，只有具体情况下最适合的方案。而张舫（2012）从美国一股一权的学界争议来看一股一权是否有存在的必要，并认为我国当前证券市场不够成熟，投资者保护制度也不够完善，还不具有允许上市公司发行不同投票权股的条件。[⑤]

对于类别股制度的反思，刘晶（2022）认为公司所有权与控制权的分离，是现代社会专业化分工的产物，与股权分散以及职业经理人的出现紧密相关。[⑥] 类别股制度之下，“资本多数决”转变为“表决权多数决”，股权权能分离之程度日益加深。类别股在满足公司融资与控制权保持需求的同时，使得参与性权利与经济性权益相分离，导致控制权不受资本的约束，拥有比现金流权更大的控制权的管理者更倾向于以牺牲股东利益为代价而谋求私人利益。李耕坤、王雅伦（2023）认为，类别股制度的引入必然招致公司内部股东之间权利的失衡，因此应关注广大中小股东的权益并通过完善《公司法》条文以规范保障相关的制度设计。[⑦] 日本谷川宁彦（2009）认为股票的内容多样化和复杂化之后，投资者将不得不投入更多的成本去对类别股的内容进行调查，并对股票的价值进行评价。但因为投资规

---

① 参见张志坡：《优先股的立法、实践与启示》，载《金陵法律评论》2012 年第 1 期。

② 参见李海燕：《种类股在日本公司实践中的运行》，载《现代日本经济》2014 年第 2 期。

③ 参见董新义：《韩国新商法中的种类股制度及借鉴》，载《证券市场导报》2014 年第 4 号。

④ 参见王东光：《类别股份法理研究》，载《科学・经济・社会》2013 年第 3 期。

⑤ 参见张舫：《美国“一股一权”制度的兴衰及其启示》，载《现代法学》2012 年第 2 期。

⑥ 参见刘晶：《类别股在上市公司反收购中的适用与风险防范》，载《中国注册会计师》2022 年第 7 期。

⑦ 参见李耕坤、王雅伦：《修法背景下公司类别股制度的引入与完善》，载《北京化工大学学报（社会科学版）》2023 年第 1 期。

模不大等原因，一些投资家不愿意负担这样高的调查成本，那么他们会避开不了解的投资产品，采取暧昧性回避行动，加上因为公司发行类别股影响了公司资本结构，反而导致公司股价和企业价值的回落。Lawrence E. Michell（1996）提出了优先股与普通股横向兼纵向利益冲突理论，他认为董事应当依照公平原则处理横向利益冲突，以最大化公司财富为目标，而非牺牲优先股股东利益来填补普通股股东利益。① 与此同时，优先股股东应当采取一些积极措施，比如在优先股合同条款中明确规定禁止某些有害行为的条款。Melissa M. McEllin（2010）对特拉华州法院在 Jedwab 一案中设定的处理优先股股东和普通股股东横向利益冲突的原则（如果事项涉及将优先股和普通股区分开的优先权以及限制，则公司和其董事的义务本质上是合同性的且该等义务的范围应参照合同的具体文字适当确定；但是，如果所主张的权利并非相对于普通股的优先权而是与普通股共享的权利，则该权利的存在以及相应义务的范围可以用横平法以及普通法上的标准进行衡量）提出了质疑，并认为董事应以优先股合同所隐含的诚信义务为原则行事以保护优先股股东的优先权。② William W. Bratton 教授和 Michael L. Wachter 教授（2013）回顾了特拉华州近期的案例，认为特拉华州司法的最新动向是依赖独立董事解决争议并且以最大化普通股股东利益为目标，并针对性地提出了三点建议以更好地平衡优先股股东和普通股股东的利益，包括由法院而非董事会确定优先股合同的含义和范围，优先股和普通股之间的利益冲突应当以最大化公司所有资本的利益为目标而非普通股股东的利益为目标，且独立董事在对优先股和普通股利益冲突的交易进行审查时不应当获得商业判断原则的保护。③ Frank Easterbrook 教授和 Daniel Fichel 教授（1991）将经济学的分析方法运用到公司法的分析中来，将公司视为公司参与者以明示方式和默示方式达成的一系列合同，从交易成本的角度分析公司的各个利益主体之间的关系，以及公司如何在风险与机会的平衡中选择最佳的资本结构。④

---

① See Lawrence E. Mitchell, *The Puzzling Paradox of Preferred Stock*, 51 Bus. Law. 443 (1996).

② See Melissa M. McEllin, *Rethinking Jedwab: A Revised Approach to Preferred Shareholder Rights*, 2010 Colum. Bus. L. Rev. 895.

③ See William W. Bratton & Michael L. Wachter, *A Theory of Preferred Stock*, 161 U. Pa. L. Rev, 2013, p. 1821.

④ See Frank Easterbrook & Daniel R. Fischel, *The Economic Structure of Corporate Law*, Harvard University Press, 1991, p. 109 – 111.

第一章 股份公司类别股份基本理论

一、类别股份的历史发展

（一）公司股份制度演变概述

1. 公司股份制度发展过程

公司股份制度的演变是个漫长且复杂的历史过程，普通股仅拉开了公司股份制度的序幕，类别股份才是公司股份制度衍生和发展出来的新生力量，也正是类别股份才促使和推动公司股份制度，乃至公司制度，不断发展和进步。因此，在当前现代公司法的大背景下，在研究类别股份制度历史之前，首先需要了解公司股份制度的演变过程，才能厘清类别股份历史沿革的大背景。

纵观公司法的发展史，公司股份制度的发展经历了三个重要阶段。

第一个阶段，工业革命之前的时期。在这个时期，产生了世界上最早的股份公司，即 17 世纪荷兰和英国的海外贸易公司。这些公司具有现代股份公司的一些特征，如独立人格、董事会、向外募集股份等。由于股份公司的迅速发展，这种投资形式的优势不断显现，因此，很多国家的商人纷纷效仿。至 1695 年，英国总共成立了约 100 家新股份公司。随着股份的出现，股票交易所应运而生。1611 年，一些荷兰商人在阿姆斯特丹买卖海外贸易公司的股份，这也许是股票交易所的雏形。[①]

第二个阶段，工业革命至 19 世纪后半叶。工业革命从 18 世纪下半叶的英国开始，到 19 世纪发展到美国。其中股份制度起到了重要的作用。在 19 世纪后期，股份制度进入日本，随后进入中国。中国最早的股份由 1873 年成立的轮船招商局发行。工业革命的特点是大机器生产逐步取代手工业生产。因此，美国一大

---

① 参见周正庆主编：《证券知识读本》（修订本），中国金融出版社 2006 年版，第 29－30 页。

批筑路公司、运输公司、采矿公司和银行依靠发行股份筹集了大量资金，由此，股份制也逐渐渗透到经济领域。一战结束时，美国股份公司创造了 90% 的 GDP 收入。在此阶段，股票交易所的发展十分迅速。1773 年出现了伦敦证券交易所的前身——伦敦柴思胡同的约那森咖啡馆正式成立的英国第一个股票交易所；1792 年出现了纽约证券交易所的前身——由 24 名经纪人在纽约一棵梧桐树下形成的经纪人联盟。与此同时，东京和我国香港特区在 1878 年和 1891 年分别成立了东京证券交易所和香港证券交易所的前身。北洋政府于 1914 年颁布证券交易法，1917 年成立北京交易所。[①]

第三个阶段，20 世纪之后。进入 20 世纪，各国股份制度的发展十分迅速，流通市场空前繁荣，股份的交易额直线上升。但是，受自由经济理论的影响，政府对股市的监管较为缺乏，导致了过度投机和股价虚高。1929 年 10 月，资本主义世界爆发了严重的金融危机，股市暴跌，投资者损失惨重。此后，加强监管成为各国股份制度发展的重点，如美国相继颁布了《1933 年证券法》和《1934 年证券交易法》，其他国家也不断完善本国的证券法律制度，股票市场逐渐完善。20 世纪 70 年代之后，随着电子化的发展，股份制度步入了迅速发展时期。根据世界交易所联合会（WFE）和证券业和金融市场协会（SIFMA）的统计，[②]自 2003 年以来，全球股市的规模几乎增长了 2 倍，总市值攀升至 101 万亿美元，全球上市公司数为 57,650 家。截至 2023 年年底，美国股市的总市值超过 46.2 万亿美元。与其他富裕国家相比，美国股市在过去几十年里的表现往往要好于其他发达国家。如果一个投资者在 1990 年向标准普尔 500 指数投资 100 美元，到 2023 年，这笔投资将增长到 2000 美元左右，可能是其他发达国家回报的 4 倍。第二大股票市场首先是欧盟，占全球份额的 11.1%，其次是中国，占全球份额的 10.6%。在过去的 20 年里，中国经济增长了大约 12 倍。由于中国国内股票在 2018 年被纳入明晟公司（MSCI）新兴市场指数，以及更早的 2002 年中国股市的国际化，中国股市也大幅增长。日本股市占全球股市的 5.4%。

高盛（Goldman Sachs）预计，到 2030 年，美国股市市值份额将降至全球总市

---

① 参见周正庆主编：《证券知识读本》（修订本），中国金融出版社 2006 年版，第 29 – 30 页。

② 参见 WFE 的最新统计数据，载 https://www.world-exchanges.org。

值的35%。[①] 与此同时，包括中国和印度在内的新兴市场预计将在同一时间段内达到35%。预计到2050年，新兴市场的份额将远远超过美国，占全球股市的比重将升至47%。在主要发达国家，股票市值总价与国内生产总值的比率已经达到较高的程度。并且在股票市场规模扩大的同时，交易活动也呈现日趋活跃的趋势。

2. 在股份有限公司范畴内探讨类别股份制度的缘由

我国现行《公司法》将公司分为两类，一类为有限责任公司，另一类为股份有限公司。这两种公司分类由来已久，是否能够适应现有公司发展的要求，并满足公司的融资需求，在学界也颇有争议。两者之间的区别主要有以下几点：第一，有限责任公司人合性大于资合性，而股份有限公司以资合性为主；第二，有限责任公司的治理结构相对于股份有限公司来说较为简单；第三，股份的划分方式有别。具体表现在有限责任公司组织架构较为简单，财务状况相对保密，股权转让限制较为严格，对原来股东的保护较为突出，按股东各自所认缴的出资额比例划分股份。无论是人合性和资合性问题，还是公司治理结构问题，抑或股份划分问题，外部表现为有限责任公司较为封闭，而股份有限公司较为开放，从有限责任这个公司制度的基石来说并没有根本区别，两种分类没有本质区别。此外，关于有限责任公司制度是否应予废除问题，在学界已成为一个讨论激烈的话题。笔者支持该观点，认为公司法应对公司类型进行修改，废除有限责任公司制度。上述两个原因，是本书仅讨论股份有限公司范畴内类别股份问题的缘由。

刘俊海教授认为："以公司股份是否在证券交易所公开流通为准，股份公司分为上市公司和非上市公司；以其股份是否公开募集为准，非上市公司分为开放型公司与闭锁型公司。"[②]王保树教授与刘俊海教授持同一观点，均认为我国的有限公司和股份公司并无本质区别，并主张将公司分为封闭公司和公众公司最为适当。[③] 实际上，关于废除有限责任公司的观点并非当前中国大陆所独有的，早在21世纪初，我国台湾地区"公司法"修订过程中就曾经出现过是否废除有限责任

---

① 参见高盛研究（Goldman Sachs），载 https://www.goldmansachs.com/worldwide/greater-china/insights/。

② 参见刘俊海：《建议〈公司法〉与〈证券法〉联动修改》，载《法学论坛》2013年第4期。

③ 参见周芬锦：《现行法律将公司分为有限和股份两种，专家称修改公司法需重构公司分类》，载《法制日报》2013年4月1日。

公司的讨论。①

考虑到我国《公司法》自始即按照有限责任公司与股份有限公司划分公司基本类型,该种划分已经深入人心。上述废除有限责任公司的激进修改思路将引发公司法结构上的重大变动。《公司法》在制度设计上将股份有限公司作为规模较大公司,导致当前诸多公司均采用有限责任公司方式注册,骤然废止有限责任公司制度,对于市场主体而言,可能会产生法律适用不便的情形。但是与其保留有限责任公司与股份有限公司的区别,在制度上对于股份有限公司做些修改,不如大刀阔斧进行改革,废止有限责任公司制度,建立大小公司区分立法的新框架。正如刘俊海教授为支持其观点而提出的理由:首先,从公司法在最低注册资本和股东规模上的规定来看,一般看法是股份有限公司比有限责任公司的规模更大,但有限责任公司和股份有限公司不是判断公司大小的标准,公司实践中,很多有限责任公司的资本规模和经营规模超过了股份有限公司。其次,现行立法规定忽视了规模在有限责任公司和股份有限公司之间的中型公司,股东人数超过 50 人后,而最低注册资本又不高的公司投资者在运营过程中面临很多问题。最后,继受自德国有限责任公司制度的各国立法例也在反思和修正上述立法模式。因此,笔者赞成刘俊海教授等学者关于废止有限责任公司制度的观点,将股份公司按照是否已公开上市为标准区分为上市公司与非上市公司,再根据非上市公司的资本是否为公开募集而区分为开放型公司与闭锁型公司。公司法下有限责任公司可被视为非上市公司。② 此外,鉴于有限责任公司内部不区别股份数额,仅强调持股比例,人合性大于资合性,对公司治理结构以及投资者保护的不同要求均是由公司公众性与封闭性的本质特征决定,一个仅有两名股东的股份有限公司和一个有两名股东的有限责任公司在特征上并不存在本质差别。综上,完全可能和可以以股份有限公司作为公司的典型模式进行制度设计,由股份有限公司"一统公司法的天下",因此进一步研究有限责任公司内部的股份问题意义不大,反之应深入探讨和研究股份有限公司相关法律制度,尤其是类别股份问题。

---

① 参见林国全:《台湾地区有限公司法制之探讨与应有之修正方向》,载王保树编:《全球竞争体制下的公司法改革》,社会科学文献出版社 2003 年版,第 445 - 484 页。

② 参见刘俊海:《建议〈公司法〉与〈证券法〉联动修改》,载《法学论坛》2013 年第 4 期。

(二)类别股份制度在世界主要国家的发展概况

1. 类别股份制度的起源

在英国的法律史上,有别于普通股的特别股份的产生可以追溯到 17 世纪至 18 世纪。1702 年,东印度公司的股票被分成两个类别,其中的一个类别有权获得政府支付的 8% 的分红,其性质类似于现在的类别股。英国的 18 世纪晚期以及 19 世纪早期,很多公司兴起,发行类似类别股的股份的公司也逐渐变多。在英国的历史上虽然这些公司首先使用了有优先权的证券,这种新兴融资方式的发展实际上是伴随着铁路公司的发展而真正兴起。早期的铁路公司所面临的财政压力是类别股发展的一个首要原因。铁路公司在开发项目之前总会对所要克服的工程困难预计不足,在很多情况下,初始资本在工程完成前就消耗殆尽。项目开发者常常面临破产的前景或者被迫去募集新的资本寄希望于项目最终会有一个客观的回报。在当时,公司募集资金面临很多壁垒,于是有优先权的证券就成为解决铁路公司困境的融资工具。[①] 但是,直至 19 世纪,一股一投票权的原则才开始被争议;在此之前,该原则被很多国家普遍采用并被广泛认为更民主。[②]

英国早期的公司法原则是:如无相反约定,股东之间类似于合伙人且地位平等,股东的投票权应当和股东对股利和资本具有的经济权利相分离,由此,股东之间应当具有平等的投票权,而该等投票权不依附于所持股份的多少。这一最初的股东平等原则后来渐渐发展演化成以股份为基础的投票权。英国 1845 年的公司法是这一发展过程的中间阶段。1845 年的公司法对持有不同股份的股东所享有的投票权进行了不同规定:除非另有约定,每一股东持有股份在 10 股以下,则每股享有 1 个投票权;11 股至 100 股的,每 5 股享有 1 个投票权;超过 100 股的部分,每 10 股享有 1 个投票权。这一加权计算方法是为了保护小股东在公司决策方面的权利,但是却非常容易通过由代持人分散持有的方式进行规避。现代的公司法认识到,如果需要不同的股份拥有不同的投票权,应当创设出具有不同投票权的不同类别的股份,这样投票权才可以不依附持有人而是依附股份本身。随

---

① See Lorenzo Sasso, *Capital Structure and Corporate Governance: the Role of Hybrid Financial Instruments*, a thesis submitted to the Department of Law of the London School of Economics and Political Science for the degree of Doctor of Philosophy in April 2012, p. 16 – 17.

② See Katharina Pistor, Yoram Keinan, Jan Kleinheisterkamp & Mark D. West, *The Evolution of Corporate Law: a Cross – country Comparison*, 23 U. Pa. J. Intl Econ. L. 791, p. 10.

后,随着股份公司融资要求的增加,公司为了吸纳不同投资方资金的需求,从早期的人合性慢慢朝着资合性发展。股份的一股一票表决制以及后来的类别股份制度逐渐形成。①

在美国,尽管公司法没有就一股一票表决权原则进行强制规定,但直至19世纪美国社会仍将一股一票表决权的原则视为真理。20世纪初期,有些家族企业和银行为了保有对公司的控制权开始发行无表决权优先股和普通股,当时这样的做法在社会上引起了广泛争议。② 哈佛大学政治经济学教授 William Z. Ripley 是平等投票权最著名的拥护者。他认为,在一系列旨在剥夺公众投资者表决权的发展趋势中,无投票权股票是最臭名昭著的存在。实际上,Ripley 的观点是利益冲突理论的初级版本,他认为公司发起人利用无投票权的普通股来维持他们对公司的控制权;通过向内部人发行有投票权的普通股而向公众发行没有投票权的普通股,发行人在不丧失自己对公司的控制权的同时募集了大量资本。反对的声音最后导致了纽约证券交易所在1925年后长达60年的时间内禁止无表决权股票上市交易。美国证监会在1988年采纳19c-4规则以修改自律性组织的政策,根据该规则,如果一家公司发行证券或采取其他公司行动以取消、限制或减少现有股东的投票权,则该家公司的资本证券不得在全国性的证券交易所或纳斯达克上市交易。但是,美国哥伦比亚特区巡回上诉法院随后不久便判决该规则超越了美国证监会被授予的权力范围而废止了该规则。③

1867年法国法规定了一股一票表决权原则是默示原则,但是同时设置了1位股东最多10股的投票上限。当时的法国法允许公司章程剥夺拥有少量股票的股东参加股东会和在股东会上投票的权利;在1930年以前,法国公司有权发行多重表决权的股票,但是在1930年以后,只有被同一股东拥有超过两年的股份才可获双重表决权。德国1884年法律允许公司设置表决权上限且认可多重表决权。但是,多重表决权在1937年被认定为无效,在1998年规定,禁止公开上市的公司

---

① See Paul L. Davies and Sarah Worthington, *Gower and Davies' Principles of Modern Company Law*, Ninth Edition, Sweet & Maxwell, 2012, p. 863-865.

② 参见张舫:《美国"一股一权"制度的兴衰及其启示》,载《现代法学》2012年第2期。

③ See Stephen M. Bainbridge, *The Short Life and Resurrection of SEC Rule 19c-4*, Washington University Law Quarterly, 1991, Vol. 69, p. 5-6.

采用表决权上限。[①] 在现代,为了满足公司融资的同时保留控制权以及防御敌意收购的需要,主要的大陆法系的国家以及英美法系国家均授权发行具有不同表决权的类别股。而类别股更多地被视为是公司和投资者之间基于意思自治约定权利和义务的一个自由合同。

2. 英美法系

美国各州的成文公司法立法例虽然有个体差异,但是都允许创设具有不同权利的公司股票,主要体现在股息权、投票权和公司清算时得到资产的权利。[②] 考虑到由全美律师协会起草的《标准商事公司法》(Model Business Corporation Act, MBCA)在美国各州成文公司法例上的重要地位以及适用的广泛性(起码被24个州采纳),以下对美国公司法有关普通股和优先股的分析将以MBCA 2023年的修订版本[③]为基础。传统的公司法例常常对普通股和优先股进行区分,但是由来已久的对普通股和优先股的概念区分在现代的法律环境下却并不能达到实际区分的目的。在现代的公司法例下可以创设出具有重要优先权的普通股以及在所有重要的经济特性上都次于或者不异于普通股的优先股。MBCA打破了约定俗成的"普通股"和"优先股"的概念,发展出了更加概括的语言以反映在现代的公司实践中创设不同类别和序列的股票的实际灵活性和多样性。根据MBCA第6.01(a)节,公司章程必须载明公司有权发行的股票的类别和每一类别股票所包括的不同序列以及每一类别/序列股票可获发行的数量。如果多于一个类别或者一个序列的股票获发行,章程必须为每一类别或者序列的股票提供一个可以区分的名称,另外,在相关类别或者序列的股票发行前,该类别或序列股票的优先性、权利和限制等条款必须在章程中载明。该等条款构成了相关类别/序列股票持有人就其等在公司中所具有的权利所达成的"合同",因此必须以合理详细的细节清楚记载相关权利义务。

英国类别股的法律来源包括成文法和普通法判例,两者在实践中均有重要作用。英国2006年的公司法对1825年的公司法进行了大规模的修订,是英国公司

---

① See Katharina Pistor, Yoram Keinan, Jan Kleinheisterkamp & Mark D. West, *The Evolution of Corporate Law: a Cross - country Comparison*, The University of Pennsylvania Journal of International Economic Law, Vol. 23, Issue 4, p. 791 - 871.

② 参见朱伟一:《美国公司法判例解析》,中国法制出版社2000年版,第60页。

③ 载https://www.americanbar.org/groups/business_law/resources/model-business-corporation-act/,2024年1月31日访问。

法制度(包括类别股制度)的最重要最全面的成文法来源。[①] 根据2006年的公司法,只有依附于股份的权利在所有方面都相同的股份方为同一个类别。[②] 但是2006年的公司法却未能明确指出依附于股份的权利包括哪些种类以及含义。18世纪的英国公司已经存在普通股、优先股等不同类别,并逐步在商业实践中随着融资的需要发展出劣后股、限制投票权股等其他类别的股份,英国比较独特的类别股份制度主要是通过其司法实践发展起来的,在实践中形成了"类别权利""类别股份""类别股东"等词,并被英国公司法采用。[③] 优先股上的优先权必须明确约定,笼统地称为优先股不会带来任何实际的优先权。优先权需要通过明文约定进行创设,如果未有明文约定则法律推定为所有股东权利平等且应当被平等对待。类别权通常包括三个权利:作为经济权利的分红权和资本返还权,以及作为管理权的投票权。[④]

总之,英美法系关于类别股份制度的立法例遵循了成文法和判例法相结合的传统,经历了从对一股一票投票权原则的普遍认同,到对一股一票投票权原则的突破,理论界和实务界的争论,直至对类别股制度的广泛认同,甚至允许公司自由创设类别股份的过程,纵观英美两国类别股份制度发展的历史,类别股份制度为两国经济和社会的发展带来了制度红利,同时为大陆法系公司法的发展提供了有益借鉴。

3. 大陆法系

德国的股份有限公司具有资合性的特征。德国《股份公司法》[⑤]规定每个股份原则上只有一个表决权,但是,法律同时允许股份有限公司发行无表决权的股份,而为了平衡股东在表决权上所受的限制,公司有义务授予该等股份在股息分配上的优先权。发行这种股份的原因是确保家族公司既可以上市融资又能够维持对公司的控制权。德国在1998年开始施行《有关加强企业控制和透明度的法

---

① 参见梁胜、易琪:《境外优先股法律制度比较研究》,载《证券法苑》2013年第8期。

② 《英国2006年公司法》第9章第629条第1款,参见《英国2006年公司法》(2012年修订译本),葛伟军译,法律出版社2012年版,第405页。

③ 参见蒋雪雁:《英国类别股制度研究》(上),载《金融法苑》2006年第2期。

④ 参见葛伟军:《英国公司法原理与判例》,中国法制出版社2007年版,第80-81页。

⑤ 以1998年6月22日修订后的德国《股份公司法》为研究版本。

律》,该法明确禁止公司发行拥有多份表决权的股份。[①] 多份表决权股份在早期兴起主要用于防范敌意收购和企业被外部资本所控制,但是在这一发展过程中,多份表决权股份普遍成为一种利用少量资本控制企业的手段,导致了资本参与和公司控制的严重分离,进而导致歪曲股份法的基本理念。这些现象一起导致股东权利遭受广泛剥夺,实质上废弃了对公司管理的影响力应该依赖于资本参与的规模和由此承担风险的高低这一公司法上的基本原则。[②]

法国《商法典》认为一股一票的原则具有公共秩序性质,因而原则上实行一股一票;公司章程中任何与此抵触的条款视为未予订立,依据这样的章程条款通过的决议无效。不过,这一原则并非绝对,法律对此规定了一些表决权可被取消、减少或者增加的例外情况,并对这些例外进行严格解释。就取消表决权而言,无表决权的股票往往是由已经被占有多数股份的人所控制的公司发行的,持有少数股份的股东明明知道他们实际被剥夺了对公司管理的任何影响,但是为了获得更高的优先股股息而放弃表决权,就增加表决权而言,虽然多数表决权在原则上被禁止,法国法律允许公司章程对至少两年属于同一股东的记名股分配复数表决权。此外,法国《商法典》第 228 条规定,优先股发行的总额非上市公司不得超过公司资本总额的二分之一,上市公司不得超过公司资本总额的四分之一。自 1985 年以后,法国法律准许公司自主决定其主要特征的有价证券。自此以后,意思自治原则在证券发行领域也得到了适用。[③]

在日本,类别股制度从 1899 年商法制定时就已经存在,当时的日本《商法》第 211 条规定了“优先股”。日本公司法理论将类别股份称为种类股份。类别股份制度在日本的出现有其特定的背景。日本《公司法》为了方便公司筹集资金,规定了某些特殊类型的股份,并允许公司发行。而对于某些非公开公司(股份转让受到限制的公司),公司章程可以对某些类型的股份所代表的股东权利作出与普通股不同的规定。此时这些股份也可视为类别股份。日本《公司法》于 2005 年做了修改,根据修改后日本《公司法》第 108 条第 1 款的规定,公司可以发行就

---

① 参见[德]托马斯·莱赛尔、吕迪格·法伊尔:《德国资合公司法》,高旭军等译,法律出版社 2005 年版,第 67 页。

② 参见[德]格茨·怀克、克里斯蒂娜·温德比西勒:《德国公司法》,殷盛译,法律出版社 2010 年版,第 419 - 421 页。

③ 参见[法]伊夫·居荣:《法国商法》,罗结珍、赵海峰译,法律出版社 2004 年版,第 828 页。

本款所列事项作了不同规定的两种以上的类别股份。同时,根据该条第 2 款的规定,发行类别股份,必须通过公司章程的规定。第 2 条第 13 项规定,这种发行两种以上股份的公司被称为“类别股份发行公司”。但直到近年,日本公司实践中除了上市公司中使用盈余分配、剩余财产分配优先股(无表决权股)之外,类别股的使用并不普及。

近年来,类别股在实践中出现了一些新的情况,如上市公司中出现了追踪股票(tracking stock,上市公司为让投资者追踪公司某一部分的价值而发行的股票)等新的股票形态,实务界对作为针对敌对企业收购防御措施的附否决权的类别股的兴趣也开始增加,对于风投企业等闭锁性公司中不对应持股数量进行选任董事权限分配的重新再认识。由于这些情况和问题的出现,2001 年、2002 年日本《商法》修改以及 2005 年日本《公司法》的制定中,对于类别股份制度都进行了大幅度的修改。①

韩国的类别股份制度主要在《商法》中进行了规定。最早的优先股制度就出现在 1962 年版的《商法》。经历了多次的修订之后,最新版的《商法》是 2012 年颁布的,其中对类别股份制度的规定已经相对完善,涵盖了多种类型的类别股份。韩国《商法》第 344 条对所有类别股共同事项(包括股利分派、剩余财产分配、表决权、转换等)进行了规定,授权公司可以发行不同权利的两种或多种股份,并对类别股东大会进行了规定。另外,该法第 344 条至第 347 条、第 351 条分别对类别股作出了特殊规定,包括:利益分配类别股,剩余财产分配类别股,排除或限制表决权类别股及无表决权类别股的表决权“恢复”,偿还股,转换股等。韩国《商法》还对类别股的入市和退市进行了规定,使得韩国类别股的制度越发完善。②

综上,大陆法系主要国家的公司法不但规定了类别股份制度,而且在制度建设方面出现向英美法系类别股份制度立法例看齐的趋势,开始意识到类别股份制度的产生、发展与完善是市场经济发展的产物,公司法应当注重市场交易主体的主观能动性,充分发挥类别股的多样性和灵活性特点,允许市场交易主体创设不同种类的类别股,着重发挥市场的作用,尽量减少政府的不必要干预。

---

① 参见[日]江头宪治郎:《株式会社法》(第 4 版),有斐閣 2011 年版,第 133 页。

② 参见董新义:《韩国新商法中的种类股制度及借鉴》,载《证券市场导报》2014 年第 4 号。

（三）我国类别股制度的发展历程与积极实践

1. 我国类别股制度的发展历程

在我国，“类别股”这一概念最早在2021年《公司法草案一》中正式提及。在此之前，类别股的概念以不同的形态体现于相关规定或实践中。

在国有企业股份制改造初期，股份类别主要以出资人身份划分，包括“国家股”“法人股”“个人股”“外资股”四类。这种划分标准旨在保护公有制主体地位，为国企融资提供了新的途径。然而，这种国家管控下的股份制度在发行范围、认购资格、股份数量等方面都受到了严格限制，以便更好地集中社会财富，但由于其明显的差异性和高昂的操作成本，未能成为永久存在的股份规则。

在1994年，国务院颁布了《到境外上市公司章程必备条款》，首次引入“类别股”概念，但有学者认为此时的“类别股”仅以资本归属作为划分，并非真正意义上的类别股。到了20世纪90年代初，股份制改革阶段的规范文件允许公司发行普通股和优先股，这标志着普通股和优先股的概念首次出现在相关规定中。然而，这些规范文件并没有直接回应这些股份的划分，未对普通股和优先股做出明确规定。

到了2013年11月，《优先股试点管理办法》发布，特定范围内的股份公司方可发行优先股。这一规范明确了优先股的特征，并在公司章程中法定载明类别股股东的特殊表决事项，为类别股正名，为其提供了法律支持。2019年3月，上海证券交易所“科创板”的上市公司可以设置表决权不同的股份，对不同股权的持股比例、表决权以及对特别决议进行限制，并规定特殊表决权的退出机制。2020年8月，深圳经济特区发布法规，允许该市的科技企业设置有“特别表决权”的股份。2021年，《公司法（修订草案一审稿）》中正式提到类别股；2022年的《公司法（修订草案二审稿）》延续了这一规定，相较于过去将“其他种类的股份发行”交由国务院另行规定，此次修订草案正式从法律层面确立股份公司类别股制度，为类别股正名，明确列举了优先股和劣后股、特别表决权股以及转让受限股三种可以区别于普通股的类别股特征，并增加公司章程法定载明类别股股东特别表决事项作为类别股股东权利的配套保护机制。在此基础之上，《公司法》经过前后四次草案修正，十四届全国人大常委会第七次会议于2023年12月29日修订通过，自2024年7月1日起施行。本次修订进一步明确了公司可以根据公司章程发行与普通股权利义务不同的类别股，并且通过“列举＋兜底”的方式明确了类别股的种类。

2. 我国类别股制度的积极实践

在实践中,我国资本市场涌现出一些类别股的身影,其中香港联合交易所和上海证券交易所的上市规则为类别股制度的发展提供了一些范本。

(1)香港联合交易所的摸索:在20世纪70年代,香港资本市场曾允许AB股结构上市,但由于控制权争夺等问题,于1989年终止了类别股制度。2013年,香港联合交易所发布《不同投票权架构概念文件》,2018年修订《主板上市规则》,允许适用类别股架构的公司在主板上市。香港对"不同投票权"的限制相对严格,包括公司适用性、受益人资质、持股比例下限、投票权上限等。这些规定旨在确保类别股结构被合理和正当地使用,减少滥用的可能性。

(2)上海证券交易所的探索:2023年,上海证券交易所发布了新的《上海证券交易所优先股试点业务实施细则》,该细则包括总则、上市、交易和信息披露等内容。其规定了上市公司发行优先股的相关事项,包括股息累积、表决权恢复、优先股赎回和回售、股票转换、费用和监管措施等,上市公司需按照规定发布公告,并在相关事件发生时及时披露。同时,实施细则还规定了相关代码和收费标准,以及承销机构和发行人的责任及处罚措施。除此之外还规定了优先股交易和转让过程中的相关要求和规定,如价格涨跌幅限制、转让申报和成交、投资者适当性管理、优先股发行和信息披露需遵守相关规定等。该细则旨在保护投资者权益、维护证券市场秩序,并促进上海证券交易所市场的健康发展。同年8月,上海证券交易所又发布了《科创板上市规则》对类别股的适用进行了一系列限制和补充,包括发行人的行业领域、特殊表决权股东的持股要求、表决权比例限制、退出机制规定等。这些规则强调了信息披露的要求,并对中介机构的责任进行了强化。

(3)深圳证券交易所的尝试:深圳证券交易所2023年也修订了《优先股试点业务实施细则》,其目的旨在规范优先股发行、上市、交易、转让和信息披露等行为,保护投资者权益。细则适用于优先股在深圳证券交易所的发行、上市、交易、转让和信息披露等事宜,未规定的则适用本所其他有关规定。上市公司发行优先股需符合一定条件,如发行价格不得低于面值、实际募集资金总额不少于5000万元等,并提交一系列文件。优先股交易与转让采用竞价交易和大宗交易方式,实行价格涨跌幅限制。上市公司应按照中国证监会的规定及时披露发行预案和相关信息,并经股东大会批准。投资者持有上市公司已发行的优先股达到一定比例时,需要向本所报告并通知上市公司。此外,优先股存续期内,发行人可以回购优先股,包括赎回和回售。优先股投资风险主要包括投资者认知不到位、优先股与普通股、债券的差异等,投资者应充分关注优先股具体条款内容,理性投资,避免盲目跟风。

总体而言,我国在类别股制度的发展中经历了从最初的国有企业改革到普通股和优先股的尝试,再到更为成熟的类别股制度。通过国内外的经验借鉴和实践探索,我国逐渐完善了类别股的法律框架和市场规则,为资本市场的多元化发展提供了一定的经验和启示。

二、类别股份的基础问题

(一)类别股份的界定

类别股,又称种类股,是指在公司的股权设置中,存在两个以上不同种类、不同权利的股份,这些股份因认购时间和价格不同、认购者身份各异、交易场所有别,而在流通性、价格、权利及义务上有所区别。[①] 股东是股份有限公司的构成要素之一,股东基于其股东的资格,和公司之间发生各种法律关系(权利义务关系),这种法律关系的总体地位叫作股份。公司按照股东拥有的股份内容及数量,对股东作出平等对待,此即公司法上的股东平等原则。但是,考虑到股东具有多样的经济需求和公司支配需求,因而公司有权认可、设置并发行对某些事项的权利内容规定不同的股票,这些股票就是类别股,而类别股正是对股东平等原则的修正。一般来讲,普通股是指对于股票内容没有设置特别条款的股票,普通股经常被作为和类别股相对的概念使用。但是,在日本《公司法》中不存在"普通股"这一用语。[②]

韩国公司法以"种类股份"来表达类别股的设置,即韩国《商法》第 344 条第 1 款规定的"公司可以发行不同内容的数种股份""公司应当以章程规定各种股份的内容及数量。"英国《公司法》第 629 条对类别股规定为:就《公司法》而言,如果所附权利在各方面都是统一的,则股票属于一类。也就是说股份上依附的权利不

---

① 参见耿胜先、郑利霞:《社会公众股类别表决的法理基础——用比较的方法分析》,载《行政与法》2005 年第 9 期。

② 参见[日]佐井吾光「M&Aの有効手段としての種類株式活用の可能性——M&Aの場面における活用方法と種類株式の評価の現状」経営戦略研究 M&A 特集号 VOL. 16(2008 年)111 頁。

同,如知情权、提案权、回购权、监督权、诉权等不同,就可以被划分为不同种类的股份。香港特区《公司条例》第 178 条的规定与上述英国公司法类似:就本条例而言,如某些股份所附带的权利,在所有方面均属划一,该等股份即属同一类别。新加坡现行的 1967 年《公司法》第 74 条规定,类别股份持有人有权转换股份的类型;且对类别股的附属权利做出改变时,需要与股东协商。我国台湾地区界定特别股为与普通股相对应的股份。①

关于类别股的定义,说法很多,但是基本内容是一致的,其实质均是将股东权利类别化,允许股东会或公司对股权内容进行自治性的排列组合,在各种权利之间进行利益的平衡。简言之,公司设置了两种以上不同种类、不同性质、不同权利义务的股份,其中一种是普通股,其他为类别股。也就是说,类别股是相对于普通股而言的,首先界定了普通股,然后剩下的与普通股不一致的均为类别股。所谓优先股就是类别股的一种,且是其中的一大类别,是几种类别股的集合体。修订后的美国《标准公司法》避免使用"普通股"及"优先股"的术语,并未确认两者之间存在任何法律区别,而强调不同类别及系列股份的权力差异,能够更灵活地适应公司制度创新发展的需要。② 美国律协发布的《示范商事公司法》并没有将普通股从类别股中剔除。有人认为,"类别股并不是泛指不拘分类标准的任何种类的股份,在国外其主要是指在财产权和控制权内容方面有着明显区别和差等的不同股份,既涉及自益权,又涉及共益权"。③ 虽然类别股上的权利确实涉及股东自益权与共益权,但是类别股是股份,自益权和共益权④是股东享有的权利,两者界定范畴不同。本书认为,类别股份的概念可分为广义和狭义两种,广义上的类别股应当包含任何种类不同、性质不同和权利义务不同的股份,而狭义上的类别股仅指财产权和控制权内容方面有着明显区别和差等的不同股份。正因为国内将流通股也视为类别股,所以本书从我国国情出发在广义的角度上考察类别股,但是从狭义的角度来研究类别股,同时亦遵循学界约定俗成的类别股种类,如优先

① 参见赵玲:《我国类别股创设的法律路径》,载《法学杂志》2021 年第 3 期。

② 参见郭青青:《类别股的类型化建构及其适用》,载《河北法学》2016 年第 2 期。

③ 参见徐子桐:《从银山化工案看类别股东表决》,载《证券市场导报》2004 年第 2 号。

④ 自益权包括股东的股利分配请求权、建设利息分配请求权、剩余财产分配请求权、股东的新股认购优先权、股票交付请求权;共益权包括股东的表决权、股东大会召集请求权和自行召集权、提案权、质询权、对股东大会决议瑕疵享有的诉权、代表诉讼提起权、知情权和累积投票权等。参见刘俊海:《股份有限公司股东权的保护》,法律出版社 2004 年版,第 195 - 390 页。

股。实际上优先股的种类繁多,是类别股份制度的集大成者。出于研究的需要,下文将不时地用优先股来代表类别股进行比较分析。

（二）类别股份的性质

正如上文所述,类别股份源自英国,蓬勃兴盛在全世界。大多数发达国家均在公司法或商法等法律中明确规定了类别股份制度,我国在 2023 年 12 月 29 日通过的《公司法》确定股份有限公司可发行类别股。现代公司法律制度在当今中国已初步建立,推行现代公司治理制度也已迫在眉睫,而类别股份制度虽然对于西方国家来说属于已经比较成熟的股份法律制度,但对于中国来说还属于新生事物。

就类别股份的性质而言,作为混合证券的类别股,无论是优先股还是其他类别股,都是通过类别股合同安排和赋予其不同于普通股股权的特殊权利,这些权利涉及股利分配(优先性和/或累积性和/或参与性)、公司清算分配、回赎、转换成普通股以及表决权等事项,实质是股东经济权利与对企业控制权的分割和排列组合。类别股具有的双重属性,是介于股票和债券之间的一种产品,可以视为债券证券和股权证券之间的一种中间状态。其性质如何,一定程度上取决于类别股合同的规定。在实务中究竟是应当作为股份还是债务对待,取决于类别股制度的具体条款设计和税务等相关部门的理解。从这个角度来看,公司可以通过类别股合同创设满足投资者不同利益和风险偏好的金融投资工具,降低融资成本,优化资本结构,提升公司价值。一般说来,发行人选择类别股更看重其股性,而投资者投资类别股更看重其债性。为了进一步分析类别股的性质,下文将对优先股与普通股,优先股与公司债进行比较,通过分析优先股的特点,揭示类别股份的特征,进而期望对公司投融资和治理制度创新提出有建设性的意见。

（三）优先股与普通股的比较

类别股和普通股的最大共性是,它们都是公司的股本。一般而言,普通股不设置权利限制,也不另设特权,它们有比较完整的股权财产权和表决权。而类别股是在财产权和/或表决权方面有特殊性的股份。优先股是一种最为常见的类别股份,而不同的类别股的特性差别较大,因此以下以应用最为广泛的优先股为例与普通股进行比较。

优先股在利润分配和剩余财产分配上有特权,与此相应在经营事务方面的权利受限制，这符合权利与义务对等的法制原则。[①] 优先股和普通股的差异主要体现在以下几个方面。

首先，优先股享有股利分配优先权。因为优先股也是公司资本的一部分，优先股股利也要依照公司法的相关规定从公司剩余的可分配利润中进行分配。一旦该股利被宣派就成为股东对公司享有的债权，除非优先股股东按照其享有的优先权已获支付了优先性股利，否则普通股股东无法获得任何股利。按照优先股股利是否可以累积，优先股可以分为累积优先股和非累积优先股。普通股和优先股股东的利益不一定总是一致的，有可能产生普通股股东牺牲优先股股东权利的机会主义行为。比如，在非累积性优先股的情况下，如果公司保留每年的收益不进行分配而是用于公司的发展，公司的股价会相应上升，普通股股东可以以高股价卖出其持有的股份而获得资本投资的增值，而优先股股东则丧失了对当年股利的权利。[②]

其次，优先股享有剩余财产清偿的优先权。在公司清算时，如果在所有债权人的债务均获清偿后公司仍然存在剩余财产则优先股股东应优先于普通股股东获得清偿。在英国法中，优先股对于股利的优先性权利是默示推定的，但是，对于剩余资本的优先权则需在公司章程和组织大纲中或发行文件中进行明确规定，无法借助法律上的推定创设。[③]

公司的资源是有限的，若优先股股东没有获得承诺的股利，则普通股股东不能分红；若优先股股东没有获得剩余财产的分配，则普通股股东无法获得清偿，所以实现优先股股东的权益需要以普通股股东让渡权益为代价，这种矛盾是天然存在的。

最后，优先股获得经济权利方面的优先性的代价是其在公司决策方面放弃一定的表决权。我国现行《公司法》明确了股份有限公司股东所持每一股份有一表决权，类别股股东除外。类别股股东通常只有在其股息被拖欠或对其权利提出变更时，才有权投票。[④] 但是，一般来说，这种表决权的剥夺仍然受一些法律强制性规定的限制。比如，在英国，无投票权优先股股东仍然享有法定的股东权利，比如

---

① 参见曹立:《权利的平衡——优先股与公司制度创新》，中国财政经济出版社 2013 年版，第 24 页。

② See Lorenzo Sasso, *Capital Structure and Corporate Governance: the Role of Hybrid Financial Instruments*, (Ph. D. diss, The London School of Economics and Political Science for, 2012), p. 26.

③ See Lorenzo Sasso, *Capital Structure and Corporate Governance: the Role of Hybrid Financial Instruments*, (Ph. D. diss, The London School of Economics and Political Science for, 2012), p. 31.

④ See Murray A. Pickering, *The Problem of the Preference Share*, Vol. 26:5, p. 499 – 519 (1963).

英国 2006 年《公司法》第 633 条规定的对类别权变动的异议权。[①] 另外，如果公司决策会影响现有优先股股东的既存权利则应当赋予该等优先股股东团体表决权。比如，为了防止公司借助发行拥有更高优先权的优先股而免除对原有优先股的支付义务，公司法应赋予原有优先股股东两项权利：一是能否发行更高优先权之优先股的表决权；二是对于更高优先权之优先股的优先认购权。[②] 法国《公司法》对优先股发行数量进行了明文限制，即无表决权优先股不得占有公司四分之一以上的资本，这比英美国家对优先股的规定更为细致、明确。[③]

（四）优先股与公司债的比较

公司债是公司按照法定程序发行，约定在一定期限内还本付息的有价证券。发行公司和公司投资者是债权债务关系。一般来说，公司法规制股东和公司之间的关系，合同法规制公司债权人和公司的关系，而优先股横跨这两个私法领域，既具有公司股本的性质也在某些方面具有公司债的特征。优先股的条款一般载于优先股认购文件以及公司章程等合同中。优先股和公司债都是大股东在不稀释控制权的前提下进行融资的重要方式。以下对两种的异同进行简要的分析。

首先，两者在公司清偿上的位序不同。公司债的本金和利息都是公司的一般债务，应当优先于股东（不论是普通股还是优先股股东）的利润分配和剩余财产分配首先得到偿付。如果公司债被拖欠，公司债权人可以向法院申请强制执行其合同权利。但是，如果公司的股东会或董事会决定保留盈利用于公司发展而不进行股利分配，优先股股东只能从公司权力机构决策的正当性的角度申请司法裁决，而不能基于合同权利提出诉讼。

其次，如前所述，优先股股东具有公司一般股东的某些法定权利，比如在特定情况下的团体表决权、提出衍生诉讼的权利、公司董事和高级管理层对其负有信义义务等。这些权利并非合同权利，是公司债权人无法获得的。而且即使是债性最强的优先股也是公司股份，这是优先股的基本定性，也是跟公司债最根本的区别。

最后，优先股股东的收益往往没有公司债的收益那样具有确定性。公司债券

---

① 参见《英国 2006 年公司法》（2012 年修订译本），葛伟军译，法律出版社 2012 年版，第 406 页。

② 参见曹立：《权利的平衡——优先股与公司制度创新》，中国财政经济出版社 2013 年版，第 45 页。

③ 参见《法国公司法典》（上），罗结珍译，中国法治出版社 2007 年版，第 259 页。

的预计收益是发行前确定的,公司债的期限也是固定的。

根据著名的 Modigliani – Miller 原理(也称资本结构无关原则),如果不考虑税收、破产成本、代理成本和信息不对称等问题,在一个有效市场中一个公司选择何种资本结构对其价值并无影响,不论这个公司是通过发行股份还是出售债券融资,不论这个公司采取怎样的股利政策都不会影响这个公司的价值。① 但是,在现实中,不同的税务处理导致了优先股的融资成本有可能比公司债高昂,因此,从公司总体成本角度来看,公司债是一种更为优良的融资方式,但是从公司资本充足率角度考虑,则优先股是一种较为合适的融资方式。优先股的股利只可以从公司剩余的税后利润中进行支付,而公司债的利息可以作为公司的融资成本做税前扣除。值得注意的是,优先股是股本的一种,除非有特别约定(如可赎回优先股),一般情况下,优先股股东只有等到公司清算方可收回资本投资;而公司债都是有借贷期限的,在到期时公司需要还清本息。

(五)类别股份的种类概述

正如前文所述,类别股份制度已在全世界发展了几个世纪。其间,该制度从无到有,从稚嫩到较为完善,并逐渐得到世界各国的认可,过程的艰辛曲折实非一言两语所能道尽。从证监会 2013 年发布的《优先股试点管理办法》,到 2018 年国务院颁布《关于推动创新创业高质量发展打造"双创"升级版的意见》支持科技企业实行"同股不同权"结构,再到 2023 年修订《公司法》,可以看出我国在实践层面对类别股份的承认逐步扩大优先股、特别股、类别股。② 按照域外法律研究的规则,类别股份的种类在各个国家并不一致,尤其是英美法系和大陆法系之间差别较大,大陆法系的类别股份制度主要是借鉴英美法系的相关立法例发展起来的,为了体现英美法系公司法上契约理论对传统大陆法系国家的影响,大陆法系公司法普遍赋予了公司章程更大的权利,减少了强制性规定,我国现行《公司法》第 144 条允许公司按照公司章程的规定发行与普通股权利不同的类别股。同时在某些领域做出了适当的限制,如韩国《商法》要求发行的种类股份的总数不得超过已发行股份的四分之一。这种现象对类别股份制度的影响最大。但总的发展趋势是趋同的。英美法系中以英美为代表的判例法国家,类别股设立的自由度

① See Fronco Modigliani & Merton Miller, *The Cost of Capital*, *Corporate Finance and the Theory of Investment*, The American Economic Review, Vol. 48:3, p. 261 – 297(1958).

② 参见赵玲:《我国类别股创设的法律路径》,载《法学杂志》2021 年第 3 期。

很高,灵活性很大,甚至可以由公司章程创设。如英国《公司法》第 630 条。广义上说,主要是美国的优先股、面值股、渗水股、库存股、可转换股,以及英国的优先股、递延股、无投票权股、有限投票权股、可赎回股、雇员股。此外我国香港地区还有创办人股或股息延取股。大陆法系以德国、法国、日本和韩国为代表。其中,德国和法国关于类别股份制度的规定主要围绕优先股的制度设定展开,而日本和韩国的公司法对类别股份制度的规定随着公司法的修改日趋完善,均不单列具体类别股份名称,以种类股这个统一的称呼,从类别股上的权利的优先性和限制情况出发,对类别股进行权利义务的设定。韩国 2012 年 4 月 15 日正式施行的《商法》,对类别股制度进行了实质性修订,增加了不少新的类型,使得类别股制度更加完善。2012 年韩国《商法》基本废除了原《商法》关于股份种类法定原则,赋予了公司自由决定发行何种种类股的自主权。新《商法》主要从适用于所有种类股的一般性规定及适用于不同种类股的个别性规定两个方面设置有关种类股的规定。[①] 实际上,关于对不同类别股的特别规定,也是按照类别股的特别权利来设置的,例如,韩国《商法》关于利益分配的种类股,主要规定在《商法》第 344 条之 2 第 1 款,而关于剩余财产分配的种类股,主要规定在《商法》第 344 条之 2 第 2 款。因此,类别股的分类标准就是依据类别股的类别权展开的。有观点认为境外优先股类型化可划分为标准化优先股和非标准化优先股。标准化优先股主要是依据类别权的相关重要属性设定类别股,例如累积和非累积优先股、可赎回和不可赎回优先股、参与和非参与优先股、可转换和不可转换优先股、可调息和不可调息优先股等,而非标准化优先股是指依据类别权的不同属性的不同组合,创设出来的自由化程度较高的优先股类别。[②] 从对类别股保护的角度来看,英国公司法判例表明,在公司章程没有规定优先股股息是否累积的情况下,英国司法实践默认优先股股息是自动累积的,而德国和法国等公司法则规定,除非公司章程明确规定,否则优先股股息不可累积。而日本公司法甚至规定了劣后股,体现了高风险高收益的特性,满足了投资者的多层次要求。鉴于后文将以类别股的主权利为分类标准,详细分析每种类别股的规则、功能以及在实践中的作用,因此对类别股的种类问题不在此展开论述。

---

① 参见董新义:《韩国新商法中的种类股制度及借鉴》,载《证券市场导报》2014 年第 4 期。

② 关于标准化优先股和非标准化优先股的分类标准,参见徐强胜:《论股份种类的设置》,载《河北法学》2006 年第 9 期;梁胜、易琦:《境外优先股法律制度比较研究》,载《证券法苑》2013 年第 8 期。

(六)类别权及其变更

类别权主要是英国法上发展出来的术语,其他国家虽无完全相同的概念,但有内涵相同的定义,如类别股的权利。英国对“类别权”和“类别权变更”的解释是在长期的公司法裁决中发展出来的,并无成文法上明确的概念和界定。因此需要我们对相关判例进行深入研究,才能明晰类别权的定义和范畴,并进而分析和探讨类别权变更的适用范围。

关于类别权的界定。类别股被定义为所附权利在所有方面相同的一类股份,类别权则为依附于类别股上的权利。① 虽然上述定义有循环定义之嫌,但是从界定类别权,区分类别股相对于普通股的特别权利来说是一个简单明了、一目了然、不易混淆的定义。因此,为了进一步明晰类别权的性质,明确所谓“依附于类别股上的权利”区别于普通股上的权利,有学者提出:类别权是指某一类别股东在股息分配、清算时剩余财产分配和表决权等方面所享有的不同于普通股股东的特别权利。② 这个概念相对完整,得到了大多数学者的认可。基于上述类别权的定义,需要明确一个问题:类别权是否等同于类别股股东的权利?从上述定义可以确定类别权应当是依附于类别股份的,但是否也意味着类别股股东享有的区别于普通股股东的特别权利就是类别权呢?虽然有些类别权专属于一个股东,但是专属于股东和专属于股份的权利可能是有重合的。界定类别权内涵的出发点是,一项权利若被认定为类别权,则其任何变动可能需要符合特定的表决程序,在采用类别表决制度的法律下,通常需要经过该类别股东团体的表决通过。③ 要对这一系列问题作出回答,我们需要回顾英国判例法上的一个重要判决。英国 Scott J. 法官在 Cumbrian v. Cumberland(1986)一案对章程中规定的权利进行了分类,借此以确定何为类别权。其对权利的分类包括三种:(1)附着于特定股份上的权利或利益;(2)个人由于与公司事务管理和业务经营有关的外在原因、并非基于其股东或成员身份而被授予的权利或利益;(3)虽然并非附着于特定股份,但是基于股东或成员身份而被授予的权利或利益。第一类权利比较经典的例子就是公司清算时参与剩余财产分配以及股利分配方面的特有权利,此类权利特别的附着

① 参见蒋雪雁:《英国类别股份制度研究》(下),载《金融法苑》2006 年第 3 期。

② [英]丹尼斯·吉南:《公司法(Smith and Keenan's Company Law)》,朱羿锟等译,法律出版社 2005 年版,第 117 页。

③ 参见葛伟军:《论类别股和类别权:基于平衡股东利益的角度》,载《证券法苑》2010 年第 3 期。

于股份上，不能被其他类别股的股东享有，在股份转让后仍然可以被新的所有人充分享有。第一类的权利是制定法上的类别权。Scott J. 法官接着对第三类权利进行了分析。第三类权利是可废止的权利，在股份转让时该等权利就会失去。Scott J. 法官认为该等"权利废止"（defeasance of rights）本身不会阻止权利在股份被转让前被描述为附着于一类类别股的类别权，因而不得通过章程修改加以变更或废除。该案是英国判例法上就类别权进行界定的路标性案件，附着于公司成员或股东身份的特殊权利在此案中也被认定为类别权。而 Gower 教授的观点是，除非公司章程或大纲将公司成员或者股份划分为随附不同权利的不同类别，否则不存在类别权。①

英国 2006 年《公司法》第 629 条延续了以上判例对类别权的扩大化解释，结合第 630 条以及第 631 条下对变动类别权的程序性规定为类别权中的类别表决权等重要权利的行使与变更以及类别股股东权利的保护提供了法律基础。

对于怎样构成类别权的变更，英国判例法一直存在争议，并对类别权本身和对该等权利的享受进行了区分。类别权的变更具有法律上的意义，而对该等权利的享受的变更只具有商业上的意义。② 如果一项公司行为只是影响了对类别权的享受，即使其最终导致了类别股表决权的变化，也不会被认为是一项类别权变更。同样地，优先股股东的经济利益受到不良影响不足以构成一项优先权变更。在 Dimbula Valley（Ceylon）Tea Co. v. Laurie 案中，法院认为，就清算和减资时具有分配参与权但在股息分配时无参与权的优先股而言，虽然最终的结果是他们在公司清算或减资时无法享受通过向普通股股东配股的方式而资本化的公司利润，该等配股行为并不构成该优先股在清算或减资时分配优先权的变更。③ 虽然英国 2006 年《公司法》在广义上界定类别权，但英国法院的传统是对类别权进行狭义解释，目的是防止公司为了全面保护小股东而过度阻碍公司经营的自由和灵活性。司法的导向是鼓励类别股东倚赖类别股合同来保护其利益，争取与公司订立保护程度更高且保护范围更广的类别权变更程序条款。

---

① See Paul L. Davies & Sarah Worthington, *Gower and Davies' Principles of Modern Company Law*, Sweet & Maxwell, 2012, p. 865 – 866.

② See M. R. Greene in Greenhalgh v. Arderne Cinemas [1946] 1 All E. R. 518.

③ See Lorenzo Sasso, *Capital Structure and Corporate Governance: the Role of Hybrid Financial Instruments*, (Ph. D. diss, The London School of Economics and Political Science for, 2012), p. 120.

三、类别股份制度的理论基础

有关类别股份制度与股东平等原则或一股一票表决权原则的关系存在不同的学说。有些学术观点力图从类别股份制度体现了股东实质平等的角度阐述类别股份制度存在的理论正当性。另外一派学术观点承认类别股份制度是对一股一票表决权原则的颠覆,但从股东异质化以及公司治理的私法特征等角度对该种颠覆存在的合理性进行解释。本书认为这些不同的学说之间并不矛盾,相反,他们从不同角度对类别股份存在的合理性进行了论证。以下对这两种观点进行简单分析。

(一)类别股份制度与股东实质平等原则

在分析类别股份制度与股东平等原则的关系之前,先需要厘清股份平等原则、股权平等原则和股东平等原则之间的关系,然后再讨论类别股制度是否违反平等原则,尤其是股东平等原则。作为公司的出资人,股东具有的三个基本权利,包括盈余分配、剩余财产分配和表决权。股东平等原则的首要体现是股东权利平等。股东权利平等存在两个基准,一是着眼于人,保障所有的股东享受同一权利的平等,无论出资额大小,所有股东都享有同样的权利;二是着眼于出资额,保证同一出资额享有同一权利的平等,股东参加公司决策和参与利益分配的权利与其对公司的出资额(资本贡献)相对应。① 在现代公司的资合性下,股东平等主要是指同一出资额享有相同权利。日本学界认为,股东平等原则指股东在基于股东资格而发生的法律关系中,原则上应按其所持有股份数额享受平等待遇。由于股东资格采取了均一化、单位化的股份形式,除法律规定或允许的特别股份外,同一公司发行的各股份蕴含的权利内容相同。股东平等原则是股份平等原则在股份归属主体层面的表现。② 刘俊海教授认为将股东平等原则与股份平等原则等同起来值得商榷,认为股东平等原则的内容既包括形式意义上的股东平等,要体现股份平等这样的具体标准,也包括实质意义上的股东平等,要体现股东间保持实质性公正待遇的一般标准。股东平等原则包含形式意义上的股东平等原则(股份

① 参见[日]高岡義幸,“種類株式から見た株式会社の設計思想——コーポレート・ガバナンス体制の変化”,载《広島経済大学経済研究論集》第32卷第1号,2009年6月,36-37页。

② 参见[日]铃木竹雄、竹内昭夫:《社会法》,有斐阁1981年版,第98页;[日]前田庸:《会社法入门》(第2版),有斐阁1994年版,第116页。

平等原则）和实质意义上的股东平等原则（股东平等原则的一般标准）。[①] 既然股东平等原则包含股份平等原则，那么这两个原则与股权平等原则又是什么关系，在研究类别股份制度时是否需要考虑上述三个原则的区别和联系呢？如上所述，因为股份平等原则在内容上是股东平等原则的子集，股东平等原则的内容包括但不限于股份平等原则。所以在研究股东平等原则时，我们就当然包含了研究股份平等原则的内容。我国现行《公司法》第 143 条规定股份的发行，实行公平、公正的原则，同类别的每一股份应当具有同等权利。股权平等原则，股权平等意味着在基于股东资格而发生的公司与股东、股东与股东之间的法律关系中，所有股东均按其所持股份的性质、内容和数额享受平等待遇，并且免受不合理的不平等待遇。股权平等原则包括股份内容平等和股权比例平等两层含义，二者密不可分，相辅相成。[②] 因此，本书认为股东平等原则和股权平等原则在内涵和外延上是比较接近的，两者均体现了对股东权利的保护，在一定程度上可以通用。股东平等原则的实现机制主要有事前规制与事后规制两种路径，事前规制是在法律之中直接规定一些程序要求或者实体要求，从而保证股东平等的实现。[③] 从表象上看，类别股份制度与股东平等原则相悖，是股权平等原则的例外，但是本质上，类别股份制度反而体现了股权平等原则的真意。现代股份公司中的股东平等更加关注股东罕见的客观差异，相关的制度设计也力求实现股东间的实质平等。[④] 实质平等意味着同等状况同等对待，不同状况不同对待。即使公司对类别股东的权利有不公平之处理存在，但该处理方式已为受平等原则保护之股东同意者，其瑕疵即因此而治愈。[⑤] 有多数学者认为类别股制度建立在股东平等原则的基础之上。[⑥] 在现行世界主流公司法的框架下，公司发行的类别股需要经过股东大会，并记载

---

① 参见刘俊海：《股份有限公司股东权的保护》（修订本），法律出版社 2004 年版，第 101 页。

② 参见刘俊海：《论股权平等原则》，载《法学杂志》2008 年第 3 期。

③ 参见郜俊辉：《股东平等视角下的减资规制研究》，载《中国政法大学学报》2023 年第 1 期。

④ 参见汪青松：《股份公司股东权利多元化配置的域外借鉴与制度建构》，载《比较法研究》2015 年第 1 期。

⑤ 参见刘渝生：《论股东平等原则与股东会之决议》，载《东海法学》1996 年第 11 期。

⑥ 参见朱慈蕴、［日］神作裕之、谢段磊：《差异化表决制度的引入与控制权约束机制的创新——以中日差异化表决权实践为视角》，载《清华法学》2019 年第 2 期；张志坡：《论优先股的发行》，载《法律科学（西北政法大学学报）》2015 年第 2 期；王东光：《类别股份法理研究》，载《科学 · 经济 · 社会》2013 年第 3 期；朱慈蕴、沈朝辉：《类别股与中国公司法的演进》，载《中国社会科学》2013 年第 9 期；王保树、崔勤之：《中国公司法原理》，社会科学文献出版社 2006 年版，第 225 页。

于章程中，从形式上看取得了全体股东的同意，然而究竟是否所有类别股的差别待遇，即类别权相对于普通股股权的优先和劣后，是否都已通过普通股股东的同意，因为股东大会制度也是资本多数决制度，亦非尽善尽美，存在天然缺陷。此外，是否获得普通股股东的同意就意味着对股东平等原则的治愈，仍有可探讨的余地。本书认为，所谓的同股同权是股权平等原则的基础和本质，相同地位的同种股份被同等对待显然符合股权平等原则和股东平等原则的真谛，因此只要在类别股发行时符合相关规定，类别权创设时符合利益平衡原则，则类别股制度存在的本身就是体现了"同股同权"，更好地印证了股东平等原则。

（二）类别股份制度与一股一票表决权原则

美国学者弗兰克·伊斯特布鲁克和丹尼尔·费希尔认为，投票权（也就是实施自由裁量的权利）与剩余索取权相伴相随。也就是说，作为股东参与性权利的投票权与作为股东积极性权利的剩余利益索取权是不可分离的。匹配剩余利益索取权和表决权有利于免除公司管理层作为代理人在经营公司中产生的不必要的代理成本。如若两者不匹配可能使得表决权人缺乏按照表决权比例获利或者承受损失的激励机制，使得他们无法作出最佳决定。[①] 该观念采用经济学中的效率分析以公司整体财富和剩余利益的最大化为同股同权的理论基础。美国学者Bernard Black 和 Reinier Kraakman 则认为，一股一票表决权原则可以防止内部人获得与其在公司拥有的经济利益不匹配的投票权，有利于实现公司行为最大化公司价值的目标，是对不良管理层的制约。对一股一票表决权原则的偏离需要以（1）知情方会独立做出最优安排的选择；（2）存在一个合理有效率的市场，在该市场中公司创始人在售出其股份后所获得的收益将会反映该等股份所载的投票权。[②]

上述两派理论的一个基础是对股东同质化的假定，即忽略股东之间的实然差异，而将他们视为无差异的资本的载体，拥有同质化的能力，均是具有完全理性的个人；且具有同质的目标，即股东都是利己的"经济人"，以追求自身利益的最大

---

① ［美］弗兰克·伊斯特布鲁克、丹尼尔·费希尔：《公司法的经济结构》，张建伟、罗培新译，法律出版社 2005 年版，第 72 页。

② See Bernard Black and Reinier Kraakman, *A Self – enforcing Model of Corporate Law*, 109 Harv. L. Rev. 1911, p. 15.

化为目标并对利益最大化都有相同的理解。[①]

尽管其存在具有理论正当性，一股一票表决权原则在美国以及其他绝大多数国家并未成为强制性规则且被类别股制度侵蚀的根本原因是，首先，该原则所依赖的股东同质化假定不符合股东利益与偏好的客观现实，大型上市公司股东之间不仅在利益诉求上存在显著差异，其本身的投资偏好、理性判断能力以及对各种权利行使的态度等方面都具有很大的异质性。[②] 公司制度设计不能仅从"资"的视角将股东视为无差异资本的载体，而要从"人"的视角关注股东之间在稳定收益、强化控制、减小风险等方面的不同偏好且不断催生出股份公司内部权力配置的结构性变革。[③] 其次，在公司法领域私人自治是一个基本原则，除非具有特定的政策原因需要制定强制性规则，否则公司法应当以赋权性和示范性的规则为主。股东权利以合同的方式进行自由以及多元化分配是股东自治的一个基本理念。最后，从实证角度来看，欧盟委员会曾专门组织了一项研究，旨在探析现有的关于资本与控制之背离的范式合理性问题，从而决定是否强制实施"一股一票"原则。该研究成果于 2007 年在欧盟官方网站上发布，结论为：没有结论性的证据表明对于投票权比例性原则的背离与上市公司的经营业绩或者其治理效果之间存在因果联系。[④] 该项研究结果最终导致欧盟委员会放弃了强制实施"一股一票"表决权原则的提议。有学者通过考察日本上市企业的加权投票制度，认为我国借鉴"同股不同权"制度具有可行性。[⑤] 综上，一股一票表决权原则与实现公司治理的最优化以及公司利益的最大化之间并没有确定的相关性，同时也没有确定的证据表明对该原则的背离会有损公司的利益或治理。

---

① 汪青松、赵万一：《股份公司内部权力配置的结构性变革——以股东"同质化"假定到"异质化"现实的演进为视角》，载《现代法学》2011 年第 3 期。

② 汪青松：《论股份公司股东权利的分离——以"一股一票"原则的历史兴衰为背景》，载《清华法学》2014 年第 2 期。

③ 汪青松、肖宇：《差异化股权制度东渐背景下的中小股东保护》，载《投资者》2018 年第 3 期。

④ See Commission of The European Communities, *Impact Assessment on the Proportionality between Capital and Control in Listed Companies*, Commission Staff Working Document, Brussels, 12. 12. 2007, SEC (2007) 1705.

⑤ 参见陆宇建、黄卫华：《日本上市公司加权投票权制度及其对我国的启示》，载《现代日本经济》2020 年第 5 期。

第二章 类别股份的种类及分类标准

一、不同法域的类别股份种类制度探析

（一）美国的类别股种类

在世界各国的公司法中，美国的类别股份制度较为完善，规则也极为复杂。这得益于美国全面细致的公司立法，同时，美国公司不同的交易需求也起到了一定的促进作用。因此，美国各州的公司法均赋予公司广泛的权利来设置不同种类的股份，这种灵活性有利于公司以不同的方式向第三人融资。

美国公司可以选择发行一种股票，赋予每个股东完整的、同等的投票、分配、清偿等权利；也可以将股票划分为不同种的股票，如普通股、优先股、可转换股等；还可以将同种股票划分为不同类的股票，如A类优先股、B类优先股等。① 类别股的权利和股数可在章程中自由约定组合，《示范公司法》只对章程中须载明各类股票的优先性内容、权利和限制有强制性规定，而对其组合内容无强制性规定，确保公司对其资本结构的选择拥有完全的权利。②

根据MBCA第6.01(b)节，公司章程必须授权公司发行以下两类股票：(1)一个或多个种类或系列拥有或共同拥有无限制投票权的股票；(2)一个或多个类别或序列共同有权接受公司在解散时的净资产的股票（该等股票同以上具有投票权的股票可能是同一类别的）。如果章程只授权发行一个类别的股票，则无须对该类别的股票提供名称和描述，一般会认为该唯一类别的股票具有无限制投票权以及清算时对公司净资产的分配权，同时具备该两个特征的股票就是一般所认为的“普通股”。如果章程创设出不同类别/序列的股票对以上的基本权利在各类别/序列间进行分割，权利的分配则需非常清晰。规定一个类别/序列的股

---

① 参见苗壮：《美国公司法：制度与判例》，法律出版社2007年版，第88－89页。

② 参见朱伟一：《美国公司法判例解析》，中国法制出版社2000年版，第61页。

票的特别之处仅仅是为区分不同类别/序列股票的相应权利，例如，如果一个类别或序列的股票相比其他股票具有清算优先权，则只需明确规定该类别/序列股票的清算优先权，在章程中没有相反规定的情况下，其他的类别/序列的股票持有人仅仅在该类别/序列股票持有人的清算优先权获得满足后方才有权利接收剩余的净资产。

根据 MBCA 第 6.01(c)节可知，不同类别或序列的股票可以在以下方面有不同：

1. 投票权：是否具有特别投票权、有条件投票权或有限投票权，或者没有投票权。

2. 可赎回性或可转换性：其可赎回性或者可转换性是基于公司、股东或其他人士的选择或在一个特定事件发生时产生；可以赎回或转换为现金、债务、债券或其他财产；赎回或转换时的价格和数量是既定的还是根据公式计算的。

3. 分配权：相关股票的持有人是否具有分配权，该分配权包括对股息的累计性、非累计性以及部分累计性的分配。

4. 对分配的优先权：在公司清算时对公司财产是否具有其他类别或序列股票所不具有的优先分配权。

MBCA 在这里做出的区分并不是穷尽式的，不同类别或序列的股票之间可做出的区分并非只有上述四个方面。只要公司章程清楚载明各类别或序列股票的权利内容，同一类别或序列股票的持有人所拥有的权利及其内容也可以不尽相同。这也正体现出美国法中高度的合同自由精神。

MBCA 第 6.01(c)节是授权创设各类别/系列股票的规范，对不同类别或序列股票之优先性、权利和限制方面没有任何限制。而在 MBCA 以前的版本以及美国很多州的法例中，授权创设某些种类的权利或特权是不被允许的。[①] 例如，很多法例中禁止创设有投票权但是没有优先财务权且按公司裁量权可以回购的股票(可回购的普通股)。另外一个常见的被禁止的股票类型是，可由股东选择转换为具有优先财务权利的其他类别股票，或转换成公司债券的股票(一般称为上游转换特权)。早在 2013 年的 MBCA 中就允许了这些权利或特权的创设，在 2023 年这一版本中，公司显然仍可以没有任何限制地创设各种不同类别

---

① See MBCA (2013) Official Comment 3. a.

的股票。

就投票权而言,任何类别/序列的股票都可以被授予一股多重投票权或者部分投票权或者没有投票权。另外,股票也可以具有有限的或者有条件的投票权。但是,根据 MBCA 第 6.01(b) 节的要求,起码要有一个或多个类别/序列的股票合计具有无限制的投票权。

就可赎回性而言,MBCA 第 6.01(c) 节允许股票按照章程的规定被公司赎回。股票的赎回性可约定为基于股票持有人、公司或任何其他人士的选择,其中,应公司的选择可以赎回的股票有时称为可回购的普通股,应股东的选择可以赎回的股票有时称为卖出选择权。虽然曾经的版本以及美国很多州的法例中都禁止了这种权利设置,[①]但是得益于 2013 年 MBCA 做出的创新,2023 年版本仍然允许各种股票的赎回性,允许创设出没有限制的可赎回或者可回购的股票。

就可转换性而言,2023 年的 MBCA 第 6.01(c) 节允许任何类别/序列的股票可转换为其他类别/序列的股票、现金、债务、证券或公司或者其他人士的其他财产。如前述,早期版本的 MBCA 和很多州的公司法例禁止上游转换,即禁止股票转换为债券或者具有更大优先权的另一类别股票。这个限制在最新的 MBCA 版本里面已经取消,而取消的一个考量就是,既然公司有权设置应股东的选择可转换成现金的股票,就也应当允许股东选择将股票转换为具有更高优先权的股票,股东可以选择所欲转换的目标股票。

除了上述不同种类的股份以外,美国还规定了三种可以获得股份的权利,这些权利在进行资产证券化以后,也成为可以流通的资产,包括:[②]

1. 认股权(stock options),是指按照事先就价格和时间的约定购买或者出售特定股份的权利。如果认股权是为了激励公司的董事、公司管理人员和雇员,则认股权必须取得股东的授权。

2. 认股权证(stock warrant),也是一种认股权,但通常时限较长,而且可以自由转让。

3. 配股权(stock right),是指公司现有股东在公司发行新股时按比例认购的权利。

---

① See MBCA(1984)Official Comment 3. c.

② 参见朱伟一:《美国公司法判例解析》,中国法制出版社 2000 年版,第 63 – 64 页。

认股权、认股权证和配股权的条件、发行时间和具体内容由公司董事会决定。

虽然上述各类股份是否都属于严格意义上的"类别股份"确实存在争议，但美国极强的契约自由精神影响下形成的股权多元化的经验，仍然是我国建立类别股份制度所应当借鉴的主要对象之一。

（二）英国的类别股种类

英国公司法理论认为，股东持有股份，一方面意味着要承担支付对价的义务，另一方面享有股份上所附着的权利（rights attaching to shares）。针对股东所享有的权利而言，包括在股东会议上对公司的事务进行投票的权利、分红的权利，和在公司破产清算时索取剩余财产的权利。在上述三项权利中，后两个权利是可称为"股份上的财产性权利"。

股东所享有的财产性权利与股份的票面价值紧密相关，其计算方式和结果都受到票面价值之有无、高低的影响而有所不同。在"同股同权"的前提下，如果公司的股份有票面价值，则所有的股东都应当按照其拥有的股份总额（票面价值乘以各自拥有的股份数额）的比例享有分红权和剩余财产索取权；如果股份不具有票面价值，则股东应当按照其拥有的股份数额享有分红权和剩余财产索取权。例如，某公司发行的股份不具有票面价值，而其剩余财产有 10,000 英镑，并且公司的 10 个股东各自拥有 1 股，那么不管该股份的实际价值是多少，最后每个股东能分到 1000 英镑。①

不同类别的股份所附带的权利是不相同的。虽然并没有对"类别股份"的统一定义，但是可以参考英国《公司法》第 629 条，一类股票的附属权利在各方面都是统一的，只是不能仅因其在分配后的 12 个月内具有不相同的股息权利而被视为附属权利不同（类别不同）。② 公司可以赋予不同类别的股份不同的权利，主要的类别股份包括优先股和普通股。实务中，公司在发行不同类别的股份时，一般都会确定不同类别的股份所享有的权利，因此有必要严格遵守公司细则或者发行条件。然而，在 Cumbian Newspapers Group Ltd. v. Cumberland & Westmorland Newspaper and Printing Co. Ltd. 案（1986 年）中，法官对涉及类别权利变更时"类别股份"的含义进行了创新性地分类：一是附于特定股份之上的权利或利益；二

---

① 参见葛伟军：《英国公司法原理与判例》，中国法制出版社 2007 年版，第 78 页。

② Companies Act 2006（legislation. gov. uk），Article 630，2024 年 3 月 4 日访问。

是授予个人的但不具有股东功能的权利或利益(一般都与公司事务的管理或公司业务的开展有关);三是尽管不附于特定股份之上但具有股东功能的权利或利益。在设定形式上,英国公司法通过1953年Re Old Silkstone Collieries LD.案对类别股份权利变更的判决承认了除组织大纲和章程外,特别决议的形式赋予的类别权利。因此,类别股份可以由公司在备忘录或者章程中规定,也可以通过普通决议对股份进行分类的方式设定,如最常见的优先股和普通股。公司究竟可以对股份进行何种区分,没有统一的标准,完全根据公司的实际需要而定,并且不同类别股股东所享有的权利可以在该股份的发行条款中进行详细的规定。

由此可见,英国公司法中类别股体现的是一种公司自治的理念,充分发挥了公司的创造力和主观能动性。一般来说,英国公司法将股份分为以下类别:普通股、优先股、递延股、无投票权股、有限投票权股、可赎回股、雇员股。具体内容和相关规定将在下文论述中择其要点予以介绍分析。

(三)德国和法国的类别股种类

德国和法国的法典成就对于各个大陆法系国家的法律制定和完善具有很强的借鉴意义,两国关于类别股份的法例逐渐出现了类别股份制度,且在制度建设方面尊重市场经济发展,借鉴了并区别于英美法的规范。以下仅对德国和法国的类别股份种类制度进行简要的介绍,以期抛砖引玉,推动对这两个国家类别股份制度的研究。

1. 德国的立法情况

德国的类别股份立法是大陆法系成文法式立法的代表。德国的类别股份制度主要规定在德国《股份公司法》[①]第四部分第四章下的第六节中("股份公司的组织法"下"股东大会"中有关"没有表决权的优先股票"的规定)。另外,在其他章节还有几条有关优先股的零星规定。

德国《股份公司法》第11条和第23条表明了类别股份的合法性。前者做出了类别股份的定义,规定股票在分配盈利和公司财产时可具有各种权利,具有同样权利的股票构成一个种类;后者是对公司章程如何依程序记载类别股票进行规定,要求章程内记载股票的票面价值、每一票面价值的股票数量;有多种股票存在的,还应说明股票的种类和每种股票的数量。从这两条规定可以得知:(1)股票

---

① 以1998年6月22日修订后的德国《股份公司法》为研究版本。

可以有不同的种类；(2)不同种类股票之间的差别主要是权利的差别；(3)同类股票的权利相同；(4)公司章程应当记载股票的种类以及不同种类的股票面值及数量。德国《股份公司法》第12条、第26条、第53条、第60条、第139条和第140条则规定了类别股中优先股的权利。这些条款从四个方面对其权利进行了界定：(1)除了没有表决权，优先股与其他股份形式的权利相同，但在股利分配方面享有优先权；(2)公司章程中应当明确规定优先股的权利；(3)优先股股东之间权利平等；(4)优先股的固定股息以其票面价值为基准计算。此外，第140条第2款规定了优先股表决权复活的条件：公司对优先股股东在一年内不支付或不完全支付优先股利，并且不能补交拖欠的优先股股利。第140条第3款规定了优先股股利的非累积性。第139条第2款、第141条第2款和第3款以及第182条第1款和第2款规定了优先股的发行条件。第141条规定了优先股的废止和限制。该《股份公司法》还规定了优先股的发行程序和公司章程的修改程序。[①] 德国对表决权非常重视，类别股对"一股一票"表决权原则的突破引起了较大争论。经过多年的发展完善，《股份公司法》现在规定股份有限公司可发行无表决权股，但为了补偿股东在表决权方面的损失，必须给予这种股份优先分配股息的特权。原来法律规定可以发行多数表决权股，后来德国大多数学者认为这种股份已经过时，因此又修改规定公司不得在任何情况下发行多数表决权股。

2. 法国的立法情况

法国的类别股份制度主要载于《商法典》第二卷(商事公司与经济利益合作组织)第二编(各种商事公司的特别规定)第八章(可以发行股票的公司发行的有价证券)第二节(股票)和第三节(几种正在消失的证券适用的规定)中，主要承认并规定了优先股制度。其中，第二节(股票)第228－11条规定了优先股的表决权及其期限：表决权可以有确定的期限，也可以无确定的期限，可暂时中止行使或者取消；无表决权优先股不得占到公司一半以上的资本，在股票准许进入规范市场交易的公司，无表决权优先股不得占有公司四分之一以上的资本。第228－12条规定了特别股东大会是唯一有权决定发行与转换优先股的机构；公司章程中也可以确定转换优先股的方式。此外，第三节(几种正在消失的证券适用的规定)

---

① 参见曹立：《权利的平衡——优先股与公司制度创新》，中国财政经济出版社2014年版，第189－193页；卞耀武主编：《德国股份公司法》，贾红梅、郑冲译，法律出版社1999年版，第94－95页。

第三目(优先股)和第四目(无表决权优先股)即第228－35条,详细规定了法国优先股制度。① 概括地说,法国类别股份制度主要规范以下几个方面:第一,在增加公司资本而发行新股时,为了吸引新的认股人,优先股持有人拥有优先的股息分配权。第二,某些类别股份在增加了股东的股息优先获取权的同时,也相应地要求持股人放弃表决权。这些类别股即为“无表决权股”。第三,持有类别股份的股东将组成“专门股东大会”,针对其类别权的变动拥有表决权。第四,法律允许发行“可赎回股”,赋予公司按照相关的约定强制回购该等股份的权利。第五,优先股的种类比较齐全,依据表决权的有无、股利分配优先、股利递延和累积、转换、回购、优先认购、优先清算权等排列组合成各种类型。

(四)日本的类别股种类

在日本《公司法》中,允许公司根据自身需要发行就一定事项有不相同规定的股票。根据日本《公司法》第108条的规定,类别股可在如下9个事项中进行股份权利的区别规定:(1)盈余金的分配;(2)剩余财产的分配;(3)股东大会上可以行使表决权的事项;(4)转让限制的事项;(5)取得请求权;(6)一定事由发生时自动由公司取得股份的事项;(7)全部取得条款;(8)股东大会应表决的事项中,除股东大会的表决外,还需要该类别股股东为成员的类别股东大会的决议的事项;(9)以该类别股股东为成员的类别股东大会中选任董事或监事的事项。② 日本关于类别股的规定,仅限于日本《公司法》中规定的这9种情况,规定与上述9种情况不同事项的类别股并不被法律所认可。

1. 关于盈余金分配的类别股

这里所说的“盈余金的分配”在公司法中的用语是“利益或利息的分配”,另外,新公司法还废除了旧公司法中的利息分配制度,即所谓的“建筑利息分配制度”。③ 在发行盈余金分配的类别股时,公司章程应当规定交付分配财产的价格决定的方法,以盈余金分配为条件的其他盈余分配的操作内容。实务中,和普通股份相比,作为优先股和劣后股被规定的情况较多。一般在实务中,关于盈余分配的类别股种类通常有如下两种:(1)优先分配之后与普通股一起享有分配权利

---

① Chapter Ⅷ: Securities Issued by Joint－Stock Corporations. (Articles L228－1 to L228－106)－Légifrance (legifrance. gouv. fr),2024年1月26日访问。

② 会社法 | e－Gov 法令検索,2024年1月26日访问。

③ 参见[日]前田庸:《公司法入门》(第12版),王作全译,北京大学出版社2012年版,第73页。

的参加型优先股以及优先分配后不与普通股一起享有分配权利的非参加型优先股;(2)在某个时期盈余金分配未满足一定金额时,下一时期后累积优先受领分配的累积型类别股以及非累积型类别股。

2. 关于剩余财产分配的类别股

在发行涉及剩余财产分配的类别股时,公司章程应当规定剩余财产价格的决定方法、该剩余财产种类等关于剩余财产分配的操作内容。公司可以选择发行不享有任何盈余分配权利的类别股,但这种情况下必须给予该类别股以接受剩余财产分配的权利。

3. 行使表决权有限制的类别股

对于发行能够限制表决权事项的类别股,既包括就一定事项能够行使表决权的股票和不能够行使表决权的股票,也包括就所有的事项都无法行使表决权的无表决权股票。另外,公司章程中可以规定表决权行使的条件。对于公开公司,表决权受限的股票总数一般不应超过公司总股本的一半。如果发行仅仅在条件成就时表决权被限制的股票,由于在条件成就之前的阶段表决权并没有被限制,因此,这种股票并不是这里讲的表决权受限类别股。

4. 转让受限的类别股

股份有限公司可以发行以转让受限事项为不同内容的类别股。转让受限的规定,在类别股发行公司以外的公司也可以对自己公司的股份进行规定,此时应当规定的内容与转让受限类别股规定的内容相同。另外,对不同种类的股票能够规定转让受限制的内容,例如,可以仅对优先分红股票和附否决权股票附带转让受限制的内容。

5. 附取得请求权的类别股

某种股票附有取得请求权时,对于持有该股票的股东有权向公司请求回购该股票。类别股发行公司发行了附取得请求权股票,作为取得该股票的对价,股份有限公司可以规定为其他种类的类别股。在以股易股时,应当事先规定其他股票的种类、种类的数量以及换算方法。持有附取得请求权股票的股东行使请求权的,在股份有限公司以其他种类的股票为对价时,股份有限公司即可以使用公司持有的股份交付,也可以发行新的股份来进行交付。这时公司发行新的股票的,不需要履行股份募集的有关手续,即使新的股票发行出来,公司的资本金也不会增加。

6. 附取得事项的类别股

附取得事项的股票在一定的事由发生后,股份有限公司有权取得该股票。类别股发行公司发行附取得事项的类别股时,公司可以规定交付的取得对价为该公司发行的其他种类的股票。此时,公司应当事先规定其他股票的种类以及种类数量和换算方法。在股份有限公司以其他种类的股票为对价时,股份有限公司既可以使用公司持有的股份交付,也可以发行新的股份交付。

7. 附全部取得情况的类别股

股份有限公司发行附全部取得条款类别股的,公司可以依据股东大会的特别决议取得其全部股份。公司发行附全部取得条款类别股除了用以预防敌对收购之外,还在濒临破产需要进行公司重整时,利用该类别股实现 100% 减资。

8. 附否决权的类别股

公司发行附否决权类别股的情况下,在股东大会中就股东大会决议的某事项,除了一般决议之外,还需持有附否决权类别股的股东团体为成员的特别股东大会的决议通过。也即附否决权类别股的股东组成的类别股股东大会可以否决股东大会作出的某项决议。发行附否决权的类别股主要作为针对敌对收购的防御措施,用以防御敌对收购,此外,还可以用以满足合资公司、风险公司各股东之间对于公司控制权限制的需求。

9. 选任董事、监事的类别股

发行类别股的公司在发行了选任董事、监事类别股时,在持有选任董事、监事类别股的股东组成的类别股股东大会中,可以直接选任或解聘董事或者监事。在风险企业或者合资企业中,各方出资企业均希望通过出资比例或对事业的参与度选任董事、监事,这种情况下即可利用该类别股实现。①

(五)韩国的类别股种类

韩国是我国类别股份制度建设最值得借鉴的东方国家之一。韩国早在 1962 年制定《商法》时,就确立了无表决权股和优先股。此后,韩国商法经过多次修改,逐步完善了类别股份制度。韩国 2018 年 12 月 19 日正式施行的《商法》②主要从共同规定及特别规定两个方面对类别股进行了规定。在共同规定方面,韩国

---

① 参见[日]江头宪治郎:《株式会社法》(第 4 版),有斐閣 2011 年版,第 133 页。

② Statutes of the Republic of Korea (klri. re. kr),2024 年 1 月 26 日访问。

《商法》第344条笼统地规定了公司可以发行类别股，并应当依章程规定各种股份的内容及数量；而在公司章程无相关规定的情况下，公司可以按不同种类的股份另行作出特殊规定。此外，该条还规定类别股东大会准用第435条第2款的规定。在对类别股的特别规定方面，韩国《公司法》规定了以下内容：(1)与利益分配相关的类别股（包括改变分配期的类别股和改变分配财源的类别股，含优先股）；(2)剩余财产分配类别股；(3)排除或限制表决权类别股（包含附否决权类别股与附高管任命权类别股以及在类别股股东大会中表决权受限的类别股）；(4)无表决权类别股的表决权恢复；(5)偿还股及转换股。[①] 韩国《商法》并未对类别股的中期分红作出禁止性规定，也未禁止发行利润内容相异的种类股（追踪股票）。韩国公司的类别股份制度已相对比较完整，其修订《商法》的频率非常快，从而使得《商法》的条文内容能大体跟上社会经济发展需要，可以借鉴作为我国《公司法》修订的参照。

（六）我国香港特区的类别股种类

香港的公司立法与英国的公司立法关系密切。在香港，现行最主要的公司法律规范是《香港法例》第32章的《公司条例》(Companies Ordinance)。[②] 该条例首次通过于1865年，历经数次修改，最新版本为2011年修订版。共有14个部分、365条及24个附表，调整的范围包括公司成立、资本发行、股份、内部管理以及相对方交易、资不抵债时公司的清算和重组等问题。

《公司条例》没有明文规定公司可以发行何种股份，相关判例也没有规定公司所发行的股份应当附有何种权利。同时，该条例不要求公司的各类股份的发行金额必须相等，也不要求所有股东享有的权利必须相同。这些事项均由发行股份的公司自行决定。如果公司得到了章程及组织细则的授权，就可以发行不同种类的股份。因此，根据公司章程和组织细则，可以把公司的股份分为不同的类别，主要包括优先股、普通股、创办人股或股息延取股。[③] 这些名称区分了公司资本结构中各类股份的不同性质及权利。优先股在普通股取得股利之前，享有从公司利润中按照一定比例提取股利的优先权；而延取股则必须在普通股分取股利之后才享有分取股利的权利。

---

① 参见董新义：《韩国新商法中的种类股制度及借鉴》，载《证券市场导报》2014年第4号。

② 以2011年修订后的《香港法例》第32章的《公司条例》为研究版本。

③ 参见李泽沛主编：《香港法律大全》，法律出版社1992年版，第234页。

(七)我国台湾地区的类别股种类

我国台湾地区"公司法"现将类别股称为特别股。台湾地区早期"公司法"曾称特别股为优先股,1966 年台湾地区修订"公司法"时,认为公司所发行的类别股不仅限于优先股,因而改称为特别股,用于概括所有类别股。台湾地区"公司法"于 1970 年修正中明确规定了类别股可被限制或发行无表决权类别股。台湾地区现行"公司法"第 157 条明确规定了公司发行类别股时,应当在章程中规定类别股的股利和剩余财产的分配、表决权的顺序、限制和其他权利义务。[①]

我国台湾地区特别股的发展可追溯至 1957 年,当时台湾的中国人造纤维股份有限公司发行了类别股。当时的特别股条款非常简单,除优先分配股利外,并约定特别股于发行届满 4 年时自动转换为普通股。所以当时的类别股与普通股的股东权益并无太大差异。20 世纪 50 年代特别股的发行目的也仅是扩充资本,其性质包括股利优先、参加分派、累积、可赎回等。60 年代企业发行特别股的目的依然以筹措资金扩张产业为主,产生了中钢特、华隆特等发行案例。此时的特别股相较于 50 年代亦可在一定期限内转换为普通股,且呈现出性质多样性的特征。到了 70 年代,特别股的发行目的除筹措资金外,还包括解决财务困难、偿还负债、甚至公司合并等。此时特别股最大的特征是可被限制表决权,不再拥有与普通股相同之经营管理权。[②] 80 年代企业发行类别股数量与筹资规模都逐年降低。2001 年,台湾地区通过的"公司法"部分条文修正案允许公司公开发行折价股票来筹资,类别股以低于票面金额的价格发行有了法律依据。90 年代以后,类别股依然未能在台湾地区广泛运用,企业多为特定目的而采取私募的方式,向特定客体发行,如台湾高铁特别股筹资案、台新金并购彰化银等。中国大陆现今推行的优先股试点工作与台湾地区类似,均以向特定对方发行的方式,审慎推行类别股。

台新金控标购彰化银案例是台湾地区类别股制度发展过程中的一个典型案

---

① 台湾"公司法"第 157 条规定:公司发行特别股时,应就下列各款于章程中定之:一、特别股分派股息及红利之顺序、定额或定率。二、特别股分派公司剩余财产之顺序、定额或定率。三、特别股之股东行使表决权之顺序、限制或无表决权。四、复数表决权特别股或对于特定事项具否决权特别股。五、特别股股东被选举为董事、监察人之禁止或限制,或当选一定名额董事之权利。六、特别股转换成普通股之转换股数、方法或转换公式。七、特别股转让之限制。八、特别股权利、义务之其他事项。

② 参见吴慧如:《特别股性质研究》,台湾政治大学会计研究所 1988 年硕士学位论文,第 15 - 17 页。

例。彰化银当时的主要股东是台湾当局，它希望通过发行彰化银特别股的方式改变其资本结构，引进民营大股东，并进而促进经营、达成二次金改缩减金融机构之目的。台新金击败淡马锡等对手，于 2005 年 7 月以新台币每股 26.12 元，比当时彰化银发行底标价 17.98 元溢价了 45%，购得彰化银行计划在 2008 年到期之强制转化特别股 14 亿股。台新金此次转投资彰化银私募之乙种特别股，所需资金共 365.68 亿元。台新金购彰化银后，标志着台湾地区“二次金改”的正式开始，也使得其自身成为台湾地区第二大金控集团。台新金所购买的彰化银特别股附带有在 1 年后、3 年内转换成普通股的权利。同时这些特别股拥有投票权与被选举权，并且在 3 年内必须强制转换成普通股，这充分体现了特别股的股权属性。同时，如同台新金对外宣称的，此次入股如同把 365 亿元借给彰化银，未来当彰化银并入台新金，这笔钱又回到了台新金账上，这又体现了债权性质。①

二、类别股的分类标准——类别股的主权利

类别股最大的特点是其股份种类的多样性和灵活性，能够通过权利义务的各种排列组合满足各类投资者和融资者的特殊需要，并能在一定程度上优化公司资本结构和治理结构，因此本书认为，对于类别股的分类标准的探析应当是研究类别股份制度的重点，需要进一步予以阐述和论证。既然类别股的种类是通过权利义务的排列组合而形成、彼此区别，那么依据类别股的主权利来区分类别股的种类就存在应然的合理性。公司法实践中适用较为广泛的种类主要是优先股、黄金股和双层股权结构等，其中优先股在各章都有涉及，此处不再赘述。而能够保护国有控制权的特殊表决权股——黄金股，以及契合以混合所有制结构推进国资国企改革和核心管理层公司控制权保留的多重表决权股——双层股权结构是比较重要的种类，因此在本章中予以重点阐述。

（一）以表决权为分类依据

以享有的表决权的数量的不同来区分类别股的种类是类别股最典型的分类标准之一。这种分类标准根据股东对公司控制权的不同要求而创设，公司创始团队或实际控制人希望控制公司，抵御敌意收购，就会倾向于一股多表决权的超级

① 参见朱思颖：《特别股法律制度与实践问题研究》，台湾大学法律学系 2014 年硕士学位论文，第 18－19 页。

表决权股(又称复数表决权股),而对公司没有控制需求的公众股东或者仅希望经济复苏、挽救企业于危难的国家对控制公司显然没有渴望,因此往往倾向于有限表决权股或无表决权股。

股东的权利和义务平等原则与一股一票表决权原则是多数国家公司法的一般法律原则。[①] 但是,在法律许可的情况下,在此基本原则的基础上创设表决权数量不同的公司股份是被允许的。甚而,股东表决权数量背离一股一票表决权原则的历史非常久远,可以追溯到18世纪至19世纪。英国公司发展早期,公司的表决权与纯粹的经济权利(包括股利和清算财产分配)相分离,平等存在于股东之间,而不是附属于股份之上。英国《1845年公司法》对同一股东持有的股份的表决权进行了非比例性递减的规定:除非章程另有约定,否则同一股东持有10股以下,则1股1投票权;对于超过10股但少于100股的股份每5股拥有1个投票权;对于超过100股的部分,每10股享有1个投票权。这一加权计算方法是为了保护小股东在公司决策方面的权利,但是却非常容易通过由代持人分散持有的方式规避。现代的公司法认识到,如果需要不同的股份拥有不同的投票权,应当创设出具有不同投票权的不同类别的股份,这样投票权才可以不依附持有人而是依附股份本身。在公司融资需求增加、投资者多元化、公司从人合向资合发展的过程中,逐渐发展出以股份数量为基础的1股1投票权原则。[②]

有限表决权股是指投票权受到一定程度限制的股份。有限投票权股与无投票权股类似,都不享有完全的投票权。但是二者之间又存在不同,有限投票权股虽然投票权受限,但是毕竟对某些事项还是享有投票权的,或者每一股有限投票权股并不享有一个投票权,而是享有0.5个或者0.8个投票权;但是对于无投票权股而言,该类股份的投票权完全被剥夺了,对于任何事项都不能够进行投票。

英国《公司法》规定,无论公司章程做出何种规定,公司均可以通过普通决议的形式在董事任职到期之前解除其职务。1968年,原告Cumbrian报业集团公司和被告Cumberland &Westmorland Herald报业印刷公司达成协议,被告获得原告的一份报纸以及特定的广告安排,原告获得被告10%的股份。被告于1968年向原告正式发行了10.67%的股份。作为协议的一部分,被告修改了章程,授予原

---

① Mathias M. Siems, *Convergence in Shareholder Law*, Cambridge University Press, 2008, p.65.

② 参见杨正洪、李飞:《论流通股与非流通股的分类表决制度》,载《证券市场导报》2005年第2号。

告对普通股的优先购买权、对于未发行股份的权利以及在持股不低于已发行普通股10%的前提下指定一名董事的权利。这些权利旨在使得作为股东的原告处于有能力防止被告收购的地位。这个安排实施多年之后，被告的董事提议召集临时股东大会通过特别决议，以删除原告在章程中的上述权利。该公司章程的第5条规定，除非公司有特别决议或另有规定，公司未发行的股份不得向Cumbian报业公司、于1968年8月28日注册成为公司股东成员之人、股份发行时公司的全职雇员发行。并且，所有未发行的普通股在发行之前，应尽当时情形允许的可能，向发行时的公司在册普通股股东，按其持有股份比例计算的数额发出要约。第7条保证了董事的绝对裁量权，但原告在行使优先购买权时，董事不能拒绝相关股份转让。第9条是一个重要的优先购买权条款。除第8条和第9条明确规定的股份转让外，除非经章程明确规定的程序，公司所有股份的转让应首先向原告发出要约。第12条约定，如果且只要Cumbian报业公司是公司已发行普通股10%以上的在册持有人，Cumbian报业公司应有权随时指定一个人作为被告的董事。被告1968年8月29日通过的章程没有关于类别权利变更的条款，但如果章程附于原告的权利属于"附于类别股份之上的权利"，则1985年《公司法》第125条可适用于原告。Nigel Howarch法官支持被告，他认为章程赋予的权利分为三种：(1)附于特定股份之上的权利，这是类别股份的唯一形式；(2)授予某些人的但不具有股东功能的权利，一般而言，这不属于类别股份；(3)具有股东功能但并未附于任何特定股份之上的权利，此案涉及的权利即为这一种。此案判例法意义是，只要是组织大纲或章程明确规定授予部分而非全部股东的具有股东功能的权利和利益，均属于附于类别股份之上的权利，包括表决权。

无表决权股是指不享有投票权的股份。与普通股的股东相比，持有无投票权股的股东享有普通股股东所享有的除投票权以外的一切权利。无投票权股多适用于家族控制的公司，在这些公司向外部投资者融资时，为了维持公司控制权，会倾向于发行无投票权股。需要注意的是，伦敦证券交易所虽然没有明文禁止该类股份的发行，但是不鼓励上市公司发行无投票权股。

对复数表决权股进行分析，正如上文所述，英美法系国家的类别股发展历史可以看出对类别股的规制越来越宽泛，倾向于尊重意思自治，不禁止发行超级投票权股。德国是世界上最早出现复数表决权类别股与最高表决权限制类别股的国家。关于复数表决权股的问题，在公司法实践中，又被称为双层股权结构。双层股权结构虽然在中国公司中一直存在,但是并未引起大家讨论的热情。但是阿里巴巴赴美上市,创造财富神话的同时,阿里的创始团队借助双层股权结构仍然取得了公司的控制权,引起了人们的热议,鉴于此问题无论是理论上还是实践中均存在争议,但又非常重要,故下文将专节对双层股权结构及设立该结构的公司中的利益冲突及治理等问题予以重点论述。

(二)以公司盈余和剩余财产分配权为分类依据

根据盈余分配或者剩余财产分配权利的顺序,可以将类别股区分为优先股、劣后股和混合股。其中优先股是指与普通股相比在分取股利或剩余财产方面(不包括表决权等共益权方面)享有优先权的股份。优先股可分为红利分取优先股和剩余财产分取优先股。劣后股是在股利分配或剩余财产分配上与普通股相比处于在后顺位的股份。混合股是指在某些类别权上优于普通股但是在另一些类别权上逊于普通股的股份。[①] 关于劣后股,实践中较为少见,往往是公司的发起人股东或实际控制人股东的财力比较雄厚,在发行新股时为了强化普通股股东的信心,向普通投资者发行普通股,向发起人股东或实际控制人股东发行劣后股。劣后股完全是股份发行公司控制股东的一种态度。无论是劣后股还是混合股,股东都是主动愿意承担劣后的不利条件换取其他方面的利益,实际上均是利益平衡的产物。英国公司法上的递延股和我国香港地区公司法上的创办人股或股息延取股就是典型的劣后股。递延股是指在一个会计年度内,只有在普通股进行分红以后才可以分配红利的股份。这些递延股的股东通常是公司发起人。在普通股进行分红以后,一般有一大部分利润累积在公司内部,因此,英国公司法创设“递延股”,将这些剩余的利润分配给持有该股份的股东。在香港公司实务中,创办人股或股息延取股在数量上一般较少,票面价值也较小。该类股份的持有人只有在其他各类股份持有人按公司规定分取股息后,才能取得股息,但往往可以享受全部剩余利润或者较大部分的利润。此外,该类股东所享有的投票权也不同于股票的票面价值。该类股份虽然按照公司章程的规定享有很少的权利,但在公司结束时,可以从剩余财产中获得较大份额的分配(与普通股股东相比较而言)。在选举投票的权力上,股息延取股也较普通股大得多。现在,大多数股息延取股已经改变为普通股。该类股份如果是作为转让财产或者提供服务的对价而向已经

① 参见刘俊海:《现代公司法》(第3版),法律出版社2015年版,第509-511页。

缴足股本的买主或者创办人发行的，则称为创办人股；若该类股份是作为现金或者股份的代替给予股份认购者作为奖励的，则称为股息延取股。有些公司在发行普通股时，每发行若干普通股会送上一股股息延取股以吸引投资人士。这类股份的持有者一般是公司的创办人，从而答谢其为公司的成立作出的贡献，即在对社会上投资者作出合理的报偿之后，创办人能够获得公司利润的全部或者较大部分或者另行提供一种引诱型投资。由于该类股票只能在普通股的股息分配之后才能取得股息，因此可以促使公司经营者善意、勤勉、审慎地从事公司事务；又由于该类股份一般可取得公司剩余利润的全部或者大部，也为经营者的善良经营提供了动力。任何公司发行该类股份，必须在其集资章程中注明“创办人股”或者“股息延取股”的数额以及该类股份持有人对公司的财产和利润所享有的权利的性质和范围、表决权以及对于资本和股息的分配权。但以下情况除外：(1)该类股份是配备给公司的现有股东或者现有债券持有人的；(2)该类股份或者债券已经发行并已经在指定的证券交易所上市；(3)由指定的证券交易所授予豁免证的。关于优先股，下文将进行详细论述。

在优先股、劣后股和混合股的基础上，依据股利可否累积，可否参加普通股股利分配以及可否参与剩余财产分配等因素，又可排列组合成累积股利类别股和非累积股利类别股、可参加普通股股利分配类别股和不可参加普通股股利分配类别股、可参与剩余财产分配类别股和不可参与剩余财产分配类别股，甚至可以在股利是否优先分配的基础上，加上股利是否累积，加上是否参加普通股股利分配，再加上是否参与剩余财产分配，进一步组合成复杂的多层次类别股，如股利累积、参与普通股股利分配、参与剩余财产分配的类别股。

关于非累积股利类别股的非累积条款是学界争论的焦点。这涉及类别股权利保护的问题。在金融发展历史上，非累积股利类别股很少在实务中出现。该非累积条款既可能是明确规定，也可能是根据契约内容推定的。例如，在 Adiar v. Old Bushmills Distillery 案①中，法院依据约定的“股利将从每年公司利润中支付”条款推定属于非累积股利类别股。至于参加类别股，无论是参加普通股股利分配的类别股或参加剩余财产分配的类别股，都比较少。而且即使是享有参加普通股股利分配权利的类别股，也分为有上限参加类别股(Participating Preferred Subject

① Adair v. Old Bushmills Distillery [1908] W. N. 24.

to a Cap)和完全无上限参加类别股(Fully Participating Preferred)两种,一般公司会对参加类别股设置一个剩余盈余分配上限(Cap),当类别股获得股利之总额达到一定限度时即不能继续参与股利分配。而非参加类别股(Non - participating Preferred Stock)仅能获得预先约定的股利,并不能参与因公司经营状况好获得的丰厚盈余分配。一般情况下,证券市场上的特别股以非参加类别股居多。①

基于类别股的财产权,在以上分类的基础上,类别股的股利尤其是优先股的股利,是否可以调整为依据,也可分为可调息类别股或不可调息类别股。对于股利调整的依据,可以由发行公司和类别股股东之间的合同约定,也可以在章程中约定,一般调整的依据有银行的利率变动、企业的经营情况以及其他特定条件,条件成就则调整股利,反之不予调整。当然,在此基础上,依据调整股利的条件、方式和程度等约定,不同的类别股可以有不同的排列组合。

(三)以回赎权为分类依据

回赎权是指公司发行类别股时约定满足一定条件,类别股股东有权要求公司回赎类别股份,或者公司有权强制要求回购类别股份,从而类别股股东退出公司的一项比较重要的权利。依据公司资本维持原则,股东的股权可以转让,但是一般不能退出公司。在某些特定条件下,②公司才能购买自己公司的股份,且需要在一定期限内处理完毕,公司本身不能长期持有自己公司的股份,这是公司法法理决定的。在可赎回类别股(Redeemable class shares)和不可赎回类别股(Unredeemable class shares)的基础上,可回赎类别股可依据在发行时便约定回赎的日

---

① See Frank J. Fabozzi, *The Handbook of Financial Instrument*, Wiley, 2002, pp. 283 - 284.

② 《公司法》第162条规定:公司不得收购本公司股份。但是,有下列情形之一的除外:(一)减少公司注册资本;(二)与持有本公司股份的其他公司合并;(三)将股份用于员工持股计划或者股权激励;(四)股东因对股东会作出的公司合并、分立决议持异议,要求公司收购其股份;(五)将股份用于转换公司发行的可转换为股票的公司债券;(六)上市公司为维护公司价值及股东权益所必需。公司因前款第一项、第二项规定的情形收购本公司股份的,应当经股东会决议;公司因前款第三项、第五项、第六项规定的情形收购本公司股份的,可以按照公司章程或者股东会的授权,经三分之二以上董事出席的董事会会议决议。

公司依照本条第一款规定收购本公司股份后,属于第一项情形的,应当自收购之日起十日内注销;属于第二项、第四项情形的,应当在六个月内转让或者注销;属于第三项、第五项、第六项情形的,公司合计持有的本公司股份数不得超过本公司已发行股份总数的百分之十,并应当在三年内转让或者注销。

上市公司收购本公司股份的,应当依照《中华人民共和国证券法》的规定履行信息披露义务。上市公司因本条第一款第三项、第五项、第六项规定的情形收购本公司股份的,应当通过公开的集中交易方式进行。

公司不得接受本公司的股份作为质权的标的。

期、条件和价格等条件，同时依据该回赎权是属于公司还是股东可将其区分为强制回赎（Compulsory redemption）和任意回赎（Voluntary redemption）两类。前者在类别股发行时即将是否回赎的选择权赋予公司，由公司决定是否行使，如果公司决定赎回，则类别股股东别无选择，只能缴回股票。而后者是指股东享有是否要求公司回购股份的权利，如股东不愿意继续持有类别股，公司则必须按照一定条件和价格回购。本书认为回赎权是类别股份一个非常重要的权利，因为它是一个偏债券性质的权利。回赎权的存在导致类别股无限接近公司债券，而且比约定了固定还本付息期限的公司债券更灵活，因此对于创业投资公司来说是利好，创业投资公司持有可回赎可转换的类别股后，可依据发行公司的经营情况灵活决定投资策略，可进可退，发行公司业绩增长则转换成普通股分享超额利润，发行公司业绩不好则可要求回赎并退出公司。

（四）以是否享有可转换成普通股的权利为分类依据

依据类别股能否转化为普通股，可将其区分为可转换类别股（Convertible class shares）和不可转换类别股（Unconvertible class shares）。顾名思义，可转换类别股，是指在满足一定条件时，类别股股东可以依据事先约定的比例和价格将其所持有的特别股转换为普通股。转换又可区分为强制性转换和选择性转换。选择性转换类别股提供给类别股股东在一定期限内的转换选择权，该股东可选择是否行使转换权，如选择，则类别股依约转换成普通股。而强制转换类别股不存在选择问题，到期依约强制转换成普通股。可转换类别股的优势在于当公司经营处于高成长时期时，类别股股东可以通过转换成普通股而分享公司的成长收益。但该转换是不可逆的，选择合适的转换时机自然很重要。

关于对类别股转换条件的限制问题。韩国《商法》第 348 条规定，如公司因股份转换而发行新股，则转换前之股份金额应等同于做为新股发行之股份的金额。我国台湾地区“公司法”在第 248 条针对公司债转股份时亦有类似规定。但是台湾地区关于转换时间与转换比例限制却相对较多。1999 年 7 月 29 日台湾地区财政事务主管部门金融法规通函①和经济事务主管部门 2001 年 5 月 22 日函

---

①　台湾地区财政事务主管部门（1999 年）台财证（一）字第 03002 号金融法规通函：（一）在转换期间之设定方面：特别股开始转换期间至少应于发行满三年后始得转换为普通股并应一次全数转换，且就转换前原特别股未及分配之股息等权利义务于强制转换后之归属应于发行办法中明确订定，并于公开说明书中充分揭露。（二）在转换比例之限定方面：应明订其转换比例为一比一。

释[①]均规定章程中不可明定类别股得按一股换数股比例转换为普通股。上述规定对实务操作有利,且表面上符合公司资本三原则之资本维持原则的规定,但是探究域外立法例以及实务中的做法,并不存在针对类别股转换为普通股的比例的限制性规定,一般均规定转换比例可由公司通过章程予以约定,因此上述我国台湾地区相关部门针对类别股限制转换比例的实务性规定有过度干涉和违反公司意思自治之嫌。因为在资本维持原则下,只要符合利益平衡原则,类别股依约转换后并不能也不会必然发生公司资本虚增的现象。因此本书认为从有利于类别股制度发展、尊重公司自治行为的角度出发,不应限制类别股转换的比例和相关条件,可以用概括性的规定来避免公司资本虚增现象的发生。

三、黄金股——特殊表决权股

(一)黄金股概述

黄金股(Golden Share),是一种特殊的持股方式,指的是在国有企业改革过程中,政府持有特殊一股,这种特权股超越了"一股一票"的规则,赋予政府在一定期限内对特殊事项的投票权。由于这一特权拥有"黄金般的价值",因此被称为"黄金股"。黄金股最早起源于 20 世纪 80 年代欧洲开始盛行公营事业民营化改革时期。公营事业转为民营化以后,不仅导致公营事业经营控制权转移至私有部门,甚至让私营部门去执行公营部门的任务。为了确保政府利益及其独立性,从理论上考虑确有必要采取预防措施。[②] 与此同时,很多公营事业均属于关系国计民生、经济命脉的重要产业,一旦经营不善或被外资企业收购,那么将会对公共经济和市场稳定乃至国家经济安全产生重大影响。因此,为了防止恶意收购的出现,保护必要的公共利益,维持这项事业在民营化改革以后的可持续发展以及政府在与国民经济相关领域中的控制权,黄金股制度便应运而生。从本质上讲,黄金股的股权属于政府的特殊权益股票,并且黄金股票的权利远远超过一般的普通股。黄金股的持有者可对公司享有特殊的权利,如与重大公共利益相关的确认权或否决权等。确认权是指强制公司进行公益性活动,或者任命一定数量的公司董事;否决权是指一旦某些重要的公营事业被恶意操纵而可能受到严重利益损害的

---

① 台湾地区经济事务主管部门 2001 年 5 月 22 日商字第○九○○二○九五五四○号。

② Christine O' Grady Putek, *Limited But Not Lost: A Comment on the ECJ's Golden Share Decision*, Fordham L. Rev., 2219 (2003).

时候,政府可动用其持有的黄金股,用黄金股赋予的有限而必要的权利去否决相关恶意操纵行为,从而保护民营化公司、政府和公共经济的利益。并且,该项否决权不能针对公司一般事项行使,即无权干涉企业的日常经营管理与人事任免。除此之外,黄金股不享有普通股的分红权等财产利益。学界通说认为,黄金股制度实践最早被运用于20 世纪 80 年代的英国。为了解决当时国有企业逐渐暴露出的问题, 英国保守党撒切尔政府开始推行市场化政策。1980 年,英国政府首次使用“黄金股”, 希望保留对市场化的英国石油企业 Britoil 的影响力。在 1979 – 1983 年的对 25 家竞争性行业“国有部门中次要的赢利的公司”采取有限度市场化的基础上,1984 年, 撒切尔政府坚定了推进市场化的决心, 出售英国电信公司是英国政府第一次涉及国有自然垄断企业和公共事业部门。但是,这其中面临的首要难题是,英国政府考虑到电信公司是关于国计民生和国家安全的企业,一旦完全市场化,政府想要对公司进行干预和控制就很难。并且,一旦出现失控的情形,很可能会损害到国家利益和公众利益。于是,1984 年英国修订《电信法》,明确规定政府持有英国电信公司的 1 股“黄金股”, 黄金股之外的其他股份全部采取公开销售的方式销售给国民。这样, 政府仅通过持有 1 股“黄金股”控制了英国电信公司, 不需要政府独资或掌握 51% 以上的绝对控股权只有一股作为政府的黄金股。① 我国国企改革中也有适用黄金股制度的先例。2002 年 12 月,江西萍乡钢铁有限公司为了改善其资产结构,解决负债过重等问题,率先引入黄金股制度。改制后的公司将会设立一股作为“国有黄金股”,并在章程里明确规定该股是由江西省国有资产管理办公室持有并代表政府行使,主要在涉及重大公共利益等问题时行使一票否决权。② 但从黄金股制度的整体运用上来看,我国国企对黄金股形式的选择较为保守和单一,大多是政府对特定事项拥有否决权,并且各地政府忽视了国企独特的类型和特征,出现了混改的“一刀切”现象,使得混改效果不甚理想。相比欧洲各国在国企改革中“对症下药”,根据国企的性质及特点选择不同的黄金股形式,企业效率得到显著提高,并且在激发企业活力的同时又最大限度地保证了国家安全与公共利益,为我国国有企业改革中对黄金股形式的

---

① 参见杨畅:《国企改革探索“黄金股”特殊管理制度研究》,载《上海市经济管理干部学院学报》2018 年第 2 期。

② 参见任胜利、袁瑞堂:《“国有金股”为国企整体产权转让奠定基础——萍乡钢铁有限责任公司整体产权转让综述》,载《产权导刊》2005 年第 1 期。

选择提供了良好示范。正如上文所述,英国电信改革中的“黄金股制度”,如果经过我国本土化制度改良,可以为我国的国企改革提供一种新的制度模式。从黄金股制度设计的目的可以看出其在表决权与决策权的灵活性,此种特性将会极大地满足我国国有企业的改革目标,与深入推进国企改革的路径安排具有吻合性。

所谓黄金股,实际上是类别股的一种,即股份的类别化之一,属于特殊表决权类别股。黄金股上的类别权主要是其最初运用于公营事业民营化的改革过程中,民营化后的原公营事业所授予或保留给国家或其他政府相关机构的足以影响企业运营以及股权结构的特别权利。[①] 根据诺贝尔经济学奖得主约瑟夫·斯蒂格利茨的研究结果,可以看出“黄金股”在欧洲国家非常普遍。并且,黄金股在欧洲的适用情况,主要运用在关乎国计民生的重要行业,尤其是电信业、交通运输业等。

一般情况下,黄金股制度通常需要法律的事先许可,设立了该种类别股之后,股东会派任董事或监事获得公司内部相关决策和经营信息,从而决定是否使用否决权等权利。此等类别权具有在特定事项上的否决权或最终决定权,该类权利赋予股东在特定事项上复数表决权。我国的《公司法》目前没有关于黄金股的明确规定。但是,旧《公司法》第 131 条规定:公司法以外的相关股份制可以由国务院另行规定,应是给其他股权制度的设立预留了法律空间。实际上,我国的立法者在一些文件中已经对黄金股的设计有所铺垫。2013 年 11 月 12 日,党的十八届三中全会审议通过的《中共中央关于全面深化改革的决定》首次提出了“特殊管理股制度”的概念,并提到“对按规定转制的重要国有传媒企业探索实行特殊管理股制度”,此次确立了“混合所有制改革为我国国企新一轮改革的重要窗口”。2014 年国务院发布的《关于进一步支持文化企业发展的条例》初步探讨了管理股制度。该制度在设计上类似于黄金股,也为黄金股制度的发展指明了方向。2015 年 9 月,中共中央、国务院印发了《关于深化国有企业改革的指导意见》,其中就已提出“允许将部分国有资本转化为优先股,在少数特定领域探索建立国家特殊管理股制度”。2017 年 12 月国资委等部门也提出,要“在全面完成公司制改革的基础上,积极推进股份制改革,引入各类投资者实现股权多元化,探索建立优先股和国家特殊管理股制度”。因此,“黄金股”制度可以作为“国家特殊管理股制

---

① See Ivan Kuznetsov, *The Legality of Golden Shares under EC Law*, Hanse L. Rev., 22 (2005).

度”，成为推动国资国企改革的重要突破口。2023 年 12 月 29 日通过的新《公司法》第 144 条第 1 款规定了几种类别股制度，但仍然没有黄金股的具体规定，对于该制度的顺利实施不仅仅需要个别法律的单一规定，实施细则、行权范围等相关配套内容也需要相应出台，否则法律法规将缺乏可实施和可操作性。

根据各国立法的差异，黄金股上的类别权也有所不同，较为常见的有：限制外国投资人的投资，例如，政府通常会在公司章程中约定“当外国法人或者个人对企业的持股数量超过一定比例时，黄金股股东可行使一票否决权”，取得某种股份需经事先许可，企业并购，设立子公司，停止营业，转移重大资产的绝对否决权等。因此，黄金股赋予的类别权利是很大的，它具有以下特征：（1）股份既不可在二级市场上流通，也不可委托于他人，黄金股只能由政府持有，转让时必须成为普通股；[①]（2）黄金股的持有人无须在企业中持有真正的股份，也就是说，即使股东并不真正持有公司股份，仍可通过黄金股来对企业进行控制。此外，黄金股一般没有实际经济价值，不参与企业利润的分配。

（二）关于黄金股制度的争议

黄金股虽然在世界各地都有运用的案例，也确实在公营事业民营化过程中发挥过有效的作用，但因其运用模式及范围不够明确及黄金股本身权力过大，并且国家政府很少会明确规范出黄金股的期限、范围、适用对象及运作模式等细节，许多质疑黄金股的声音不断出现，愈演愈烈，导致近来各个国家也日益对其进行严格限制。黄金股是否违反股东平等原则问题实际上并非主要质疑点，而且这个问题已在上文中予以论述。在学界，对黄金股制度的质疑主要围绕以下两点。

一是黄金股对公司治理有负面影响。发行黄金股对公司治理可能产生的影响是多方面的，而且主要是消极层面的。首先，黄金股可能会加重企业的委托代理问题。由上文分析可知，现代企业的所有人通常将企业的管理委托给专业的经营人士，由此所有人作为委托人和经营者之间会产生代理关系。在一般企业中，股东为委托人，管理层为代理人。但是在发行黄金股的民营化企业中，除股东外，受国家委托行使黄金股权利的政府机构亦可能成为特别意义上的股东。这些机构一方面作为国家意志的代理人，另一方面却也想成为企业的所有者以获得利

---

① See Andrei A. Baev, *Is There a Niche for the State in Corporate Governance—Securitization of State - Owned Enterprises and New Forms of State Ownership*, Hous. J. Int’l L. ,1(1995).

益,因此,在民营化企业中,政府机构常常会与管理层勾结,为自己的利益而损害企业的经营效率,进而损害一般股东的利益。因此,在民营化企业中,其管理层的行动或意思决定不再仅仅关系到商品市场或与其他企业之间的竞争关系,而是由黄金股为代表的企业治理规则所决定,这样可能导致无价值投资的产生。[①] 黄金股的存在不但会增加企业的代理成本,其特别权利给予政府机构与其他股东在企业中不同的地位,使政府得以影响公司营运,并且极有可能出现政府干预过度这一问题,如果相关股权制度与公司章程中未能体现出对黄金股权利的合理限制,那该制度很可能沦为政府干预企业管理的一个强有力的工具。这显然违背了当初将公营事业民营化的本意,是对企业营运及经济发展的限制。其次,也有观点认为,黄金股的存在会导致民营化企业更多的从业人员被解雇。但是这个观点不具有较强的说服力,众所周知,国有企业和公营事业单位的人事管理在改制前往往是混乱的,存在人浮于事现象,因此民营化后的企业出于提高经营效率的需要进行必要的裁员是可以理解的,除非民营化之前企业明确承诺不能裁员。但是另一个现象是需要警醒的,民营化的公司会聘用更多的管理人员,并且提高管理层的报酬,一个非常典型的例子便是于 1986 年进行民营化改革的英国煤气公司(British Gas),民营化以后英国政府在其中设置了无期限的黄金股,该黄金股可以给予政府某些特权并阻止任何股东在不经政府批准的情况下持有超过 15% 的股份,此后,该公司总经理的薪酬总额 1993 年为 28 万英镑,1994 年上涨至 49 万英镑。[②] 总之,从公司治理角度考虑,黄金股的存在一方面可以帮助公司抵御敌意并购,另一方面其保护管理层和政府机构的利益,并没有保护普通员工的利益,可能会对公司治理产生消极影响,并进一步损害股东的利益,某种程度上可以说是违背了企业民营化的本意。

二是黄金股会阻碍资本自由流通。黄金股受质疑最多的是其可能造成限制资本自由流通,侵犯了企业的投资和营业权利。黄金股在欧洲多年的发展过程中,对欧洲国有企业改革产生了重大影响。但是随着欧洲经济一体化进程的加

---

① See Germà Bel and Francesc Trillas, *Privatization*, *Corporate Control and Regulatory Reform*: *The Case of Telefonica*, Telecommunications Policy, 25 - 51(2005).

② [日]荻野博司,"取締役報酬の位置づけ—クリーンフリー報告をもとに—、日本コーポレート・ガバナンス・フォーラム編「コーポレート・ガバナンス英国の企業改革",《商事法務研究会》,2001,40 页。

速，尤其是通过了1994年《欧洲联盟条约》，自此便开始在境内扫除资本自由流动的障碍。在1997年，欧盟委员会就欧洲联盟境内投资的特定法律观点函告中对黄金股阻碍资本流通问题提出批评。[①] 欧盟委员会针对政府在民营化企业中行使特别权利的行为，批评指出黄金股的发行可能违反了资本流通自由并侵犯了企业经营权利。欧盟委员会认为，某些政府在已民营化的公营事业中的保护措施已对跨国的资本自由流通造成了限制，损害了区域内的市场功能，因此要求当事国放弃黄金股的使用。在欧盟委员会的建议下，诸如爱尔兰等一些国家主动废除了国内黄金股制度。但仍然有更多的国家选择继续维持国内的黄金股制度。在后续的交涉过程中欧盟委员会与各国政府并未能形成统一意见，因此便以黄金股制度违反了《欧洲联盟条约》第56条规定作为起诉理由将各国诉诸欧盟法院。观察欧盟法院17例判决可以看出，黄金股最主要的表现形式有三种，即针对政府的股份取得或表决权行使设定上限、对公司的经营管理事项政府具有事前确认或否决权，以及政府有权选任公司管理人员。归根结底，这三种形式其实都与表决权相关。已有实证研究表明，表决权的集中会造成股份流动性低下。1986年美国研究表明了股东数量与股份流动性之间的关系。[②] 此外，1996年至1998年德国与比利时共同通过具体数值证明了表决权的集中会降低股份的流动性。[③] 同时，股份流动性的低下也会对股价产生消极影响。学者研究表明，股份流动性与股价的影响是正相关的。当原本因为市场上流通的股票绝对数较少而流动性低下的中小型股票，都显著地表现了流动性溢价时，该股票的价格会上升。[④] 后来欧盟法院一共作出了17例判决，并在法律实践中加强了对黄金股的限制。其援引在 Dassonville 案所确立的商品自由流通原则，认为黄金股造成了阻碍投资与劝阻投资的效果。所谓阻碍投资，是指黄金股对于一般的证券投资等具有阻碍作用；而劝阻投资则是认为黄金股在某种程度上劝阻了包含并购在内的具有经营动

---

① Communication of the Commission on Certain Legal Aspects Concerning Intra - EU Investment, Official Journal OJC 220, 19/07/1997, p. 15 - 18.

② See Harold Demsetz, *The Cost of Transacting*, The Quarterly Journal of Economics, 33 - 53 (1986).

③ See Marco Becht, *European Corporate Governance: Trading off Liquidity against Control*, European Economic Review, 1701 - 1083 (1999).

④ See Yakov Amihud, *Illiquidity and Stock Returns: Cross - section and Time - series Effects*, Journal of Financial Markets, 31 - 56 (2002).

机的投资等的发生。无论是阻碍投资还是劝阻投资,其都对投资设置了障碍,都说明黄金股与股份流动性低下有一定关系。[①] 欧盟法院在 1997 年的 Konle 案[②]中强调,会员国内现存的财产制度必须符合欧洲共同体条约的基本原则,只有在构成《欧洲共同体条约》第 58 条列举的阻却违法事由的措施是为维护公共利益的强制要件,且符合比例原则的情况下,会员国的行为才被允许限制资本的自由流通。[③] 所谓的比例原则,反映在黄金股制度上, 则是指应合理限定黄金股的权利范围, 面对公共利益的决策时赋予相应的权利机制, 不可滥用权利更不能过度限缩权利行使。欧盟法院进一步释明,只有在事实上足够影响社会基本利益而造成严重危害时,才得主张公共安全。[④] 因此,要依据比例原则检验对于资本自由流通的损害是否为了保障公共安全,且必须未超过必要限度。[⑤] 总而言之,欧盟法院认为,判决黄金股存在是否合法,必须经过三个步骤。首先是要界定诉争黄金股的使用范围,即判断是否与资本自由流通相关;若相关,则判断是否会抵触欧盟法规,即检视是否限制资本自由流通与营业场所设立自由;若违反了相关欧盟法规则,则还要判断是否存在违法阻却事由,即符合利益优先原则、比例原则等。由此可见,欧盟法院并未全盘否认黄金股制度的实施,而是通过这一系列的判决确立了黄金股的适用原则,包括比例原则、公共利益原则、相称性原则等。

综上所述,虽然欧盟法院是区域法院,其以欧盟共同体这一区域性市场为背景而进行讨论,其观点对于其他国家仍有借鉴意义。

(三)黄金股制度在我国的实践

黄金股作为一种舶来品,其制度优势在多年的域外实践中得到体现,可以为我国的国企改革中的政策制定、制度抉择起到参考作用。黄金股的制度优势主要在于:第一,通过在国有企业中引入社会资本改变原有的股权结构,能够改变国企中国有股一股独大的局面,完善所有制结构,增强企业的活力和竞争力;第二,通

---

① [日]奥平旋,"黄金株と民営化企業のガバナンス:民営化後の政府関与のあり方",《早稲田法学会誌》,2009,第 59 期,57 页。

② EUGH Rs. C – 302/97, Konle, Slg. 1999, S. I – 3099.

③ EUGH Rs. C – 367/98, Kommission/Portugal, Slg. 2002, S. I – 4731.

④ EUGH Rs. C – 483/99, Kommission/Frankreich, Slg. 2002, S. I – 4803; Rs. C – 503/99, Kommission/Belgien, Slg. 2002, S. I – 4832.

⑤ EUGH Rs. C – 367/98, Kommission/Portugal, Slg. 2002, S. I – 75; Rs. C – 483/99, Kommission/Frankreich, Slg. 2002, S. I – 4803; Rs. C – 503/99, Kommission/Belgien, Slg. 2002, S. I – 4832.

过黄金股这一特殊制度安排,在国企改革过程中可能出现的损害公共利益的情况,可以通过政府行使黄金股进行规范,稳定经济和社会秩序;第三,黄金股改变了传统“一股一权”理论的认知,符合公司法发展形势下的“股东异质化”理论,以一种包容性的股权结构,满足不同利益主体在企业中的要求,让其在国有股权结构和治理结构中发挥激活器的作用。但是,具体问题具体分析,我国作为最大的发展中国家,实行的是中国特色社会主义制度,与发达国家在政治体制、制度环境等方面仍然存在诸多不同,如果机械地将外国的理论运用到我国,恐怕会有“淮南为橘,淮北为枳”的遗憾。我国的法学界应该结合具体情况,在夯实理论基础的前提下,构建起根植于我国国情的黄金股制度。例如,黄金股作为一种特别设计的股权架构,如果运用在我国国企改革中首先考虑的肯定是国有资产和社会利益,那么在此基础上选择的方案可能对其他股东而言并不是利益最大化,甚至还有可能侵害其他股东权益或使企业受到损失。因此,其制度设计必须要充分考虑到其他股东的权益,按照实质公平原则对不同的股东不同对待,一方面能够保持控制权和否决权,另一方面也可以适当让渡日常经营管理权和投资收益权,做到股东间的利益平衡。此外,正如上文所述,黄金股的发行必须符合比例原则,其前提条件是为了维护公共安全或公众利益,且必须明确政府干预的要件以及可采取措施的范围,并同时针对黄金股的适用期限、发行目标、使用主体等制定规范的司法审查程序,不能使黄金股成为政府依然控制已民营化企业的工具,也应该尽量做到不影响资本自由流通,真正实现公营事业民营化的目的。国家和政府在决定是否要在企业中设置黄金股时必须权衡利弊,进行利益衡量,不可滥用权力,并应当设定完善的消极影响最小的黄金股制度。最后,参考域外黄金股制度的设计经验,其平稳运行必不可少的是相应的救济机制。比如,根据股东之间的平等原则,应赋予其他股东对于黄金股使用的救济权利。而且,黄金股权利的每一次行使,都将影响国企未来的发展方向,如果严重影响了国企的自主经营权,限制了国企自身的合法权益,国企应有权向司法机关提出相应的诉讼,对其权利行使的合法性进行审查,维护企业的经营权与救济权。

四、双层股权结构——多重表决权股

(一)双层股权结构简述

双层股权结构(Dual Class Share Structure),又称同股不同权或者 AB 股权

结构。不同于传统的一股一权,其主要是指一家公司拥有两种或两种以上附有不同投票权的股份。① "同股同权"一直以来作为股权结构的基本原则,但随着时代的发展,一些独角兽公司、创新性科技公司的每位股东对表决权的偏好都有所不同,过去那种单一的普通股制度难以满足现实需求,因此具有表决权差异的双重股权结构便应运而生。根据一项对于欧洲 300 家大公司的调查显示:共有 1/3 以上的公司采用了一股一权之外的其他股权结构。② 双层股权结构被普遍认为是一种通过分离现金流和控制权而由公司内部人对公司施加有效控制的公司资本结构。③ 双层股权结构这种制度设计的巧妙之处就在于满足公司创始人融资需求的同时仍能享有对公司的控制权。采取双层股权结构的公司可以发行具有不同投票权的普通股,对于一个典型的采用双层股权结构的公司而言,通常发行每股具有一个投票权的可公开交易的一般股以及每股具有多个投票权的不可公开交易的优级股。简单来说,即普通股被划分为 A、B 两类股:A 类一般股的表决权遵循"一股一票"原则,尚不具备影响公司决策并造成实质性变化的能力;B 类优级股则拥有数倍于 A 类股的表决权。实际上是一种"超级表决权",能对公司运营管理与作出决策等产生重要影响,并且也会引起公司业务与结构等方面的实质性变化。优级股一般由公司内部人(管理层和董事)持有,使得公司内部人可以拥有超越持股比例的投票权而对公司进行控制。④ 例如,美国苹果公司正是因为没有采取双层股权结构,致使其创始人之一的乔布斯一度失去对公司的控制权。⑤ 相同的例子还有万科公司,当时由于其管理层团队持股比例过低而无法维持对公司的控制权,致使外部公司可以在二级市场上通过收购大量的万科股票进入该公司的管理层团队。双层股权制度的最大好处是能够在最大限度范围内实现公司融资与有效控制权的衡平。既可以让公司顺利获得融资得以继续发展壮

---

① See Anete Pajuste, *Determinants and Consequences of the Unification of Dual - Class Shares*, European Central Bank Working Paper Series, No. 465, 2005. 3, p. 5.

② See Collen A. Dunlavy, *Social Conceptions of Corporation: Insights from the History of Shareholder Voting Rights*, 63 Washington & Lee Law Review, p. 1347, 1349 (2006).

③ 参见魏勇强:《双重股权结构是公司资本结构的合理选择吗》,载《特区经济》2012 年第 10 期。

④ Paul A. Gompers, Joy Ishii and Andrew Metrick, *Extreme Governance: An Analysis of Dual - Class Firms in the United States*, May 2008, available at http://ssrn.com/abstract=562511,2015 年 3 月 2 日访问。

⑤ 参见刘博涵:《我国双层股权结构上市公司的投资者保护:问题与方案》,载《大连理工大学学报(社会科学版)》2024 年第 1 期。

大,又能有效避免创始人因股权稀释而丧失公司有效控制权。虽然双层股权结构在世界范围内(包括英美、大部分欧洲国家和部分亚洲以及南美洲国家等)被广泛采纳,但具体到每个国家则有所不同。[①] 双层股权结构的发源地是美国,随后才传播至其他国家或地区。考虑到双层股权结构在美国的发展具有代表性而且美国学界对该资本结构有系统的理论层面和实证层面研究,本节将以美国法律下的双层股权制度为范例进行相关探讨。

现代双层股权制度兴起于 19 世纪早期的美国。在 19 世纪之前,美国各州的公司法将一股一票表决权原则设定为法律默认规则,并且绝大多数的美国公司也都遵循该原则。自 19 世纪开始,越来越多的公司才开始偏离这一原则。[②] 1898 年,国际银器公司(International Silver Company)分别发行了优先表决权股和限制表决权股,率先打破了这一原则,开创了双层股权制度之先河。[③] 自此,有关双层股权结构的 A、B 股股票争论便开始了。

现在,美国大部分州公司法关于股票发行种类的规定都是赋权型的,没有强调一股一票,实际上允许公司发行不同投票权的类别股份。《特拉华州公司法》第 151 条规定,"每个公司都可以发行一种或者一种类别以上的股份,每个类别都可以发行一种或者一种以上的系列"。2023 年的 MBCA 第 6.01 条规定,在相关类别或者序列的股票发行前,该类别或序列股票的优先性、权利和限制等条款必须在章程中载明,该等条款构成了相关类别/序列股票持有人就其等在公司中所具有的权利所达成的"合同"。投票权规则被认为是公司和其不同投资者之间缔结的私人合同领域的事项。[④] 由此可见,美国在股权结构设计上给予公司充分的自治空间。目前,各国或各地区关于双层股权结构的立法模式可以被划分为三类:交易所主导模式、国家立法模式、章程自治模式。美国作为双层股权结构的发源国,其采用的立法模式是第一种即交易所主导模式。[⑤] 所谓的交易所主导模

---

① 参见魏勇强:《双重股权结构是公司资本结构的合理选择吗》,载《特区经济》2012 年第 10 期。

② See Stephen M. Bainbridge, *The Short Life and Resurrection of SEC Rule* 19*c* – 4, Washington University Law Quarterly, 1991, Vol. 69, p. 5 – 6.

③ 参见张欣楚:《双层股权结构:演进、价值、风险及其应对进路》,载《西南金融》2019 年第 6 期。

④ See Daniel R. Fischel, *Organized Exchanges and the Regulation of Dual Class Common Stock*, 54 University of Chicago Law Review 119 (1987), p. 120.

⑤ 参见李燕、李理:《公司治理之下的双层股权结构:正当性基础与本土化实施路径》,载《河北法学》2021 年第 4 期。

式,实际上是由交易所来负责双层股权结构规范的制定和实施情况的监管。在具体实践中,美国对于双层股权结构的监管主要持宽松态度。如上文所述,美国各州的公司法关于公司是否采用该种结构设计一般也是允许的。[①]

但是,从美国证券交易规则的变迁来看,在上市公司是否可以采用双层股权结构这一问题上则历经了限制与开放的几个阶段。对发行无投票权类别股的反对开始于纽约证券交易所在 1925 年就 Dodge Brothers, Inc. 申请上市作出的决定。当时 Dodge 向公众发行了总值为 1.3 亿美元的债券、优先股以及无投票权类别股。但是 Dodge 的控制权却在一家投资银行手上,而该家投资银行通过其仅仅 225 万美元的投资拥有了 Dodge 的有投票权普通股。这些举动引发了公众的激烈反响与讨论。1926 年 1 月,纽约证券交易所为应对当时公众对这种资本结构的强烈不满,决定开始对涉及投票权安排的证券上市申请进行特别审查。这项政策逐渐强硬化,最终纽约证券交易所在 1940 年正式决定自此不接纳无投票权普通股的上市申请。1926 年至 1985 年,纽约证券交易所在实际操作上禁止公司发行无投票权股票,偶有例外,最著名的例子就是采用双层股权结构的 Ford Motor Company 于 1956 年被特许在纽约证券交易所上市。当时,收购与兼并的风潮在上市公司之间逐渐兴起,为了抵御恶意收购的出现,双层股权结构便成为公司创始人与控制人的客观需求。而此时美国的另外两大证券交易所对股东投票权政策比较宽松。美国证券交易所从未正式发布关于禁止发行无投票权股票的政策与决定,对于是否支持双层股权结构表现的比较模糊。纳斯达克证券交易所在公司适用双层股权结构上市和交易的审核上几乎没有限制。因此,吸引了相当一部分采用双层股权结构的企业在这两大交易所上市。根据一项统计结果显示,当时要上市的公司中,有接近 4% 的公司都会选择纳斯达克交易所和美国证券交易所实行双层股权结构。[②] 因此,纽约证券交易所为了保持与其他证券交易所的竞争力,无奈放弃了对“同股同权”原则的坚持态度, 并且也放宽了上市公司采用双层股权结构所需遵循的标准。随后,纽约证券交易所于 1985 年 1 月提交了一份新的上市标准意见稿,该意见稿也是明确写出要放宽在公司投票权上的一些限

---

① 参见汪青松:《公司控制权强化机制下的外部投资者利益保护——以美国制度环境与中概股样本为例》,载《环球法律评论》2019 年第 5 期。

② See Louis Lowenstein, *Shareholder Voting Rights*: *A Response to Sec Rule* 19*c* – 4 *and to Professor Gilson*, 89 Columbia Business Law Review 979 (1989).

制。例如,当公司满足特定情形时,可允许发行不同投票权的证券。在国会的重视和压力下,美国三大证券交易所随后讨论能否都执行统一的上市公司标准,最后协商破裂。[①] 纽约证券交易所随后在颁布的新上市标准上规定:公司资产重组计划必须得到多数普通股民的支持和大多数独立董事的支持。至此,三大证券交易所实际上也都接受公司双层股权结构,也使越来越多的公司使用了双层结构。因此,纽约证券交易所的该项政策也是由于双层股权结构被越来越多美国公司采用方才被废止。[②]

但是,美国证监会在 1988 年 7 月 7 日以 4:1 的票数通过了 19c－4 规则以修改自律性组织的政策,根据该规则,如果一家公司发行证券或采取其他公司行动以取消、限制或减少现有股东的投票权,则该家公司的资本证券不得在全国性的证券交易所或纳斯达克上市交易。虽然并非执行严格的一股一票的标准,仍然默许了不对等投票权交易的存在,但该项规则从实施效果上来看还是对美国上市公司采用不同投票权计划施加了重大限制。19c－4 规则并没有存在很长时间,在 1990 年即被哥伦比亚特区巡回上诉法院以其干预公司内部治理和越权为理由裁决撤销了。[③] 虽然被撤销,该规则却被美国三大证券交易所,包括纳斯达克交易所、美国证券交易所和纽约证券交易所在一定程度上自愿采纳遵守;随后 1993 年美国证监会主席 Arthur Levitt Jr. 向三大交易所提出了一致政策的倡议,该三大交易所相继同意采取了统一化的政策,只允许在发行新股时采用双层股权机构,而不允许对现有股份的表决权进行稀释。[④] 因此,后来很多公司选择在 IPO 时就直接实行双层股权结构。并会在招股书上明确说明设立双层股权结构,如 2012 年初脸书(Facebook)IPO 成功,该公司的股权设计就是双层股权结构。

虽然双层股权结构出现以来一直受到不少批评,但根据一项 2008 年的实证研究,在美国大约有 6% 的上市公司采用双层股权结构,构成所有上市公司市值

---

① 参见马立行:《美国双层股权结构的经验及其对我国的启示》,载《世界经济研究》2013 年第 4 期。

② See Stephen M. Bainbridge, *The Short Life and Resurrection of SEC Rule* 19*c*－4, Washington University Law Quarterly, 1991, Vol. 69, p. 6－7.

③ See Stephen M. Bainbridge, *The Short Life and Resurrection of SEC Rule* 19*c*－4, Washington University Law Quarterly, 1991, Vol. 69, p. 6－7.

④ 参见马一:《股权稀释过程中公司控制权保持:法律途径与边界——以双层股权结构和马云"中国合伙人制"为研究对象》,载《中外法学》2014 年第 3 期。

的8%；1988－2008年，平均有7.2%的公司采用双层股权结构。在采用双层股权结构的上市公司中，大约有85%的公司发行过至少一个不上市交易的优级普通股，且该等股份上附着的投票权优于可上市交易的普通股。普遍来说，一个优级普通股一般拥有十个投票权；平均来说，在双层股权的公司中，公司内部人一般拥有40%的现金流权利却拥有60%的投票权，在大约40%的双层股权公司中，公司内部人拥有少于一半的现金流权利却拥有多于一半的投票权（因此拥有对公司的有效控制）。[①] 例如，谷歌（Google）在2004年就以双层股权结构的安排上市，公司股票被分为A、B股。其中A种股票拥有一份表决权，B种股票拥有十份表决权，但B股只面向集团创始人、管理层团队内的个别股东进行发行，这种设计使B种股票持有者拥有对公司超过50%的控制权，最后呈现出投票权与现金流控制权的比率几乎差40%。相同地，我国国内企业哔哩哔哩（上海宽娱数码科技有限公司）于2018年3月28日在纳斯达克上市，其公司在招股说明书披露采用双重股权结构，创始团队持有特别表决权B类股份拥有80%以上的投票权，而外部公开发行和投资机构持有A类股票。两类股票最大的区别就是B类股票在投票权上拥有10票的权益，而A类股票在投票权上只有1票的权益；并且A类普通股与B类普通股不能相互转换；B类普通股可以随时转换为A类普通股。简单来说，该公司成功上市后，其管理层人员拥有超过80%的投票权，公司的发展仍可以被创始团队所控制。另外，还有很多著名的公司，如京东、小米、美团和百度等，在上市时都采用了双层股权结构以确保创始人在上市之后仍然可以控制公司，以贯彻他们的经营理念。

（二）双层股权结构合理性的理论基础和实证研究

现代公司的一个重要特征是所有者就公司所拥有的财产权集合被稀释。公司股东权利的稀释体现在所有者对管理人决策的控制力减弱。而股东查明和规制管理层决策以及实施价值最大化行为所需的成本导致股东财产权的稀释。[②] 作为小股东的管理层面对分散的所有权结构和被稀释的股东财产权更倾向通过

---

① See Paul A. Gompers, Joy Ishii and Andrew Metrick, *Extreme Governance: An Analysis of Dual－Class Firms in the United States*, May 2008, available at http://ssrn.com/abstract=562511, 2015年3月2日访问。

② See Eirik G. Furubotn and Svetozar Pejovich, *Property Rights and Economic Theory: A Survey of Recent Literature*, Journal of Economic Literature, Vol. 10, No. 4, p. 1149.

拥有超级表决权而保有对公司独立且稳定的管理。传统认为双层股权结构通过赋予公司内部人多份投票权可以有效抵御恶意收购,这对所有权结构比较分散的美国上市公司的管理层来说非常重要。通常而言,公司经营管理的大部分决策由董事会或者董事会授权的管理层作出,股东只在一些重大的公司交易时方有投票权,而股东投票权的一个重要方面是决定公司的控制权由谁掌控。不想将公司管理职权让渡出去的现任管理层常常通过对投票权的控制来确保自己对公司管理的控制地位。[①] 双层股权结构可以有效解决高新技术企业面临融资时所必须要面对的创始人管理、控制企业与股权稀释之间的矛盾。Facebook 公司股权采用了“双层股权 + 代理投票权”结构,使扎克伯格以 28.4% 的股份便拥有了 56.9% 的投票权,将公司控制权牢牢地掌握在手。例如,阿里巴巴当时因为在招股说明上披露的“阿里巴巴合伙人”控制权结构,涉及违反“同股同权”这一基本原则,我国香港证券交易所考虑到无法评估这一项内容有何风险,将阿里巴巴申请上市的请求拒之门外。最后,阿里巴巴转向纽约证券交易所成功上市并成为美国证券史上最大规模的 IPO。[②]

美国学者对双层股权结构存在是否具有合理性有不同解读,主要的理论观点有以下几种。

从经济效率分析的角度来看,内部人拥有投票权可以促使管理层加大对公司投入的特定人力资本,形成专属于公司的投资,这有助于提升公司的业绩和股价。另外,管理层也可以专注于更好的经营公司,而无须花费资源和成本向潜在的控制权收购方证明公司资产得到了最佳利用或者某项投资具有立显的市场价值。在内部人拥有有关公司的信息而外部人不具有该等信息的信息不对称的情况下,管理层可能需要采取昂贵的措施以向外部传递这种不公开信息,包括维持较好的资产负债率、股利政策调整和股票回购等。[③]

从代理成本影响所有权结构的角度来看,相比于一股一权结构,双层股权结构可能会显著加剧代理成本。代理成本产生的主要原因是所有权与控制权的分

---

① See Stephen M. Bainbridge, *The Short Life and Resurrection of SEC Rule* 19*c* – 4, Washington University Law Quarterly, 1991, Vol. 69.

② 参见程磊、杨俊:《论公司控制权机制的突破与重构》,载《河北法学》2023 年第 7 期。

③ See Daniel R. Fischel, *Organized Exchanges and the Regulation of Dual Class Common Stock*, 54 University of Chicago Law Review 119 (1987), p. 120.

离,这也是现代企业共同具有的重要特征。在双层股权结构中,公众股东因为信赖创始人的管理理念和能力而自愿将投票权授予后者由其进行代理。在代理关系中,为了确保代理人以最大化被代理人利益的方式行事,被代理人需要建立适当的激励机制并产生一定的监督成本,而且代理人可能以自身的最大利益行使给被代理人的利益带来减损。例如,在双层股权制度下,很多初创公司经过上市后会拥有众多普通投资者,而公司创始人可能会通过不当利用诸多权利来侵占公司,损害其他股东利益,并且由于超级表决权的存在,使得创始人管理团队可以仅凭个人意志肆意投票。这些都是代理成本的一部分。在双层股权结构当中,控制权和现金流权利的分离和不对称性会带来一定的代理成本。如果降低所有权分散性的成本低于降低代理成本的收益,通过在市场上购买股份而降低所有权分散性的个人或者团体就会因此得利。这就是导致要约收购或者争夺委托投票权的利益驱动。①

很多学者对双层股权结构是否会增加公司价值进行了实证研究。有些实证研究[包括 La Porta et al.(1997,2002)和 Claessens et al.(2002)]表明双层股权结构可能会带来公司估值的减少、扩充资本的成本增加且给公司带来投资限制;而另外一些实证研究[包括 DeAngelo & DeAngelo (1985), Fischel (1987), Burkart et al. (1998),以及 Dimitrov & Jain (2003)]显示在一定情况下双层股权结构使股东受益。② 同时,[Jill E. Fisch and Davidoff Steven Solomon (2019)]的实证经验也未能显现出双层股权结构会产生低效或有损企业价值的负面作用。更有[Renée Adams and Daniel Ferreira(2008)]研究表明,在不同制度环境下,表决权与经济权益比例失衡的影响并不尽然相同。③ 可见,对于双层股权结构是否具有切实的实证价值并没有定论。

(三)双层股权结构在我国的实践

2018 年 3 月,国务院办公厅转发了证监会《关于开展创新企业境内发行股票或存托凭证试点的若干意见》,为存在双层股权结构的中概股企业回归我国资本

---

① See Michael C. Jensen and William H. Meckling, *Theory of the Firm: Managerial Behavior, Agency Costs and Ownership Structure*, Journal of Financial Economics, 1976, Vol. 3, p. 64.

② See Anete Pajuste, *Determinants and Consequences of the Unification of Dual – Class Shares*, European Central Bank Working Paper Series, No. 465, 2005. 3, p. 5.

③ 参见吴尚轩:《论中国双层股权上市的规制》,载《法学论坛》2020 年第 6 期。

市场创造了制度空间。2018 年 9 月，国务院印发《关于推动创新创业高质量发展打造“双创”升级版的意见》，提出允许科技企业实行“同股不同权”治理结构。2019 年 3 月，证监会审议通过了《科创板首次公开发行股票注册管理办法（试行）》，上海证券交易所发布《上海证券交易所科创板股票上市规则》（以下简称《科创板上市规则》），至此，双层股权结构本土化落地正式完成。[①] 在此之前，我国不允许双层股权结构公司在境内上市，但众多新经济公司对使用双层股权结构上市的热情高涨，掀起了境内双层股权结构公司赴美上市的热潮。因此，为了提升境内证券交易所的全球竞争力，促进经济发展模式转型，即使双层股权结构存在一定风险，我国还是选择准许双层股权结构公司在境内上市。例如，我国的优刻得科技股份有限公司（以下简称优刻得）、九号机器人有限公司（以下简称九号公司）、京东数字科技控股股份有限公司（以下简称京东数科）、四川汇宇制药股份有限公司（以下简称汇宇制药）等公司也都尝试采用双层股权结构上市。现代企业对双层股权制度的需求也能够在一定程度上说明该制度的切实可行性。并且该制度作为差异化表决权安排的一种制度化形式，能够降低在公众公司中以契约机制达成类似安排的交易成本，回应我国社会发展和公司治理的现实诉求。

但值得注意的是，诸多实践研究证明，双层股权结构的确对公司市场价值存在正面影响，但在一定期限后，这种正面影响会逐渐减弱，并且有可能低于制度成本，因此必须为双层股权结构设计自我约束机制。而“日落条款”不失为针对此问题的一种有效化解方案。[②]“日落条款”规定，在特定情形下可以恢复一股一票，以此防止企业家在对公司的特殊价值丧失时仍握有特别表决权，从而使得代理成本增加，甚至影响公司市场价值。此外，相比单一股权结构公司，双层股权结构公司中存在更严重的信息不对称，需要进行专门性的保护。即使我国明确要求以双层股权结构进行上市的公司，其信息披露要更充分、详细，尤其是关乎公司运营状况、风险状况、治理情况以及投资者保护条款落实情况等信息，但该规制条款过于笼统或者说是更偏向一般性原则规定，相比于其他国家和地区的规制条款，存在可执行空间较小的问题。因此，我国可以在原有的基础上，作进一步的要求。例如，可以规定双层股权结构公司应具有确保公众股东知悉双层股权结构风险的

---

① 参见杨鹿君、王元：《双层股权结构本土化的反思》，载《福建农林大学学报（哲学社会科学版）》2022 年第 2 期。

② 参见沈朝晖：《双层股权结构的“日落条款”》，载《环球法律评论》2020 年第 3 期。

义务。并且在对双层股权结构的风险披露除了需要满足充分、详细的条件外，还应当满足显著、明确的外观主义要件。在上市相关文件、定期报告中单独披露双层股权结构的相关风险。还可以规定双层股权结构公司应具有关联交易及利益冲突交易决策的披露义务和高投票权股东持股比例变动的披露义务。[①]

可见，双层股权结构是一把“双刃剑”，如不能正视和解决制度逻辑本身的瑕疵，实现匹配监管及特殊约束，将难以发挥其应然的制度效用。但任何制度都不可能完美无缺，双层股权结构当然也不例外。但存在即合理，双层股权结构在科技类上市公司中普遍存在是不争的事实，该类公司创始团队的高瞻远瞩和卓越的管理能力及人格魅力是双层股权结构存在的前提和基础。但如若适用不当，必然引发难以预料的风险。因此，对双层股权结构的引入需要对其适用加以严格限制，着重关注其背后控制权放大给利益相关者带来的侵害，从制度设计层面对逻辑矛盾作出安排，降低由此引发的风险，以合理衡平双层股权结构公司中控制股东与利益相关者之间的利益，谨防制度滥用。未来我国资本市场必然是更深层次迅速地发展，金融改革也将逐步深化。双层股权结构的引入将会是我们对股权结构进行改革的一次很好的尝试，一方面，这将有利于公司更好地应对日益复杂的资本市场，增强公司的适应能力与国际竞争力；另一方面，这一改革也将继续夯实我国公司法逐步放松管制、尊重公司自治的立法思想，是今后我国《公司法》向着自由、开放、包容方向发展的有益探索。

---

① 参见朱翔宇：《双层股权结构上市的潜在风险及其规制》，载《南方金融》2022 年第 3 期。

第三章　类别股份制度的现状与不足

一、优先股合同是一个不完全合同

从通常意义来说,合同是对未来结果的在先规定。如果一个既定的结果无法成功地在先进行规定,相关的事项就是不可立约的。[①] 以一个合同的所有相关事项是否都具有立约性可以将合同分为完全合同和不完全合同。所谓完全合同,是指合同当事人对与合同执行有关的所有风险的分配都有约定的合同。[②] 从法律关系上来说,优先股股东和公司之间应当是合同关系,优先股合同的表现形式除了优先股认购合同之外,主要体现在公司章程中。实际上,所谓的完全合同是不可能实际存在的,只存在于理论设想中,因为合同当事人的理性是有限的,且考虑到交易成本以及订立合同时双方力量的对比变化,所以不可能对订立合同时的条件和合同履行过程中发生的情况都在合同中予以周密安排,因此只能将不确定和有分歧的问题放一边,先达成基本合意,并签订不完全合同。有时公司合同(以公司章程形式出现)有规定,但由于各方理解不一,也会存在种种问题。公司合同与当事方合意自由存在剧烈的矛盾和冲突。[③] 考虑到公司合同的不完全性,重要事项不单要靠在先规定来确定,还要倚赖于公司的所有制结构来确定。[④] 公开发行的优先股合同是发行公司单方拟定并在证券交易所披露并面向投资者公开申购的。由于信息不对称和有限理性,以及发行公司自然不愿意设定严格约束自己的相关条款,因此公开发行的优先股合同不会做出细致无遗的规定,是不完全

---

① See William W. Bratton, *Venture Capital on the Downside: Preferred Stock and Corporate Control*, 100 Mich. L. Rev., 2002, p. 936 – 937.

② 参见[德]汉斯贝恩德 · 舍费尔、克劳斯 · 奥特:《民法的经济分析》,杜青云、杜涛译,法律出版社 2009 年版,第 385 页。

③ 参见罗培新:《公司法的合同解释》,北京大学出版社 2004 年版,第 55 页。

④ See William W. Bratton, *Venture Capital on the Downside: Preferred Stock and Corporate Control*, 100 Mich. L. Rev., 2002, p. 936 – 937.

合同。在非公开发行优先股的情况下，优先股合同在一定程度上是经过投资者和公司协商的。问题是，即使是投资银行、基金、造市商等专业投资者，其付出的交易成本也比发行公司少得多，故不可能在与公司谈判方面占优势。此外，从有利于保障发行公司利益的角度考虑，公司不可能与所有投资者一起协商，而是单对单的协商，在达成既符合公司发行优先股的既定条件又满足所有投资者基本需求的一致意见后，才会与所有投资者正式见面并公开征求认股合同的相关内容。投资者的谈判能力在上述各种因素的作用下被压制并降低，无法与发行公司抗衡，从交易成本和博弈力量对比角度考虑，非公开发行的优先股合同也是不完全合同。

从合同法上来说，对于不完全合同而言，只能对合同进行再协商并予以补充，或者纠纷发生后由司法机关运用合同解释原则作出相应裁判。公司发行优先股之后，基于优先股合同是不完全合同，公司董事、监事和高级管理人员在公司的经营管理过程中拥有一定的裁量权，而优先股股东加入公司后，其和公司其他法律关系主体之间产生了诸多的利益冲突，其中最主要的是普通股股东和优先股股东之间的利益冲突，有冲突就需要治理，而冲突发生后由司法机关对优先股合同进行解释并依据该解释的情况予以裁决是平衡优先股合同利益的事后干预措施。

二、优先股股东与公司内外部主体的利益冲突

股份公司发行优先股之后，其本身复杂而充满矛盾的内外部法律关系因优先股股东的加入而变得更为复杂，矛盾更加激烈，而且出现了很多新的情况和问题。优先股股东作为公司的新生力量，其权利的保护主要依靠优先股合同，而公司法的其他强制性规范，以及信义义务只是优先股合同的补充机制。在复杂而专业的公司治理结构中，针对公司经营中存在的变化，公司企业家和高级管理人员被赋予了相当大的裁量权，而普通股股东与董事、监事、高级管理人员和债权人之间本身就存在利益冲突，普通股股东为了治理公司付出了巨大的代理成本。普通股股东作为公司的所有者，其天然具有获得最大利益的动机，而优先股股东加入公司后，普通股股东为了保护自己的既得利益必然会对优先股股东的利益取得过程进行阻挠，甚至普通股股东对优先股股东存在一定程度的“敌意”。因此，可以说优先股股东与普通股股东之间的利益冲突是主要矛盾，而其他公司主体与优先股股东之间的利益冲突是次要矛盾。但是次要矛盾也是矛盾，不能忽视，否则次要矛

盾有时会转化成主要矛盾，尤其是在现代股份公司中，董事、监事往往也就是股东，而高级管理人员也会从公司股权激励政策中受益从而拥有公司的股份，因此主次矛盾转化的速度会很快。

（一）优先股股东与普通股股东的利益冲突

普通股股东和优先股股东是公司资本结构的两类参与者，他们之间的冲突在性质上是横向的。这种横向冲突主要体现在公司利益的分配上，且类似于控股股东和小股东之间的冲突。横向冲突是指发生在不同类别的股东、债券持有人、雇员和其他公司主体之间的冲突；而纵向冲突是指产生于公司董事（以及高级管理人员）与公司本身（包括其他公司主体，以股东为典型）之间的冲突。董事的忠诚义务和注意义务来源于纵向冲突，该等义务是为确保拥有并行使公司权力的董事们可以按照负责的方式行事。纵向冲突通常是通过衍生诉讼来解决的。董事对优先股股东负有信义义务，这是优先股股东区别于债券持有人的一个重要地方。在一些情况下，横向冲突和纵向冲突会在一个/单个交易中同时出现，典型的情况就是董事们持有重大数量的普通股（或者优先股），或者董事们由公司的控股股东控制。在这种情况下，董事的合法经济利益和其对公司所具有的巨大权力相交汇而不能轻易分开，这导致有利益冲突的交易需要按董事的信义义务进行审查。虽然这种冲突是混合的，董事采取不当行为的主要动力是为获取其所持股份的最优回报。因此，从本质上来说，这是横向冲突的体现。可以说，在普通股股东对公司有控制权的情况下，普通股股东和优先股股东利益冲突产生的原因有两个，一是普通股股东利用公司的控制权影响董事会决议以及公司决策；二是董事会成员的利益主要来源普通股股东，因普通股股东是公司投资的主体，且董事本身有可能就是持有普通股的大股东。

对于优先股股东来说，相对于纵向冲突中董事对其负有的信义义务，更为重要并且对其财务前景影响更大的是，横向冲突中董事即使按照诚信行事且在相关交易中不具有特殊的经济利益，却会为了仅促进普通股股东的利益而损害优先股股东的利益。这种冲突本质上是横向的，是通过董事行事的普通股股东和优先股股东之间的矛盾。现代公司法的原则和架构授权董事在这种情况下总是以普通股股东的利益为出发点。由此产生了一个悖论，对公司财富不拥有合法利益的董事如果侵吞公司财富而损害了优先股股东的利益（这种情况下普通股股东的利益也基本同时遭受损害），优先股股东当然可以寻求信义义务的保护。但是，如果董事作出了损害优先股股东利益但是有利于普通股股东利益的行为,则优先股股东只能寻求合同上的保护。

一般来说,优先股股东的收益来源于固定的股息,而非公司资本的增值或者利润的增加。在这一点上优先股股东类同于获得固定利息收益的债券持有人,增加这种收益的可能性是非常有限的。公司的业绩越好则用于支付优先股股息和清算优先权的资金会越有保障,但是,到达一定程度后,公司的业绩表现和优先股股东的经济权益之间就不再有关系了。优先股的价值,类似于普通股的价值,从理论上来说是未来股息的贴现。但是,由于优先股的股息或者是固定的或者以一定利率为基础浮动,优先股的价值没有上升的空间。因此,优先股股东的一个重要优势是固定收益。但是,这种保护也是有限的。作为权益资本,优先股在清算顺序上的位置仅仅比排序最末的普通股优先,在公司业绩不好的情况下,优先股股东获得固定股利的权利和清算优先权也有可能会丧失。另外,由于优先股的权益资本性质,公司基本不可能将资本返还给优先股股东,董事可能会利用该资本来最大化公司财富以促进普通股股东的利益。当一项交易不是为了最大化公司财富而是为了掠夺财富,也就是说董事通过将现有的公司财富从优先股股东向普通股股东转移而非通过创造新的财富来增加普通股股东的利益,优先股股东所面临的风险就完全不同了。①

传统公司法理论中公司经营的目的在于营利并实现股东利益最大化,但是优先股股东只能获取固定收益,除此之外多数优先股不参与公司剩余财产分配,其作为混合证券,优先股股东之所以不选择投资普通股的原因是对投资风险的厌恶。但是普通股股东只有在公司支付优先股股利后才能获得利润,可以说这是排在优先股股利之后的剩余利润。如果公司经营状况不佳,利润不高,则会发生给付优先股股利之后普通股股东将无利可分的状况,因此普通股股东具有追求高风险高回报项目的内在动力。因此,优先股股东和普通股股东基于不同的风险偏好,针对公司的经营性行为或结构变化行为会发生利益冲突,这是双方利益冲突的另一根源。

1. 优先股与普通股股利分配利益冲突

优先股股东取得股利的优先性决定了普通股股东对公司的剩余索取权只有

---

① See Lawrence E. Mitchell, *The Puzzling Paradox of Preferred Stock*, 51 Bus. Law. 443, 1996.

在优先股获得清偿以后才可以实现,这导致优先股和普通股在公司中的利益无法一致,但是无论是优先股还是普通股,两者的股利均来自同一公司的资产,从而利益冲突不可避免,于是发生横向利益冲突。这也是最典型的两者之间天生的横向利益冲突,因为这是优先股的性质决定的优先股股东和普通股股东之间的利益冲突。股利分配利益冲突是优先股股东与普通股股东之间的主要矛盾,应当予以重视。资本结构的多层次性会导致不同的证券持有人采取不同的各自认为最优的股利政策。[①] 显然,对于股利支付政策的控制也可能产生大股东获取控制权私人利益的情形。如果一位大股东拥有其他方法来从公司攫取资金,他就有兴趣来设定较低的股利支付率。同样地,股利政策的监督(或者约束)作用,再次以牺牲小股东利益为代价而被抛弃了。[②] 因此,在一般情况下,普通股股东对公司有控制权,这使其能够决定股利政策并有机会获得私人利益,其将设定偏好于普通股股东的股利政策,而该股利政策将不利于优先股股东,于是利益冲突再次发生。

根据不同的股利分配方式,优先股可以分为多个种类:可累积优先股和非累积优先股;可转换优先股和不可转换优先股;参与优先股和非参与优先股;固定股息率优先股和浮动股息率优先股;强制分红优先股和非强制分红优先股;可回购优先股和不可回购优先股。

对于股利分配而言,优先股的股利能否累积对于优先股股东来说至关重要,不可累积优先股股东与普通股股东在股利分配冲突方面是最激烈的。此外,优先股是否可以转换成普通股在一定程度上也会影响双方之间的冲突等级。

如果优先股的股利能够累积,那么即使当公司暂时不能支付当期股利或者在公司法没有强制性规定公司有利润必须支付优先股股利的前提下,公司为了经营发展等目的决定不支付优先股股利,优先股股东可以期待公司在下次分配股利时弥补上次拖欠数额。但是公司不分配优先股股利的决定会影响优先股的市场价格,反之,普通股的交易价格可能因公司将利润再投资或者公司资本未分配股利而相对增加,从而壮大规模并加速发展,普通股的股价会上涨,双方产生利益冲突。上文所述情况的潜在前提是公司经营效益较好,有能力支付优先股股利。当公司经营业绩不好,除了必要的运营成本和支付债券的需要,无法支付优先股股

---

① See Frinklin A. Gevurtz, *Corporation Law*, West, Thomson Reuters, 2010, p. 156.

② 参见[葡]路易斯·科雷拉·达·席尔瓦、马克·格尔根、吕克·伦内布格:《股利政策与公司治理》,罗培新译,北京大学出版社 2008 年版,第 23 页。

利，如股利可累积，则公司拖欠的股利越来越多，给公司造成较大的财务负担，导致公司无法正常向普通股股东分配股利，损害了在公司经营中承担更大风险的普通股股东的利益，从而阻碍公司通过发行新股等方式进行再融资，甚至影响公司资本结构功能的发挥。即使公司仍然由普通股股东控制，但是此时公司拖欠了巨额的优先股股利，优先股的股利将成为公司进一步发展的障碍。美国就曾经存在过这样的问题，在工业繁荣时期，优先股的发展使得企业获得了大量的现金流，优先股股东的收益也高于同期债券，然而，大萧条时期的到来，可累积优先股给企业带来了沉重的负担，于是优先股和普通股的冲突频发，美国法院不得不出面收拾残局，从社会经济发展角度平衡双方利益并做出了很多经典判例。我国也存在这样的问题，杭州天目山药业股份有限公司（以下简称天目药业）于 1993 年 8 月在 A 股上市，上市之前天目药业因股本总额未达到上市要求而在 1993 年 6 月增加 1890 万股法人股，该部分股票均为优先股。依据发行时的约定，优先股股东每年享有 7.65% 的可累积优先分红权。2005 年，优先股分红占公司当年净利润的近四成，使普通股股东可分配的利润大为减少。[①] 2006 年 8 月 21 日天目药业召开了临时股东会，会上通过了决议将前述优先股全部转换为普通股，宣告了当时我国公开市场上唯一的优先股退出历史舞台。

假如优先股的股利是不可累积的，那么公司一旦无法按期支付优先股股利，则优先股地位将名存实亡，优先股股东和普通股股东之间的利益冲突将白热化。假设公司发行了股利不可累积的优先股，但是又没有规定表决权复活，即未规定公司一定期限不支付股利，没有表决权或表决权受限的优先股将恢复表决权，那么普通股股东利用公司的控制权设定对其有利的股利政策来阻止优先股股东获得股利的机会主义会增加。在优先股股利不可累积的情况下，普通股股东为了达到不给优先股分配股利的目的，甚至愿意放弃应得的股利，因为是否当期分配股利对普通股股东没有根本性影响。尤其在公司经营不善，能分配优先股股利而无法给予普通股股利的情况下，普通股股东倾向于控制公司管理层，采取高风险的冒进策略，拼命投入资本而不考虑短期收益，从而期望通过高风险投资获得高收益。此时，如果投资失败，损失的是优先股股利，而投资成功，则收益的仅仅是普通股股东。因此，对普通股股东而言属于最优的股利政策，实质上损害了优先股

---

① 参见钟颖：《优先股股东与普通股股东的利益冲突与平衡》，载《南方金融》2016 年第 8 期。

股东的利益和合理期望。优先股股东分配股息后，是否有权同普通股股东一起参加剩余利润分配，也是需要考虑的方面。这种情况下的优先股是利益最大化的股份，优先股股东获得双份的公司利润。在发行这类股份时，公司可能出于经营陷入困境等不得已的理由，否则普通股股东一般不会允许这种分配方式，优先股股东和普通股股东的冲突也会比较剧烈。

如果优先股是可转换成普通股的，那么对于可转换优先股来讲，其转换后的股票价值依赖于所转换后普通股价值的增长。优先股股东在转换前倾向于让公司支付普通股股东最少的股利，从而将公司的大部分利润用于再投资，换取公司价值的增长。但是对于既存普通股股东而言，一旦可转换优先股转化为普通股，他们在公司中利益将面临着稀释，所以普通股不愿意将公司利益与优先股分享，而愿意公司提前将大部分的股利分配给各类股东，并将从公司所得股利去从事其他经营事业。因此，优先股股东和普通股股东的不同权利决定了各自认为最优的股利政策，导致可转换优先股股东和普通股股东之间存在利益冲突。①

假设优先股不可转换成普通股，那么优先股股东对公司长期发展不感兴趣，不会同意高风险的投资，同时也不会同意公司再发行股利分配优先的债券和其他优先股，因此会在一定程度上阻碍公司的发展壮大，尤其是公司经营遇到困难需要发行新的债券或新的优先股用以改善现金流时，现存优先股股东在优先股股东大会的决议往往会反对，引发优先股股东和普通股股东的利益冲突。

此外，当公司的管理层增加股东的收益，不是通过增加公司整体价值，而是将公司财产从一类股东转移到另一类股东，横向利益冲突也会发生。② 这类冲突发生的原因是普通股股东可以选任公司董事，而公司董事出于对普通股股东持有的董事选任投票权的考虑而在一定场合（可能在董事会决议中）实施以牺牲优先股利益为代价而有利于普通股股东的公司交易行为。而且，过高的优先股的股息率和优先股合同中的保护性条款都将阻碍公司发展。

优先股股东和普通股股东在股利分配上可能出现的股利分配冲突可以用一个公司调整资本结构的例子进行说明。假设 ABC 公司的总股本为 1 亿美元，其中包括已发行的 100 万股优先股和 200 万股普通股，其中优先股的市值为 80 美

---

① See Frinklin A. Gevurtz, *Corporation Law*, West, Thomson Reuters, 2010, p. 156.

② See Rutherford B. Campbell, Jr., *A Positive Analysis of the Common Law of Corporate Fiduciary Duties*, 84 Ky. L. J. 445, 1996, p. 460 – 462.

元每股而普通股为 10 美元每股。优先股具有累积股利优先权和清算优先权，公司清算时，在普通股股东能获得任何清算财产前，优先股股东持有人将会获得每股 100 美元以及所有累积的股利合计为 150 美元。ABC 公司需要注入新的资本以发展业务，但是却无法获得贷款。因此，公司需要发行新的股份以筹集资金。但是，优先股累积股利欠款却导致了普通股股东暂时无股利可分配的市场预期，阻碍了公司发行新的股份。如果优先股可以通过资本结构调整转化成普通股，则该等累积股利欠款将会消失。如果公司可以顺利地将所有优先股转换成普通股则总股本将会增加到 1.2 亿美元。但是，如何在优先股股东和普通股股东之间分配增加的 0.2 亿美元却是一个问题。一种极端的分配方法是将所有收益分配给优先股股东，达成这种分配结果的方式是用 8 个普通股去换取 1 个优先股，这样在资本结构调整完毕后优先股股东将会持有总数为 800 万股总股价为 1 亿美元的普通股而原先的普通股股东的持股数量和总股价保持不变。另外一种极端的做法是将所有收益分配给普通股股东，达成这种分配结果的方式是用 4 个普通股去换取 1 个优先股，这样优先股股东将会持有总数为 400 万股总价值为 8000 万美元的普通股，而普通股股东将会持有总数为 200 万股总价值为 4000 万美元的普通股。如果取中间做法，以 6 个普通股换取 1 个优先股的比例置换所有优先股，则资本结构调整完毕后优先股股东会持有总数为 600 万股总价值为 9000 万美元的普通股，而普通股股东将会持有总数为 200 万股总价值为 3000 万美元的普通股。

假设董事会决定采取居中的做法平分收益，并按照 6∶1 的比例调整资本结构，他们可以提出一个自愿置换的要约，要求优先股股东交回他们的优先股并且作为交换就每 1 个优先股获得 6 个普通股。即使大部分的优先股股东都愿意配合，还是有可能存在小部分不愿意接受要约的优先股股东。假设 80% 的优先股股东接受了要约，剩下的 20% 优先股股东宁愿继续持有优先股保留每股 150 美元的清算价值。在这种情况下，剩下的优先股股东最终会获得每股 50 美元的累积股利欠款，其获利会远远比其他优先股股东多。这种可能性会使交易进行不下去。[①] 尽管优先股股东的股利受优先股合同保护，可以拒绝进行交易，但是这一

---

① See William W. Bratton & Michael L. Wachter, *A Theory of Preferred Stock*, 161 U. Pa. L. Rev, 2013, p. 1826 – 1827.

优先股合同可以通过公司章程的修改被变更，而在公司对章程修改采取多数决的情形下，公司董事会和普通股股东可以强制优先股股东缔结交易，不管优先股股东是否投票赞成都可以轻易地进行资本重组。这一尖锐矛盾和对优先股股东利益的直接侵害促使了立法的妥协和干预。现在，特拉华州的公司法以及 2011 年的 MBCA 中都明确规定，对一个既定类别股东的"权力、优先权或特别权利"的改变或更改都必须获得该类别股东多数决批准。

我国 2023 年《公司法》第 146 条对类别股股东表决权的行使也进行了规定：发行类别股的公司，有本法第 116 条第 3 款规定的事项等可能影响类别股股东权利的，除应当依照第 116 条第 3 款的规定经股东会决议外，还应当经出席类别股股东会议的股东所持表决权的 2/3 以上通过。公司章程可以对需经类别股股东会议决议的其他事项作出规定。损害类别股股东权利时的表决规则在我国的起源可追溯至 2013 年的《优先股试点管理办法》和《国务院关于开展优先股试点的指导意见》。类别表决权可以抑制普通股股东滥用权力侵害类别股股东的可能，但类别表决权同样存在滥用的可能，因此第 146 条特别规定发行类别股的公司有修改公司章程、增加或者减少注册资本、公司合并、分立、解散或者变更公司形式等可能损害类别股股东的决议事项时的特别决议规则，意在明确类别表决权适用的典型情形。需要注意的是，此条规范并非公司法上的强制性规定。

2. 优先股与普通股剩余财产分配利益冲突

我国《优先股指导意见》和《优先股试点管理办法》明确了优先股股东优先于普通股股东分配公司利润和剩余财产，其他国家法律也不禁止优先股股东享有剩余财产分配优先权。公司解散是公司终止的原因，而公司清算程序是公司终止的必经程序。以解散原因为准，公司清算程序可分为破产清算程序与普通清算程序。普通清算程序中，以清算程序的启动主体为准，可分为自动清算程序与强制清算程序。[①] 破产清算程序中的公司已资不抵债，其资产通常不能够完全清偿债权人，因此破产清算与剩余财产排序位于债权人之后的优先股股东和普通股股东本书不予分析。在普通清算程序中，无论是自动清算还是强制清算，[②]与债券类

---

① 参见刘俊海：《现代公司法》（第 3 版），法律出版社 2015 年版，第 1126 页。

② 强制清算情况下的公司资产也不必然存在资不抵债的情况，依据我国《公司法》第 232 条的规定，公司在解散事由出现之日起 15 日内无法成立清算组的或者成立清算组后不清算的，利害关系人可以申请人民法院指定有关人员组成清算组进行清算。

似,公司通常支付优先股票面价值以及拖欠的股利,对于股利累积优先股来说股利的数额甚至可能超过优先股的价值。无论是何种原因导致公司解散①并进入清算程序,在公司有剩余财产可以分配的情况下,公司支付优先股约定的清算价格之后,最后参与剩余财产分配的普通股股东往往只能获得很少的财产,因此从境内外公司法实践考量,构成清算的法定事由、清算过程中优先股的交易对价以及剩余财产的分配政策等问题都会引发优先股股东和普通股股东的利益冲突。

举例来讲,如果公司拟提议进行一项合并。合并完成后,优先股股东会被迫出让股份,仅获得合并对价和相关的评估权。在此情况下,如果优先股的清算价值高于合并对价,优先股股东可能更希望公司进行清算以获得机会行使清算优先权。相反,普通股股东更希望保留公司的存续和其在公司清算时具有的剩余权利,因而更倾向于公司进行合并。当公司董事作出影响公司未来的决定时,他们不仅要考虑他们因公司存续而继续存在的个人利益,也要考虑他们对负有信义义务的普通股股东的利益,并且还要考虑普通股股东对董事委任的表决权也会导致董事对普通股股东的忠诚意识。综合各种考量,董事会必然会批准合并,合并必然会发生。②

在公司做出有利于普通股股东的合并决策时,优先股股东对于公司清算的优先权可能被实质上取消。在美国特拉华州 Rauch v. RCA Corp. 一案中,原告是一家公司优先股的持有人,该公司将被并入另一家公司,在合并过程中每股优先股会被转换为一定数量的现金,但是金额低于优先股合同中约定的在公司清算时每股 100 美元的回赎价。原告认为合并违反了其在优先股合同上的权利,一审法院并没有支持原告的诉求,进行二审的第二巡回法院也支持了原审法院的判决。特拉华州法院认为,按照独立法律意义原则(Doctrine of Independent Legal Significance)③,合并和回赎在法律上是截然不同的概念,合并不是一项回赎。因此,即

① 我国《公司法》第 229 条列举了公司解散的五大事由。(1)公司章程规定的营业期限届满或者公司章程规定的其他解散事由出现;(2)股东会决议解散;(3)因公司合并或者分立需要解散;(4)依法被吊销营业执照、责令关闭或者被撤销;(5)人民法院依照本法第 231 条的规定予以解散。

② See Melissa M. McEllin, *Rethinking Jedwab: A Revised Approach to Preferred Shareholder Rights*, 2010 Columbia. Bus. L. Rev. 895.

③ 独立法律意义原则(Doctrine of Independent Legal Significance),又称 Equal Dignity 原则,是美国法下的一个原则。根据该原则,根据一个既定的成文法例某一章节所合法采取的法律行动不需要满足该法例另外一个章节的要求方可合法成立,即在任何一个章节下采取的行动所达到的最终法律效果是相同的。

使合并对原告持有的优先股所产生的效果和回赎是一样的，原告的诉求也无法得到支持。[1]

2022 年修订的《上市公司章程指引》第 16 条对优先股的股息、股利分配、股利是否可以累积以及剩余财产分配等事项进行规定。发行优先股的公司，应当在章程中明确以下事项：优先股股息率采用固定股息率或浮动股息率，并相应明确固定股息率水平或浮动股息率的计算方法；公司在有可分配税后利润的情况下是否必须分配利润；如果公司因本会计年度可分配利润不足而未向优先股股东足额派发股息，差额部分是否累积到下一会计年度；优先股股东按照约定的股息率分配股息后，是否有权同普通股股东一起参加剩余利润分配，以及参与剩余利润分配的比例、条件等事项；其他涉及优先股股东参与公司利润分配的事项；除利润分配和剩余财产分配外，优先股是否在其他条款上具有不同的设置；优先股表决权恢复时，每股优先股股份享有表决权的具体计算方法。其中，公开发行优先股的，应当在公司章程中明确：（1）采取固定股息率；（2）在有可分配税后利润的情况下必须向优先股股东分配股息；（3）未向优先股股东足额派发股息的差额部分应当累积到下一会计年度；（4）优先股股东按照约定的股息率分配股息后，不再同普通股股东一起参加剩余利润分配。2023 年修订的《公司法》第 145 条增加发行类别股的公司在公司章程中应载明的类别股的特定内容，明确公司章程中应当载明：（1）类别股分配利润或者剩余财产的顺序；（2）类别股的表决权数；（3）类别股的转让限制；（4）保护中小股东权益的措施；（5）股东会认为需要规定的其他事项。

（二）优先股股东与公司其他法律关系主体的利益冲突

1. 与董事、高级管理人员的利益冲突

在大多数公众公司中，相对于公司总规模，每一投资者在其中的利益份额微乎其微。人微言轻，随之而来的“理性冷漠”使得股东在公司经营中日益“边缘化”。相形之下，管理者熟知公司方方面面，作为内部人的信息优势和人性的利己倾向使得滥用管理权的行为不可避免，从而需要法律的制约。[2] 股东表决权是制约董事和其他管理层的一个重要监督机制。表决权使得股东有机会对代理人

① See Lawrence E. Mitchell, *The Puzzling Paradox of Preferred Stock*, 51 Bus. Law. 443, 1996.

② 参见罗培新：《公司法的合同解释》，北京大学出版社 2004 年版，第 21 页。

是否良好地履行了职责进行评价,并使得管理层不得不就公司的重大变更获得股东的批准。因此,表决权制约了管理层可能损害投资者利益的行为。[①] 但是,对于股权结构比较分散的大型上市公司而言,分散的中小股东多数是"搭便车"的消极投资人,难以做出集体行动,在这种情况下董事和高级管理人员作为内部人控制公司的情况就格外突出。

优先股股东与董事和高级管理人员之间既存在横向利益冲突也存在纵向利益冲突。当董事和高级管理人员的委任受普通股股东控制并代表普通股股东利益时,优先股股东与董事和高级管理人员的利益冲突在本质上就是横向的优先股股东与普通股股东之间的利益冲突。当董事和高级管理人员违反了对公司和全体股东的信义义务损害了公司利益时,优先股股东作为资本所有人与董事和高级管理人员之间的冲突就表现为纵向冲突。在董事有极端违法行为的情况下将适用信义义务来保护优先股股东。[②] 信义义务可以作为不完全合同的补充机制来保护投资者,并防范企业高级管理人员的机会主义行为的侵害。当董事和高级管理人员的行为侵害了公司的整体利益时,优先股股东与普通股股东一样都有资格对董事违反信义义务的行为提起衍生诉讼。但是,在管理层做出有利于普通股股东利益但是不利于优先股股东利益的决策时,优先股股东就管理层对其违反信义义务而提起直接诉讼一般都不会获得支持。这种情况下,优先股股东一般只能求助于优先股合同条款的保护。

2. 与公司债权人、公司债务人的利益冲突

公司在创设优先股时,为了吸引投资者购买优先股,也为了保护处于劣势地位的优先股股东,往往会规定对优先股的救济权,包括但不限于类别表决权、回赎请求权、异议股东回购请求权(又称异议股东评估权)等。类别表决权是类别股东行使权利的规定,与公司债权人和债务人没有直接利益冲突。但是回赎请求权和异议股东回购请求权会减少公司资本,不符合公司资本维持原则,直接影响公司偿债能力。除了公司出于并购重组等特定目的发行优先股之外,其他情况下优先股股东往往是通过现金购买的优先股,实践中用资产置换的情形获得优先股不

---

① See Daniel R. Fischel, *Organized Exchange and the Regulation of Dual Class Common Stock*, 54 University of Chicago Law Review 1987, p. 119.

② See Melissa M. McEllin, *Rethinking Jedwab: A Revised Approach to Preferred Shareholder Rights*, 2010 Colum. Bus. L. Rev. 895.

是不可行，但是公司发行优先股往往是为了改善公司的现金流，因此公司不愿意也不会用股份置换或资产置换的方式发行优先股，从而导致优先股股份回赎和回购的对价也均是现金。在此情况下，公司既减少了资本，降低了偿债能力，又减少了现金流，影响了公司的经营发展。此外，美国法上有关于"渗水股"的概念，如果股东以低于面值的价格直接从公司购买股票，而非从二级市场上购买，则会产生股票渗水问题。公司内如果存在渗水股票，则公司的债权人可以出面起诉"渗水股"的股东，要求补交不足部分。理论上，公司账面资本涉及公司偿还债务的能力，同时也是衡量公司经济实力的标准之一，如果公司发行渗水股，导致公司账面资本减少，则债权人有权向渗水股股东主张权利，要求其补充不足并赔偿损失，于是债权人和渗水股股东（类别股股东）发生利益冲突。因此，发行优先股等类别股的公司内部，类别股股东与公司债权人也是存在利益冲突的。此外，由于公司债的利息是优先于优先股股息的，发行公司债券类似于发行优先顺位居先的优先股，公司现存的优先股股东肯定是不愿意公司增发债券的，因此优先股股东与潜在的债权人之间也存在利益冲突。

至于优先股股东和公司债务人之间的利益平衡问题，主要体现在优先股享有固定股息率，公司需要按照章程的规定到期支付固定的股息给优先股股东。于是，每次临近约定支付优先股股息的期限，一旦公司现金流或利润无法满足支付优先股股息数额时，优先股股东会催促公司尽快履行支付股息的义务，并通过各种方式获取公司的经营状况和债权债务等信息，并会非常积极主动要求公司运用各种追债方式去催促公司的债务人履行支付义务。尤其是非累积优先股股东，一旦发现公司债务人怠于履行到期债务，其要求债务人支付债务的积极性比累积优先股股东要积极主动得多，甚至会要求公司修改部分合同，缩短合同相对方履行合同义务的期限，催促债务未到履行期的公司债务人履行债务。因此，相对于普通股股东来说，优先股股东与公司债务人之间的利益冲突更明显。

综上，在设计类别股份制度时，必然需要平衡优先股股东和债权人之间的利益。至于优先股股东与公司债务人之间的利益冲突，从现行公司法制度上来说，尚无法对此进行利益平衡，无论是催促公司积极追债，还是通过各种方式影响公司经营行为从而让公司在每次股息支付期届满之前获得更多现金的行为均是正当的，属于公司意思自治范畴，法律法规不易也不能对此进行进一步的规范。

优先股的混合属性导致了其话语权的缺位，决定了其在公司中的软弱地位。

其一,优先股股东不能像债券持有人那样作为公司债权人从公司收取固定的本息来收回投资,即使在公司经营较好有利润分配的情况下,收取固定的股息也要仰仗董事会对宣派股利做出决议;当发生争议时,优先股合同中所载的合同性权利会受公司法和章程的一般性规定的约束,很有可能被法院做出对优先股股东不利的限缩的解释。其二,因为普通股股东对公司有剩余索取权,一般来说,普通股股东利益最大化和公司整体财富利益最大化是一致的,所以董事作为受托人的一个职责是最大化普通股股东的利益而非优先股股东的利益。在这种情况下,当优先股股东与普通股股东发生横向利益冲突时,董事在不违反信义义务的前提下,可能会倾向于普通股股东而作出有利于普通股股东利益的决策。所以,优先股股东在公司的地位比起债券持有人和普通股股东的处境更加不利和软弱,需要特殊制度设计来保护类别股股东。这些特殊制度主要包括类别表决制度、异议股东股份回购请求权制度、独立董事制度、证券投资者保护基金以及有利于保护优先股股东的优先股合同解释原则等。

三、我国股份种类设置及不足

(一)我国的股份制改革简述

股份制改革包含两个维度的改革。首先是企业产权方面的改革。即将企业的经营权和所有权分离,比如,对于国有企业而言,国家是企业资产的所有者,而经理层是经营者。其次是证券市场层面。即通过股票市场的融资渠道和出资人制度,增加国有资本增量。比如,我国设立国资委来履行国有资本的考核监督和保值增值职能。通过股份制改革,可以使出资人与企业,资产与财产明确区分,将曾经与政府联系紧密的国企纳入市场经济体系,使其作为出资人与外资、民营资本按照同样的规则参与市场竞争,提升国有资本的运营效率。

股份制改革的开端是1978年改革开放,以社会主义市场经济体制为改革目标。其中国有企业是改革的重点,国企改革的出发点是巩固壮大国有经济,用市场主义经济模式和现代企业治理制度促进国企的转型。我国股份制改革的起点事件是1984年第一家股份公司(北京天桥百货股份有限公司)的成立。①

资本市场的培育和发展一直是我国金融改革的难题。20世纪80年代初,社

---

① 参见周正庆主编:《证券知识读本》(修订本),中国金融出版社2006年版,第30页。

会上自发出现的各种形式的筹融资活动越来越多,但管理却相当不到位。针对这种情况,中国人民银行开始研究资金市场的问题。在实践中,少数的股份有限公司开始向公众发行股票,自发的证券转让平台也在沈阳市出现。[①] 据此,可以得出股份制改革具有下列重要意义:(1)实现所有权和经营权的分离,与国际通行企业管理形式接轨;(2)通过市场配置资本提高经济效率;(3)引入社会资本参股国有资本实际上增加了国有资本的控制范围;(4)发挥劳动力和资本的整体效率,提高企业经济效益。

随着进行股份制改革的公司日渐增多,建立统一规范的证券交割交易平台和及时有效的结算体系的需求也日益增加。1990 年的《中共中央关于制定国民经济和社会发展十年规划和"八五"计划的建议》正式提出在"有条件的大城市建立和完善证券交易所"的规划。上海证券交易所和深圳证券交易所分别于 1990 年和 1991 年正式设立,为证券交易提供了集中有效即时的交易场所。同时,股份制的改革也迈向了国际市场,B 股自 1991 年开始向境外实体和个人开始发行。在 2021 年我国又成立了北京证券交易所。

正当股份制改革如火如荼的进行时,1992 年在深圳发生了抢购股票认购证的"8・10 事件",严重扰乱了社会秩序。"8・10 事件"引发了两个后果,第一个是深圳市政府采纳了新股抽签表的方案来解决新股认购过程中的供不应求问题。第二个是推动了证监会的诞生。国务院在 1992 年发文决定成立国务院证券委员会,随后在 1992 年 11 月正式成立了中国证监会。证监会成立后,对证券市场逐步进行集中统一的监管。国务院证券委员会随后于 1998 年被撤销,证监会向各地派驻机构并垂直管理各地派出机构,逐步建立起对股票交易所、期货交易所和其他证券交易进行统一集中监管的全国性架构。[②]

2005 年 5 月 9 日,中国证监会启动了上市公司的股权分置改革,并推出首批四家股权分置改革试点公司。

股权分置改革的最终目的是建设合理的股权结构。在促进股权流通性的同时也要完善所有权结构,而达成这双重目的必然需要引进类别股制度以设置不同权利的类别股份。

---

① 参见刘鸿儒:《我国股份制改革历程的回顾》,载《百年潮》2009 年第 3 期。

② 参见刘鸿儒:《我国股份制改革历程的回顾》,载《百年潮》2009 年第 3 期。

由此可知,与国外不同,我国的股份制度是随着股份制改革而发展起来的,因此,在股份类别的设置上,我国的制度设计不是为了满足商业需要和融资需求,而是为了促进国有企业(包括国有银行)的转型。这是我国类别股份制度至今未能全面发展的原因。

通过股份制改造,我们切实地认识到现代企业制度需要引入不同资本并建立适合的资本结构。[①] 因此,加快建设完善类别股份制度,拓宽企业融资的渠道,对发展我国经济具有很强的时效性。

(二)我国的股份类别

目前,我国股份的类别多是以投资主体为标准进行划分的,主要包括国有股、法人股和社会公众股,以及正在试点的优先股。

国有股主要包括两种,分别是国家股和国有法人股。所谓国家股,是指由有权代表国家进行投资的部门或者机构,利用国有资产对公司进行投资,从而取得的股份,当然也包括在国有企业改制过程中将现有的国有资产折算而成的股份。由此可见,国家股既可以是新投资取得的股份,也可以是之前的资产转换而成的股份,对于后一种国家股,其出现有较强的政策原因。国有法人股在我国的公司事务中也十分普遍。国有法人股主要由具有法人资格的国有企业、事业及其他国有单位持有,主要是指其以自身的法人财产向独立于自己的股份公司出资而形成的或者依照法定程序而取得的股份。

法人股根据认购对象的不同,可以分为境内法人股、外资法人股和募集法人股三种。目前,在我国上市公司的股权结构中,法人股仅占20%左右。需要注意的是,我国的法人股与国外的机构投资者持有的股份是两个不同的概念,切不可将二者混淆。据此,法人股是指企业法人或者具有法人资格的事业单位和社会团体以其依法占有并且依法经营的财产对其他公司的非上市流通股权部分进行投资而取得的股份。

社会公众股的概念对大多数股民而言并不陌生。它是指我国境内的机构或者个人,以个人的合法财产购买公司可上市流通的股权从而取得的股份。根据中国证券登记结算有限责任公司(以下简称中国结算)统计月报(2014年5月),截

---

① 参见卢阳春:《我国国有企业股份制改革三十年制度变迁研究及启示》,载《经济体制改革》2008年第4期。

至2014年5月底,我国有效股东账户总数为13,460.95万户(含A股和B股),另有休眠A股账户总数4250.77万户。[①] 根据中国结算统计月报(2023年8月),我国期末投资者数量已达到22,141.58万户。实际上,早在2007年我国股市最牛的时期,沪深股市账户总数已超过1亿户。这些账户在资本市场买卖的都是社会公众股。

还需要注意的是,在股份制试点时期还出现了内部职工股。所谓内部职工股,是指不向社会公开发行,而只对法人或者单位内部职工发行的股份。在这种定向募集中,内部职工所获得的股份就是内部职工股。内部职工股的含义不同于公司职工股,它们是两个不同的概念,公司职工股,是指在公司对外向社会发行股份时,本公司的职工按照发行价格所认购的股份。因此,内部职工股是针对不向社会公开发行的股份而言的,而公司职工股是针对公开发行的股份而言。根据《股票发行和交易管理暂行条例》的规定,公司职工股总数不得超过总发行股本的10%,而且公司职工股在公司上市后有6个月的禁售期。然而,2005年颁布的《证券法》没有对公司职工股做出进一步的规定,因此实践中的公司职工股也越来越少见。

而对于内部职工股,虽然国务院已经正式禁止,但是其在实践中仍然存在。1993年,国务院正式下文,禁止内部职工股的审批发行。但是,2005年12月的统计数据表明,在上交所和深交所挂牌的上市公司中,还有3.97亿股尚未流通的内部职工股,约占总股本数量的0.052%。[②] 为了解决这一问题,国务院规定含有内部职工股的公司申请上市的,内部职工股应当在公司的新股发行期满之后三年内上市流通。1994年6月19日,国家体改委发文禁止批准设立定向募集公司以后,具有中国特色的定向募集公司内部职工股的发行已不再出现,之前发行的内部职工股也逐渐开始清理和规范。

我国还存在一定程度的库藏股。库藏股的立法依据是《公司法》第162条规定的公司可以回购公司股份的四种形式。其中规定,为减少公司注册资本回购股份的,应当自收购之日起10日内注销;将股份奖励给本公司职工的,不得超过本公司已发行股份总数的10%,并且用于收购的资金应当从公司的税后利润中支

---

① 中国结算统计月报2014年5月,载中国结算网,http://www.chinaclear.cn/zdjs/xtjbg/center_tjbg.shtml,2014年6月22日访问。

② 参见周正庆主编:《证券知识读本》(修订本),中国金融出版社2006年版,第38页。

出,所收购的股份应当在1年内转让给职工;因与持有本公司股份的其他公司合并或者因对股东大会作出的公司合并、分立决议持异议而要求公司收购其股份的,应当在6个月内转让或者注销。这就是我国的库藏股制度,与国外的制度相比,我国对于库藏股的规定十分简要,并且在时间上和用途上都存在很大差异,需要进一步设计与完善。

2013年11月30日,国务院发布《关于开展优先股试点的指导意见》(以下简称《优先股指导意见》),这一指导意见的面世,意味着优先股的发行获得了法律依据。证监会《优先股管理办法》已于2014年3月21日公布实施。中国结算于2014年6月20日发布了《优先股试点登记结算业务实施细则》,并自发布之日起实施。上海证券交易所和深圳证券交易所也配套出齐了优先股实施细则。首批试点优先股的上市企业为四大国有银行和浦东发展银行。这对银行等优质蓝筹股是重磅利好,尤其是市盈率偏低的上市银行股。优先股是一种灵活的直接融资工具,可以优化企业资本结构和治理结构,促进企业兼并重组,因此优先股试点工作有利于深化企业股份制改革。此外,试点的优先股能够丰富公司股份类别和证券品种,提供多样化的投融资渠道,推动我国资本市场持续健康发展。但是,我国优先股的法律基础仅是国务院出台的指导意见,可以说是政策性文件,并非严格意义上的行政法规,而其他国家都是在公司法或商法等基本法律层面明确规定了类别股制度。与之相比,如果说其他发达国家的类别股份制度是成年人,则我国类别股份制度还处于嗷嗷待哺阶段的婴儿。直至2023年12月29日修订通过的新《公司法》以法律规范的形式明确认可股份公司发行类别股,首次明确设置法定的种类股包括:优先或者劣后分配利润或者剩余财产的股份;每一股的表决权数多于或者少于普通股的股份;转让须经公司同意等转让受限的股份三类,并以国务院规定的其他类别股兜底。由此,以新《公司法》为法律规范文本的类别股规则得到确立,进一步肯定确认了对类别股的制度探索。

最后需要说明的是,根据上市地点和投资者的不同,我国还有A股、B股和H股的划分,但是实际上,该类划分应当归入股票的划分,而不是股份的划分,故此处不予探讨。

类别股能够有效满足投资者的多元化需求,我国公司法律制度的变革在某种程度上是对我国社会经济现实需要的具体而特定的回应,这也是中国现代化公司法改革的基本出发点。2021年12月,全国人民代表大会常务委员会审议并公布

《公司法(修订草案)》。本轮修改是我国《公司法》自 2005 年以来时隔 16 年的一次大修改。2023 年 12 月 29 日第十四届全国人民代表大会常务委员会第七次会议第二次修订的新《公司法》则正式以立法的形式确立了类别股制度,主要作如下几个方面的规定:

第一,类别股遵循股东平等原则。《公司法》第 143 条规定:股份的发行,实行公平、公正的原则,同类别的每一股份应当具有同等权利。同次发行的同类别股份,每股的发行条件和价格应当相同;认购人所认购的股份,每股应当支付相同价额。类别股关于不同类别股东之间权利的区别设置的内涵是同一类别的股东需要获得平等地对待,同一类别股权同权,不同类别的股权则不同权,这条是对股东平等原则的实质化体现。《公司法》所确认的股东平等原则,包含两层含义:一是股东的绝对平等,即只要拥有股东身份,在公司内享有平等的权利,并以此身份行使股东的各种权利,不论股东个体有何不同;二是股东相对平等,即股东平等原则不排除在股权具体内容上有所区别。但是,在内容上的区别并没有否定股东的平等原则,也没有违背股东平等的理念。而恰恰体现出公司法中股东平等是以每一位股东所持股权或股份的比例作为衡量标准,是以出资或持股比例为基础的一种平等。形式平等即一股一权,意味着凡是持有相同类型股份和相同股份数量的股东,依法享有同等的权利、承担同等的义务。实质平等强调股东依照其所持有的股份类型以及股份数量获得平等待遇,即拥有同一种类型股份的股东依据其持股数量享有股东权利。在各国或地区的公司立法中,都有对股东平等原则的例外规定,如为使中小股东与大股东之间实现事实上的平等而制定专门的保护措施,以达到对中小股东的实质公正。换句话说,股东在同等情况下应当同等对待,在不同情况下不同对待。①

第二,类别股的种类法定。《公司法》第 144 条正式引入类别股的发行规则,公司可以按照公司章程的规定发行下列与普通股权利不同的类别股:(1)优先或者劣后分配利润或者剩余财产的股份;(2)每一股的表决权数多于或者少于普通股的股份;(3)转让须经公司同意等转让受限的股份;(4)国务院规定的其他类别股。此条采取类别股法定模式,进一步明确公司可以根据公司章程发行与普通股

---

① 参见李耕坤、徐岸山:《我国引入类别股制度的基本路径与体系修补——以〈公司法(修订草案)〉为视角》,载《社会科学论坛》2023 年第 4 期。

权利义务不同的类别股，并且通过“列举＋兜底”的方式明确了类别股的种类，兜底规定的“国务院规定的其他类别股”给行政法规留下拓展空间，但是并未规定经章程可自治设计不同类型股，避免当事人过度意思自治导致其他相关主体利益受损。优先股是最经常遇到的类别股，它约定某一类股东能够获得一个固定的回报率、优先分配、优先清算、赎回的权利，作为代价，这类股东通常会放弃对公司一些事项的表决权，从而保证创始股东或者老股东的投票权不被稀释或更少的被稀释。需要说明的是关于转让受限股，公司法并未明确规定公司可以设定怎样的转让限制，是通过司法解释进一步明确还是通过公司章程进行完全自治，有待进一步明确。

立法者采取类别股法定模式的理由在于：其一，避免公司创制类别股过度自由引发部分股东权利受侵害问题。为使公众公司的公众股东了解股权权益中类别股份的变动情况，需要法律明确规定类别股份的种类。其二，可以通过建立法定类别股制度和类别股设置或变动的公示制度，弥补股东对所持股份的表决权和财产权相分离而导致的信息披露问题。其三，法定类别股种类也有助于平衡公司各利益相关者的利益。其四，对类别股进行法定化也能够避免公司创设类别股所引发的法律争议的同案不同判现象。[①]

第三，类别股的发行方式。《公司法》第 144 条第 2 款规定：“公开发行股份的公司不得发行前款第二项、第三项规定的类别股；公开发行前已发行的除外。”此款限定公开发行股份的公司可发行的类别股种类，发行表决权差异股和转让受限股只能采取非公开发行的方式进行，而发行优先劣后股则不受此限，该等规定的目的也是保护众多中小股东的利益。

第四，监事或审计委员会成员的选举和更换的表决实行类别股与普通股的同股同权。《公司法》第 144 条第 3 款规定：“公司发行本条第一款第二项规定的类别股的，对于监事或者审计委员会成员的选举和更换，类别股与普通股每一股表决权数相同。”此款新规定的目的也是保障监事和审计委员会成员对公司管理机构的监督权，不会因类别股的特别表决权而影响实施监督职责的监事或审计委员会成员的选举和更换。

---

① 参见李耕坤、徐岸山：《我国引入类别股制度的基本路径与体系修补——以〈公司法（修订草案）〉为视角》，载《社会科学论坛》2023 年第 4 期。

第五，新增股份有限公司发行类别股时公司章程应当对类别股载明的事项。类别股虽然是股东之间股权具体内容的约定，但因其外延会影响公司及股东的利害关系人，需要通过公司的章程予以公示，才能获得可以对抗第三人的效力。新《公司法》尝试逐步建立类别股股东的约束和保护机制，首先便是要求类别股对应的权利和义务均应在公司章程中明确载明公示。《公司法》第 95 条第 5 项规定："股份有限公司章程应当载明下列事项：（五）发行类别股的，每一类别股的股份数及其权利和义务。"第 145 条规定："发行类别股的公司，应当在公司章程中载明以下事项：（一）类别股分配利润或者剩余财产的顺序；（二）类别股的表决权数；（三）类别股的转让限制；（四）保护中小股东权益的措施；（五）股东会认为需要规定的其他事项。"该规定的目的主要是促进公司股东在公司章程中对类别股享有的不同的权利作出明确的约定，并在实施类别股制度下充分保护中小股东的合法权益。对于投资人而言，要求在章程层面披露类别股约定的规范，有利于在各投资人之间相互明确类别股安排，减少不同轮次、股份类型投资人之间的权利冲突，降低股份交易的交易成本。

第六，新增类别股股东的分类表决制度。《公司法》第 146 条规定："发行类别股的公司，有本法第一百一十六条第三款规定的事项等可能影响类别股股东权利的，除应当依照第一百一十六条第三款的规定经股东会决议外，还应当经出席类别股股东会议的股东所持表决权的三分之二以上通过。"第 116 条规定："股东出席股东会会议，所持每一股份有一表决权，类别股股东除外。公司持有的本公司股份没有表决权。股东会作出决议，应当经出席会议的股东所持表决权过半数通过。股东会作出修改公司章程、增加或者减少注册资本的决议，以及公司合并、分立、解散或者变更公司形式的决议，应当经出席会议的股东所持表决权的三分之二以上通过。"新《公司法》进一步明确了法定的类别股东表决机制，要求除应当经出席会议的股东所持表决权的 2/3 以上通过外，还应当经过出席类别股股东会议的股东所持表决权的 2/3 以上通过。目的是保障类别股股东在表决公司特别事项时其股东权利不受影响，对处于相对少数股东地位的类别股东可以起到一定的保护作用。

类别股可以为不同的投资需求提供路径选择，多样化的类别股设计为公司股权结构的设计提供自由选择的余地。类别股的诞生可以让融资主体享受投资的回报，又能兼顾专业人员对公司的治理权集中。既能引入融资渠道，又可以通过不同股权结构的架构设计安排出适合企业的公司治理模式。

需要说明的是,本次修改类别股设置只出现在股份公司中,更具人合性的有限责任公司在原《公司法》框架下已经能够通过公司章程完成事实上类别股的设置,如表决权及分红权,因此没有对有限责任公司做特别的约定。

(三)我国股份类别的缺陷

随着股份制改革产生的类别股份制度,有其先天的缺陷。并且,由于我国对类别股份制度缺乏明确的规定,使得类别股份制度的发展一直停滞不前。总体而言,这种不足表现在以下几个方面:

1.国有股一股独大现象明显,严重干扰公司的有效运营

我国国有企业在进行公司制改造后,国有股在企业股权中占有的比例很高,国有资产管理机构代表政府作为出资人行使股东权利。

这样的模式并不能产生有效的公司运营。实践中,国有股股东的"一言堂"现象十分明显,其他的中小股东利益时常受到侵害。由于国有股的份额往往较大,因此,在选举董事、监事以及做出公司决策时,往往更关注国有股东的利益,而忽略了中小股东的利益。

如果这样的现象有利于国有资产的保值、增值,那么尚有继续存在的余地。但是实际上,所谓的国有资产的保值增值可能仅仅是个别人实现自我利益的幌子。国有资产由国家管理,国家是一个拟制的主体,因而需要由特定的人来完成管理职责。但是承担管理职责的个人可能为了一己私利滥用职权、违法行事。此举损害了作为国有资产真正所有者的广大人民的权益,同时,由于国有股在资本市场中占有很大的份额,因此,国有股的运用不当也会影响资本市场的稳定性。

公司是资本市场中重要的参与者,依照现代公司法理论,公司的股东和管理者之间是一种委托代理关系,由于委托人和代理人之间存在信息获取上的不对称、利益获得上的不一致以及所负权利义务不对等的现象而存在"代理成本"问题。而国有股的存在,使得这种代理成本问题更加严重。由于国有股东的强大经济实力和政治地位,企业的内部人控制现象非常严重。"内部人控制理论"是探讨国有股股东与公司治理问题的理论基础。

一般意义上的内部人控制是指对公司经营情况比较熟悉的管理层或者大股东对公司施加的控制。而国企改制中的内部人控制则更侧重指国企的经营者在国有出资人控制不力的情况下在企业转轨期对企业的控制。国有股股东选举出

来的管理者,由于缺乏必要的激励机制,没有动力改善企业经营状况或者推进企业的技术进步。由于国有企业从诞生伊始,就与政府存在紧密联系。因此虽然经过长时间的改革,但是这种密切的联系仍然或明或暗的存在着。某些国企的公司治理结构的失效,以及对管理者内部控制缺乏有效监督的状态导致了国有企业内部贪腐问题严重,国有资产流失且经营状况不佳。[①]

因此,国有股的控股地位使其控制股东大会和董事会,而其他中小投资者则无法有效地参与企业的重大决策或者对企业管理层进行监督。公司法虽然规定了股东的多项权利,但是这些权利的行使,都需要股东大会、董事会和监事会的协助,如股东大会召集权、提案权、提起派生诉讼的权利和股东知情权等。另外,国有股的控制地位为行政干预企业经营留下了空间,国有企业也需要看重社会效益。即使是企业在进行正常的经营决策时,也要受到来自政府方面的压力。从另外一个角度来说,国有企业由于其特殊的重要性,需要国家加强对其的监管,但是,作为代理人的企业经营者可能利用其内部人的天然优势隐瞒内部信息而加剧与国有出资人之间的信息不对称,存在损害企业利益的隐患。因而解决国有企业治理失效的关键在于解决国有股"一股独大"或国有股权集中度过高的问题。

2. 股份类别创新性不足,导致公司缺乏有效的融资渠道

目前,我国的融资渠道主要有以下四种:发行股份、发行债券、发行国债和发行可转换债权与基金。然而,对于企业来说,发行国债的方式并不可行,并且国债市场没有短期品种;而发行债券市场并不发达;另外,其他的金融衍生品种质量参差不齐、种类较为单一、规模不大。因此,发行股份是目前公司的主要融资渠道。

但是,在股份发行中,我国的公司更倾向于使用普通股融资,对于类别股的使用极为少见。而普通股的单一性和功能的欠缺,导致了公司融资渠道的缺乏。最近热议的对赌条款效力问题就是融资方式不足的体现。

对赌条款,即国外所称的价值评估机制(Valuation Adjustment Mechanism,VAM),即收购方和出让方约定一定的条件,条件满足后,投资方需采取一定行动,如追加投资;如若条件不满足,收购方有权按照一定的价值评估机制定价将其

---

① 参见刘磊、刘益、黄燕:《国有股比例、经营者选择及冗员间关系的经验证据与国有企业的治理实效》,载《管理世界》2004 年第 6 期。

已收购的股份卖回给出让方。所谓的对赌协议在本质上是一种期权。一般的模式是，投资方和融资方约定，若融资方的业绩达到一定标准，则投资方应当追加投资；若融资方的业绩未达到一定标准，则融资方应当返还投资方超过其出资的数额。

对赌协议常常在风险投资基金对目标公司投资时被采用。比较有名的对赌协议投资案例包括摩根士丹利等机构投资蒙牛、凯雷投资控股徐工集团工程机械有限公司。但是，对赌条款同时也存在风险，如不切实际的业绩目标、急于获得高估值融资而忽略控制权的独立性和业绩未达标而失去控股权等。

但是，由于对赌协议可能会违反公司法"资本三原则"，与公司法有关股份回购的规定也会产生一定的冲突。因此，若对赌协议的双方都赌赢，则不会产生争议，但是若其中一方赌输，则争议随之产生。最高院通过(2012)民提字第 11 号案件确定了对赌协议的效力，投资方与担保方的担保条款有效，与融资方的对赌条款无效。2019 年《全国法院民商事审判工作会议纪要》(以下简称《九民纪要》)又对对赌协议效力及履行问题统一了审判思路，首次明确"与目标公司对赌"的协议原则上有效，投资方若请求目标公司回购股权则目标公司必须完成减资程序。但是现实中对赌协议的约定五花八门，其合同条款效力需要法院的裁决，因此对公司和投资者双方都不是最佳的选择。

类别股份制度可以作为对赌协议的替代品，当事人采用类别股份的方式约定各自权益，合理利用类别股来代替对赌协议，能有效规避适用对赌协议的法律风险。正因为类别股是混合证券，其灵活自如的具体设计可以有效保护投资者和融资者的风险偏好。比如，投资方和融资方可以在章程中约定，投资方持有可转债股，若融资方的业绩未达到一定标准，则投资方可以行使转换权，将自己的股份转换为公司债务，从而收回本金；投资方和融资方还可以在章程中约定，投资方持有掺水股，若融资方的业绩达到一定标准，则融资方可要求投资方补足票面差额，这其实也是对公司的变相增资。此外，投资者也可与融资者约定类别股的转换是强制转换还是任意转换，如果是强制转换，则融资者可以在条件成就时强制回购该类别股，而任意转换则投资者可以视情况，比如公司发展非常好时，将类别股转换为普通股。由于类别股份制度强调股东和公司的意思自治，强调创新，因此，这种约定一般不会被认定为无效。于此可见，类别股比"对赌条款"更能保障交易的安全，实现经济增长、市场发展的目的。在 2015 年《全国中小企业股份转让系统有限责任公司就优先股相关业务规则答记者问》中指出，以下四类企业适合发行优先股，包括：商业银行等金融机构，可以发行优先股补充一级资本，满足资本充足率的监管要求；资金需求量较大、现金流稳定的公司，发行优先股可以补充低成本的长期资金，降低资产负债率，改善公司的财务结构；创业期、成长初期的公司，股票估值较低，通过发行优先股，可在不稀释控制权的情况下融资；进行并购重组的公司，发行优先股可以作为收购资产或换股的支付工具。但我国类别股相关法律法规出台较晚，且有关企业发行优先股作为融资方式的具体操作流程规定不具体，导致发行优先股融资的企业较少。2018 年云南云叶化肥股份有限公司（以下简称云叶股份）正式发布定向发行优先股说明书，成为首例优先股融资的云南民企。此次融资启发企业在选择优先股发行时应该选择适合企业的股息率支付条款，平衡好优先股股东和普通股股东的利益，选择合适的时机赎回优先股，从而充分发挥优先股的融资效果。

另外，债券市场不发达的一个原因在于债券获得还本付息的时间往往较长，对于资金较为紧缺的中国投资者来说，短期即可套现的股份投资是一个较为合理的选择，但是正如上述，即使是股份投资，其方式和功效也十分有限。因此，可以考虑设置可转换的类别股份，提高投资者对于债券投资的热情。同时，可以考虑设置具有累积优先股、参与型优先股和偿还股等特点于一身的类别股份，从而使得该股份与债券的作用相差无几，从而增强公众对长期投资的信心。

3. 我国股份的类别与国际通行规定脱轨，实用性较差

类别股份制度是世界主要国家公司法的重要组成部分，比如日本公司法关于类别股份的规定有将近 40 条，而经济十分发达的美国，类别股份制度已经利用到各个领域，包括对抗收购、发行新股等。反观我国的公司法，2005 年修订的《公司法》只在该法第 131 条规定了国务院可以另行规定，对公司发行公司法规定以外的其他种类的股份。2013 年 11 月，国务院才公布了优先股试点的指导意见，用近似政策文件的意见，对优先股的发行和制度设计进行了初步指导。之后证监会于 2014 年 3 月发布《优先股试点管理办法》，2014 年 4 月银监会和证监会又联合发布了《关于商业银行发行优先股补充一级资本的指导意见》，据此从有以优先股充实资本金的强烈需求的银行业开始，我国类别股展开新一轮的实践。此后至 2019 年，科创板设立后创设的“特别表决权股份”则是在优先股的基础上进一步尝试。2021 年，证监会发布修订后的《优先股试点管理办法》，在我国创业投资企

业可以以优先股等准股权方式对未上市企业进行投资，上市公司和非上市公众公司可以发行优先股。直至2023年最新修订通过的《公司法》第144条规定公司可以按照公司章程的规定发行与普通股权利不同的类别股。

当前，我国的股份类别最重要的是国家股、法人股和社会公众股的分类。之前还有内部员工股，但是这些股份类别均打上了深深的历史印记，不能完全满足现行的市场需求。而国外的类别股份制度都是为了公司的发展和经济的增长服务的，各国的类别股份大致有：累积型优先股和非累积型优先股、参与型优先股和非参与型优先股、无表决权股、表决权受限的股份、偿还股与非偿还股、转换股和非转换股、面值股和无面值股、库藏股等。美国还把股份分成不同的“种”和“类”，比较特殊的类别股还包括掺水股、可摊征股等；英国类别股份还包括递延股、雇员股、创办人股等。大陆法系国家的公司法中，德国和法国也对类别股份作出了相应的规定，但是最为完善的当属日本《公司法》，日本《公司法》规定了9种类别股份，并且这9种类别股份不同于其他国家常有的股份类别，包括盈余金分配股、剩余财产分配股、表决权受到限制的股份、对转让取得受限的类别股份、附取得请求权的股份、附取得条款的股份、附全部取得条款的股份、类别股东大会决议的股份和在类别股东组成的类别股东大会上选任董事和监事的股份。韩国的类别股份种类大致借鉴了英美法系的分类，只是在具体规则和制度设计上略有不同。

世界经济的全球化趋势和一体化进程滚滚向前。经济因素已经成为衡量一个国家政策合理性、人民幸福指数和国家实力的重要指标。诚然，股份类别的多样性切实促进了经济的发展，激发市场主体的创新能力，值得鼓励。国外的立法例和事件经验表明，赋予公司更大的自主性会推动公司更好的发展。

他山之石，可以攻玉。由于我国目前的类别股份制度不发达、不完善，由于类别股份制度对于公司发展和经济稳定的重要性，更由于我国建设完善的、为社会主义市场经济服务的法律体系的指导思想，我国的类别股份制度研究已经是箭在弦上，不得不发。

目前，世界法律体系主要分为两大部分，即英美法律和大陆法系。两个法系的价值观念、社会实践、立法导向、规则设计均存在很大的差异。类别股份制度产生于英美法系，并且得到了长足的发展，相关的立法和实践经验较为完善，是建设我国类别股份制度的有利参照。而大陆法系国家的类别股份制度是借鉴英美法系的相关规定而来，并在此基础上进行了创新，使得该制度更加符合社会的实际情况和经济发展的需要。“类别股份”对于我国而言，也是“舶来品”，因此，认真研究大陆法系的相关立法和理论，可以为我国的借鉴提供良好的经验。总之，外国法的研究是制度完善的捷径，但同时要注意紧密结合本国的实践情况，谨防“南橘北枳”的现象出现。

四、优先股试点工作背景

（一）法律上无障碍

首先，我国新《公司法》第 144 条规定了国务院可以对其他种类的股票作出另行规定。因此，国务院有权对优先股股东特殊的权利义务作出规定，其他事项仍可适用公司法。我国《证券法》第 2 条规定，国务院依法认定的其他证券的发行和交易，适用本法。由于优先股从证券属性上属于股票，因此原则上应当适用《证券法》的规定。

其次，境外法律对优先股制度的规定已经相当成熟，我们可以将境外发展成熟、运行良好、符合国情的部分制度予以借鉴。站在前人的肩膀上进行创新可以规避掉许多易犯错误，创造出更具实用性、前瞻性、灵活性，更符合我国资本市场的本土特色制度。

最后，试点工作运行基础良好，此前，20 世纪 90 年代初优先股萌芽为优先股试点工作提供了有益经验。国务院于 2013 年 11 月 30 日发布优先股试点工作指导意见，启动优先股试点工作，2014 年 3 月 21 日，证监会制定优先股试点管理办法，中国证券登记结算有限责任公司以及上海证券交易所、深圳证券交易所配套出齐优先股实施细则，然后帮助和支持符合条件的公司进行试点，稳步推进，是符合相关法律规定的。优先股开展试点工作以来取得了积极成效，试点对于证券种类的丰富、上市公司的再融资渠道拓展均发挥了一定的作用，同时也能优化企业财务结构，提升公司抗风险能力，获得优先股股东长期稳定的资金支持。①

（二）现实需求强烈

首先是实务界的需求，从试点初期证监会等相关机构的调研情况看，商业银

---

① 中国证监会发布证监会令【第 209 号】关于《优先股试点管理办法》的立法说明，载 http://www.csrc.gov.cn/csrc/c101953/c7121900/content.shtml。

行和资产负债率较高的国有企业发行优先股的需求比较迫切。部分上市商业银行表示了强烈发行意愿。一些能源、材料行业的大型上市公司还向证监会提交了初步方案。企业年金、保险资金、社保基金等机构投资者也对优先股表示浓厚的投资兴趣。

另外,理论界对优先股试点工作的反应也可以用热情如火来形容。各种研究报告和论文逐步增多,笔者以"优先股"作为关键词在中国知网进行检索,相关文献数量高达2334篇,[①]在之前已经具有一定基础的理论研究之上,学者们或者通过翻译境外先进经验并加以分析总结的方式,或者对优先股制度进行专题研究,或者对境内优先股制度建设提出具体设计思想,林林总总,大家纷纷献言献策,反响积极热烈。

(三)市场关注度高

证监会的新闻发言人先后于2013年5月24日和7月12日就优先股试点发布新闻口径,对优先股试点的意义进行了解释,并表明了支持大盘蓝筹股上市公司发行优先股的态度。从大家的反应看,市场高度关注优先股试点工作的进度,不少专业人士认为,推行优先股有利于满足公司融资需求,缓和投资市场的供需矛盾,吸引长期资金入市。优先股的投资群体多为大的基金公司和投资公司,开展优先股试点工作不会对二级市场产生资金分流的效果。另外,优先股作为新的投资渠道,相对普通股投资具有偏公司债券的固定收益优势,会在一定程度上减低普通股融资的需求。由此,相关部委认为推出优先股对股市的影响相对中性。在对制度进行设计的前提下,不会对股票市场和社会经济造成不利影响,同时,理论界和实务界的热情高涨,推出优先股试点工作的环境已经成熟。

综上,开展优先股试点工作的条件已经成熟,国务院和证监会等相关部门顺应社会经济发展的需要,响应创新股份类别的呼声,适时开展优先股试点工作,为以后全面建立类别股份制度创造条件。

五、优先股试点工作评价

(一)优先股试点工作现状

2013年11月30日,国务院发布《优先股指导意见》,意味着优先股的发行获

① 检索结果截至2024年1月23日。

得了依据。市场层面对优先股试点的反响良好，企业和投资者都给予了高度关注。2014 年 3 月，证监会开始施行《优先股试点管理办法》（以下简称《优先股管理办法》），并随着优先股试点工作的完善进行了两次修订，深圳证券交易所和上海证券交易所也相继颁布了《优先股实施细则》。优先股制度的逐步拓开首先对于改善企业资本构成、完善公司治理结构和融资渠道创新起到了积极作用，其次优先股的开放有利于优化市场资本更优配置，有利于股票市场的稳定，作为股债混合的金融产品有利于资本市场多元化。另外，优先股合同的灵活性安排可以满足并购交易当事人的商业需要，对推进企业并购重组有积极作用。[①] 优先股试点工作开展已近十年，取得了积极成效，上海证券交易所和深圳证券交易所也根据全面实行股票发行注册制改革要求对各自的实施细则进行了修订，目前优先股已发展成为上市公司补充资本的重要融资工具。

随着优先股试点工作配套措施的进一步完善，截至 2024 年 1 月，国内共有 49 家上市公司公布了优先股发行预案，均为向特定对象[②]发行。发行优先股预案的公司中银行类上市公司有 22 家，非银行类上市公司有 27 家。发行优先股的银行类上市公司分别为工商银行、农业银行、中国银行、浦发银行、兴业银行、光大银行、民生银行、北京银行、建设银行、招商银行、平安银行、宁波银行、上海银行交通银行、华夏银行、中信银行、南京银行、江苏银行、杭州银行、贵阳银行、长沙银行，其中前 20 家银行还是我国系统重要性银行；[③]非银行上市公司发行优先股有 26 家，分别为广汇能源、中国建筑、康美药业、中原高速、中国电建、中国交建、桂冠电力、伊泰 B 股、北京城建、中原高速、蓝光发展、安信信托、禾丰牧业、阳泉煤业、九州通、五矿资本、中国中冶、晨鸣纸业、壹桥股份、牧原股份、渤海金控、铁汉生态、蒙草生态、东方园林、渤海租赁、易事特。根据《优先股指导意见》《优先股管理办法》《优先股实施细则》相关规定，明确优先股由核准发行制改为注册发行制。笔

---

① 证监会贯彻落实国务院《关于开展优先股试点的指导意见》稳妥推进优先股试点工作，载证监会官方网站，http://www.csrc.gov.cn/pub/newsite/zjhxwfb/xwdd/201311/t20131130_239077.html，2015 年 3 月 15 日访问。

② 原表述为“公开发行”和“非公开发行”，全面实行股票发行注册制改革之后，调整为“向不特定对象发行”和“向特定对象发行”。

③ 详见《中国人民银行 国家金融监督管理总部发布我国系统重要性银行名单》，载中国人民银行官方网站，http://camlmac.pbc.gov.cn/huobizhengceersi/214481/3868581/3868587/5076882/index.html，2023 年 9 月 22 日发布。

者以关键词“优先股发行预案”分别在上海证券交易所、深圳证券交易所官方网站进行检索后发现，在全面实行发行注册制之前，发行优先股预案的银行类上市公司数量远远高于非银行类上市公司，而在实行全面注册制改革后，非银行类上市公司发行前置条件相较于之前宽松许多，因此许多非银行类上市公司也在积极发行优先股预案。以补充资本为目标的银行优先股需设计为非累积、无回售、强制转换（触发事件发生时，即核心一级资本充足率降至5.125%或以下）、向特定对象发行的优先股。非银行上市公司虽没有补充资本的压力，但是为了便于通过证监会核准，且为了与配套措施相匹配，纷纷选择了向不特定对象发行的方式，见表3-1：

表3-1　非银行类上市公司发行优先股预案具体情况（截至2024年1月）

公司	发行规模/亿元	优先股种类	股息率	会计处理与税务影响
广汇能源	50	非强制、浮动股息、非累积、非参与、不允许回售，无赎回义务	授权董事会根据询价结果与保荐人协商确定，50个基点上下浮动；预计7%-10%	计入权益，尚未确定税务处理方式
中国建筑	300	非强制、固定股息（利率跳升）、累积、非参与、不允许回售，可赎回（5年后）	第1-5年确定方式同上，第6年若不行使赎回权增加200个基点，其后不变；预计6.5%-7.5%	同上
康美药业	60	非强制、固定股息、非累积、非参与、不允许回售，可赎回	确定方式同上，预计6%-10%	计入权益，不在税前列支
中原高速	34	非强制、固定股息、累积、参与剩余分配（归属于普通股股东的净利润做一定扣除后的50%）、不允许回售，可赎回	确定方式同上，预计5%-7%	计入权益，尚未确定税务处理方式
中国电建	20	非强制、固定股息（利率跳升）、累积、非参与、不允许回售，可赎回（5年后）	第1-5年同上，第6年若不行使赎回权增加200个基点，其后不变；预计8%左右	计入权益，尚未确定税务处理方式

续表

公司	发行规模/亿元	优先股种类	股息率	会计处理与税务影响
中国交建	145	非强制、固定股息(利率跳升)、不累积、非参与、不允许回售、可赎回	确定方式同上,预计6.5% -7.5%	计入权益,尚未确定税务处理方式
桂冠电力	19	非强制、固定股息(利率跳升)、不累积、非参与、可赎回但不设回售条款	假设6%(不是公司预期,具体数额将在重组报告书明确)	计入权益,尚未确定税务处理方式
伊泰B股	100	固定股息(利率跳升)、非累积、非参与、可赎回但不设回售条款	第1-5年授权董事会与保荐人协商确定,第6年若不行使赎回权,增加200个基点,其后不变	计入权益,尚未确定税务处理方式
北京城建	30	固定股息(利率跳升)、非累积、非参与、不设回售条款、可赎回	第1-5年授权董事会与保荐人协商确定,第6年若不行使赎回权,增加200个基点,其后不变	计入权益,尚未确定税务处理方式
蓝光发展	50	固定股息(利率跳升)、非累积、非参与、不设回售条款、可赎回(5年后)	第1-5年授权董事会与保荐人协商确定,第6年若不行使赎回权,增加200个基点,其后不变	计入权益,尚未确定税务处理方式
安信信托	68	分阶段调整股息、非累积、非参与、不设回售条款、可赎回(5年后)	每五年为一计息周期,第一计息周期股息率授权董事会确定	计入权益,不在税前列支
阳泉煤业	20	固定股息(利率调息)、可累积、非参与、不设回售条款、可赎回(3年后)	第1-3年授权董事会与保荐机构协商确定,第4年若不行使赎回权,增加200个基点,其后不变	作为权益工具核算,不在税前列支
九州通	20	固定股息(利率跳升)、可累积、不参与、不设回售条款、可赎回	同上	作为权益工具核算,不在税前列支
五矿资本	80	固定股息(利率跳升)、可累积、不参与、不设回售条款、可赎回	同上	作为权益工具核算,不在税前列支

续表

公司	发行规模/亿元	优先股种类	股息率	会计处理与税务影响
中国中冶	15	固定股息(利率跳升)、不设回售条款、可赎回	同上	作为权益工具核算,不在税前列支
晨鸣纸业	45	固定股息(利率跳升)、可累积、可参与、不设回售条款、可赎回(5年后)	第1-5年授权董事会与保荐机构协商确定,第6年若不行使赎回权,增加200个基点,其后不变	计入权益,不在税前列支
中天城投	36	浮动股息率、可累积、非参与、不设回售条款、可赎回	授权董事会与保荐人协商确定初始股息率,即基准股息率(分次发行的,以发行时的初始股息率作为各次基准股息率)	计入权益,已确定税务处理方式
壹桥股份	10	固定股息(利率跳升)、可累积、不设回售条款、可赎回(3年后)	第1-3年授权董事会与保荐机构协商确定,第4年若不行使赎回权,增加200个基点,其后不变	计入权益,不在税前列支
牧原股份	约24.76(247,592万元)	固定股息(利率跳升)、不累计、非参与、不设回售条款、可赎回(5年后)	第1-5年授权董事会与保荐机构协商确定,第6年若不行使赎回权,增加200个基点,其后不变	计入权益,不在税前列支
渤海金控	80	固定股息(利率跳升)、不累计、不参与、不设回售条款、可赎回	第1-5年授权董事会与保荐机构协商确定,第6年若不行使赎回权,增加200个基点,其后不变	计入权益,不在税前列支
铁汉生态	20	固定股息(利率跳升)、可累积、非参与、不设回售条款	第1-5年授权董事会与保荐机构协商确定,第6年若不行使赎回权,增加300个基点,其后不变	计入权益,不在税前列支
蒙草生态	15.50	固定股息(利率跳升)、可累积、非参与、不设回售条款、可赎回	第1-5年授权董事会与保荐机构协商确定,第6年若不行使赎回权,增加300个基点,其后不变	计入权益,不在税前列支

续表

公司	发行规模/亿元	优先股种类	股息率	会计处理与税务影响
东方园林	30	固定股息（利率跳升）、可累积、不参与、可赎回（3 年后）	第 1－5 年授权董事会与保荐机构协商确定，第 6 年若不行使赎回权，增加 200 个基点，其后不变	计入权益，不在税前列支
渤海租赁	50	固定股息（利率跳升）、不累计、非参与、不设回售条款、可赎回（5 年后）	第 1－5 年授权董事会与保荐机构协商确定，第 6 年若不行使赎回权，增加 200 个基点，其后不变	计入权益，不在税前列支
易事特	10	固定股息（利率跳升）、不累计、可参与、不设回售条款	第 1－5 年授权董事会与保荐机构协商确定，第 6 年若不行使赎回权，增加 200 个基点，其后不变	计入权益，不在税前列支

从表 3－1 可以看出，发行优先股的非银行上市公司均是规模很大的公司集团，大多集中在能源和基建等资金密集型行业，但也出现了部分特色行业，如生态型企业。随着我国把生态文明建设融入经济建设、政治建设、文化建设、社会建设的各方面和全过程，加大生态环境保护力度是必然趋势，部分生态企业看到了形势政策的变化，因此也有此类公司积极尝试发行优先股（如蒙草生态、铁汉生态）。与发行优先股的银行一样，其普通股在上海证券交易所挂牌交易，因此优先股也是在上海证券交易所。迄今为止，在深圳证券交易所挂牌的上市公司中共有 10 家公司发行了优先股预案，中国证监会核准了其中的 5 家，分别为晨鸣纸业、牧原股份、铁汉生态、蒙草生态以及东方园林。总结以上的非银行上市公司的优先股发行情况，有以下几点值得注意。

首先，对于优先股的会计处理将其认定为股权而计入权益。虽然优先股具有很强的公司债的特质，但是，已发行优先股的所有公司在会计处理上都将优先股归为股权。这有助于公司降低资产负债率，并增加长期资金来源。股份种类的划分代表公司资本结构得到了合理的配置，公司形象和整体价值也能得到相应提升。将优先股归为股权不会增加公司的负债率。对于上市公司来说，除了普通股之外，在条件允许时可以专门发行优先股，由于具备分红和剩余分配的优势，此类股份对于投资者而言也具有非常大的吸引力，因此可以帮助公司拓宽新的融资渠道。

其次,《优先股指导意见》对优先股在股息分配上的权利划分了五种类型,并强制要求公司在章程中一一明确,已发行优先股的非银行上市公司对于股息分配权利的选择具有一致性。就是否强制性分配可分配税后利润而言,所有已发行公司都选择非强制性,以确保公司可以按照实际经营状况自由决定是将可分配利润用于扩大公司经营还是向股东进行分派。就优先股股息率的设定而言,除两家采用浮动股息率外,其他所有已发行公司都选择采用固定股息率且基本随利率上升而跳升200-300个基本点不等,在2023年修订的《优先股管理办法》中还明确规定,向不特定对象发行优先股的必须在公司章程内明确采取固定股息率,这样的设置保证了优先股股东可以获得相对固定的股息回报,且不受利率水平上升而带来的负面影响,对投资者而言是非常稳定的投资渠道。就可分配利润不足派发优先股股息差额部分是否可以累积到下年而言,采用可累积性的公司略多于采用不可累积性的公司,对于经营业绩良好而优先股发行规模相对总资本较小的公司而言,一般都会有足够的税后利润支付当年的优先股股息,所发行的优先股是否具有累积性并无实质差别。就优先股股东在获支付优先股股息外是否有权同普通股股东一起参与剩余利润分配而言,除三家公司发行可参与型优先股外,其他公司均发行无参与权的优先股,而采用可参与型的中原高速和晨鸣纸业、易事特,其固定的优先股股息率略低于其他公司。

最后,因为非公开发行优先股的票面股息率不得高于公司最近两个会计年度的年均加权净资产收益率,且非公开发行的优先股不得在交易所上市交易,只能通过交易所转让给确定的交易对象,因此,为了便宜行事,该等非银行上市公司均采用非公开的方式发行优先股。

(二)优先股试点工作不足

优先股试点工作的开展可以说是我国公司股份制度的巨大变革,对于我国建立健全类别股份制度而言意义重大,令实务界和理论界欢欣鼓舞,有助于解决很多已存在而无法克服,急需法律予以明确规定的问题,如优化了企业财务结构、改善了公司治理结构、满足特定监管披露要求便可发行、为投资者提供多元化投资渠道等。但试点工作就是为全面推开做准备的,既然是优先股试点,自然是有不足的,无论是故意还是忽视,有不足就应正视,不应回避,并需要我们深入调研并加快改正,从而利于推进试点工作开展直至全面建立健全类别股份制度。

1. 公开发行范围太窄

本次优先股试点工作最大遗憾，在于没有充分听取和考虑国内中小企业利用优先股融资的迫切需求。当初在征求意见时，中国人民银行就公开发行范围曾建议从主板、中小板、创业板各选择部分上市公司进行试点。上证 50 指数成分股以国有控股大型企业和大型金融机构为主，建议在试点公司选择上尽量广覆盖，避免对中小企业造成挤出效应和导致市场不必要的质疑。另外，银监会也建议将公开发行范围扩大至所有上市公司。但证监会考虑到优先股试点范围为上市公司和非上市公众公司。试点范围已较为广泛并兼顾了大型企业和中小企业需求。公开发行范围在《优先股指导意见》中未予以规定，而是规定在《优先股管理办法》第 3 条。① 因此在一定程度上限制了公开发行的范围。原因可能是相对于中小企业，上证 50 指数成分股以国有控股大型企业和大型金融机构为主，具有良好的分红历史及较强的分红能力，能够较好地保障优先股股东获得稳定的收益，也可以更好地保护中小投资者的权益。也可能从坚持稳妥起步，适当控制公开发行试点范围和严格非公开发行的投资者范围的原则出发作出相关规定的。但是这种规定从事实上排除了中小企业利用优先股改善公司资本结构的期待，而恰恰中小企业是最需要类别股制度的。设计灵活的优先股可以拓宽投资渠道，确认投资行为的合法性，在一定程度上减少“对赌协议”的泛滥，从而增加投资者的信心。中小企业在优先股试点工作中并未分享到优先股试点的“蛋糕”，在事实上被挤出试点范围，因而试点工作面临一些市场质疑。

2. 未充分考虑利用优先股推进国资国企改革进程

随着国资国企改革的进一步深入，2015 年成为国资国企改革的标志性的“大年”，2015 年 8 月，国企改革顶层设计方案已经进入了正式出台前的倒计时，新一轮国企改革以功能界定分类改革为基本前提，随后开展的国企混合所有制改革和员工持股计划也应运而生。中共中央、国务院于 2015 年 9 月中旬印发了《关于深化国有企业改革的指导意见》，该意见从改革的总体要求到分类推进国有企业改革、完善现代企业制度和国有资产管理体制、发展混合所有制经济、为国有企业改革创造良好环境条件等方面，全面提出了新时期国有企业改革的目标任务和

① 《优先股试点管理办法》第 3 条规定：上市公司可以发行优先股，非上市公众公司可以向特定对象发行优先股。

重大举措。2020 年国务院政府工作报告中提出了国企改革三年行动,2022 年国企改革三年行动迎来了攻坚克难和收官之年,在非市场化的环境中,国有资产要具备运行操作的实际可能性,可以参考西方国家,在一定程度上进行企业股权结构的“公开化”“社会化”,增强股权结构的开放性和流动性。股权分置改革自 2005 年实施以来试点工作已经顺利完成,改革的操作原则得到了市场的认同,迄今为止 A 股市场还有唯一一家公司未完成改股,那就是有着“股改钉子户”之称的 S 佳通,S 佳通全称为佳通轮胎股份有限公司,S 佳通是 A 股市场唯一一家简称前带有“S”标志字母的公司,根据上海证券交易所《关于对未股改股票实施差异化交易监管的通知》,未股改上市公司股票简称前需要冠以“S”,并将价值涨跌幅限制在 ±5%。该公司于 2017 年 8 月 31 日才公布股改方案,但至今也未完成股改。2023 年 5 月 15 日,S 佳通发布公告称“撤销退市风险警示及其他风险警示”,并宣布停牌一个月,虽然目前还未提出股改具体方案,但相信 A 股股改工作也会画上圆满句号。大量上市公司非流通股逐渐解禁上市流通;民营资本能进垄断行业,如国家允许设立民营银行并准许民营资本进入通讯行业;国资国企的产业结构调整和转型升级也是刻不容缓,整体上看主要是顶层设计问题,整个国资国企改革在 2015 年展开,尤其是混合所有制和分类改革、结构调整等问题将进一步厘清和推进。

《优先股指导意见》和《优先股管理办法》均规定优先股可以作为并购重组支付手段,2023 年新修订的《优先股试点管理办法》第 54 条规定上市公司可以向特定对象发行优先股作为支付手段,对于国企改革过程中利用优先股作为支付手段进行并购重组进而改善国企资本结构具有重大意义。随着国企改革三年行动的持续施行,“混改 + 优先股”模式成为国企改革新的着力点,在 2020 年 5 月 11 日发布的《关于新时代加快完善社会主义市场经济体制的意见》中也明确提出要积极委托推进国企混改,并作出将国有股转化为优先股的积极尝试。①

3. 现行优先股债性强于股性的问题

事实上,虽然《优先股指导意见》规定了公司可以在章程中规定优先股可转

① 参见《中共中央 国务院关于新时代加快完善社会主义市场经济体制的意见》,载中央人民政府官方网站,https://www.gov.cn/gongbao/content/2020/content_5515273.htm,2024 年 7 月 13 日访问。

换为普通股，且发行人可回购优先股，但是《优先股管理办法》第 33 条和第 42 条[①]却限制上市公司和非上市公众公司发行可转换优先股，仅对商业银行进行附条件例外规定。鉴于上市商业银行的特殊性，有必要在此讨论一下优先股与次级定期债务[②]的异同。优先股与次级定期债务在某些方面存在一定的相似性，如都可以获得稳定或固定的收益，对公司日常生产经营都无决策权，但两者存在本质区别：

（1）从法律关系角度看，优先股本质上是股权投资法律关系，优先股筹集的资金计入公司股本，无须偿还给投资人，因此有助于降低公司资产负债率；次级定期债务本质上是债权债务法律关系，债券筹集的资金计入公司负债，增加公司资产负债率，到期还需还本付息。

（2）从公司付息角度看，优先股的股息不具有强制性，在公司没有税后利润可供分配时可以不付优先股股息；但是，即便公司盈利状况不佳，甚至是亏损，仍然要按时偿还次级债利息。

（3）从投资者获息角度看，优先股股东获得的是从公司税后利润分配的股息，根据我国《企业所得税法》及其实施条例，一般情况下，企业投资人投资股票获得的股息免征企业所得税（连续持有居民企业公开发行并上市流通的股票不足 12 个月的股息收入除外）；但是，企业投资人投资次级定期债务获得的利息收入将计入企业投资人的所得缴纳企业所得税。因此，在优先股股息率和公司债券利率相等的情况下，企业投资者实际获得的股息比利息要多。

（4）从上市商业银行资本工具角度看，优先股与次级定期债务属于不同层级的资本工具。根据 2013 年 1 月 1 日开始实施的《商业银行资本管理办法（试行）》的规定，商业银行总资本包括核心一级资本、其他一级资本和二级资本。符合条件的优先股和次级定期债务将分别计入其他一级资本和二级资本，以同时满足一级资本充足率和资本充足率要求。

---

① 《优先股管理办法》第 33 条规定："上市公司不得发行可转换为普通股的优先股。但商业银行可根据商业银行资本监管规定，非公开发行触发事件发生时强制转换为普通股的优先股，并遵守有关规定。"第 42 条规定："非上市公众公司非公开发行优先股应当遵守本办法第二十三条、第二十四条、第二十五条、第三十二条、第三十三条的规定。"

② 按照中国银监会发布的《关于将次级定期债务计入附属资本的通知》，次级定期债务是指固定期限在 5 年以上（含 5 年），不用于弥补银行日常经营损失（银行倒闭和清算除外），且该项债务的索偿权排在存款和其他负债之后的银行债务。

据了解,上市商业银行已发行的次级债,绝大部分都含有利率跳升机制或其他赎回激励,但不含有减记或转股条款,因此都将在未来按年递减计入监管资本。优先股试点工作开展之前,在核心一级资本工具中,除银行经营自身积累外,普通股是上市商业银行唯一可以利用的核心一级资本工具,这也是近年来,伴随银行业务规模不断扩大,风险防范要求不断提高,上市商业银行频频进行股票再融资的最主要原因。但是,在证券市场持续低迷,企业融资陷入困境,使得上市商业银行通过资本市场发行普通股以充实核心一级资本的计划难以实施。对此,银监会在不同场合表示,监管部门将对银行充实资本放开其他渠道,如鼓励银行在境外发行股票或债券、在境内发行优先股等。这就是优先股试点工作开展的初衷,试点工作的顺利开展离不开上市商业银行的推动。

正是由于优先股的不可转换性质,使得此次试点的优先股从性质上偏向于债,股性不强。这是非常令人难以理解的,因为在优先股试点工作征求意见阶段,制定《公司债券发行与交易管理办法》工作也已提上日程,并快马加鞭地于 2015 年 1 月 16 日颁布实施。该管理办法对公司债券的发行、交易和转让行为进行了详细的规定,是一部有一定阶段性意义的可操作性很强的部门规章。让优先股偏重于债性显然与规范公司债券发行与交易行为相悖。虽然优先股兼具债性和股性,但从其诞生之日起,优先股就是作为公司股票存在的,其股性天然大于其债性,而不可转换成普通股的优先股跟公司债券极其接近。尤其是《公司债券发行与交易管理办法》颁布实施后,其第 12 条规定上市公司、股票公开转让的非上市公众公司及其股东可以发行附可转换成上市公司或非上市公众公司股票条款的公司债券。这一规定与正在试点的优先股不可转换成普通股相比反差太大。公司债券可以转换成普通股,而为何优先股却不能转换成普通股?无论是境外优先股相关规定还是优先股本质,均是股性强于债性,因此现行优先股的债性大于股性的特点与国际惯例不符,也与优先股本质相悖,尤其是《公司债券发行与交易管理办法》规定的公司债券发行和交易转让与之前相比有了实质进步,发行条件极大放松的背景下,优先股试点工作存在的意义令人深思。

优先股对金融企业补充资本具有重要作用,但对券商、保险等非银行金融机构补充资本也具有重大意义。据笔者了解,九鼎投资和融信租赁等非上市公众公司,以及部分信托公司也准备发行优先股,对这些公司而言,不发行公司债而发行试点的优先股,显然是看到了优先股能补充公司资本的积极作用。此外,券商也可以专门设计和发行优先股，同银行一样补充其他一级资本，从而和次级债拉开差距。鉴于优先股在补充资本方面的突出作用，建议中小微非银行金融机构灵活地运用优先股这个资本工具，积极发行优先股。俗话说，有心栽花花不开，无心插柳柳成荫，也许融资需求灵活多样的第二批中小微非银行金融机构的优先股试点工作才是推动完善优先股制度的关键。

六、优先股试点工作的改进方向

既然是试点工作，自然是不成熟的，需要在试点工作过程中逐步发现问题，解决问题，并进而完善我国优先股制度，乃至类别股份制度。针对上文已提及的现行优先股试点工作的三个不足方面，本书提出如下建议。

（一）厘清优先股和公司债券在我国经济发展中的不同地位

这个问题的讨论是建立在优先股与公司债券之间的关系基础上的。根据本书第一章对两者之间的关系的探讨，两者泾渭分明，各司其职。但是正如上文所述，我国试点的优先股的债性强于股性，优先股试点工作也存在很多的不足之处。本书认为，无论是性质上的偏差还是工作存在不足，解决问题的前提在于如何认定优先股和公司债券在我国经济发展中的作用和地位。只有厘清了两者作用和地位，自然就会在相关法律法规的制定过程中进行有侧重有取舍的安排。

上文介绍的优先股试点工作的启动背景说明了优先股在我国的现实需要，其作为外来新生事物在我国发展已近 10 年，制度试点初期，因为担心在国外已较为成熟的优先股制度在中国水土不服，出现“橘生淮北则为枳”的现象，国家和相关机构从维护市场经济稳定的大局出发，对试点的优先股进行了限制，这是导致试点的优先股从理论上说存在诸多不足的主要原因。优先股试点工作充分说明优先股在我国目前的定位是为大型商业银行和企业解决现实融资困难的临时性资本工具，而非普适性的成熟优先股制度。迄今为止银行和非银行类上市公司发行优先股的具体情况也充分说明，以非公开发行、非强制分红、股利非累积为主的优先股纯粹是为了解决企业临时性融资困难的资本工具，不具有可持续发展的推广效应。而公司债券自 2007 年 5 月开始试点以来，已逾 16 年，从试点转常规的条件已经成熟，因此 2015 年 1 月出台的《公司债券发行与交易管理办法》中关于公司债券发行和交易的相关规定比较成熟，对公司债券的定位也非常准确。我国目前已全面实行股票发行注册制改革，形成了六大主要成效：一是探索形成了符合我国国情的注册制架构。二是提升了对科技创新的服务功能。科创板、创业板均设立了多元包容的发行上市条件。三是推进了交易、退市等关键制度创新。建立常态化退市机制，简化退市程序，完善退市标准，退市力度明显加大。四是优化了多层次市场体系。注册制改革是以板块为载体推进的。在此过程中，上交所新设科创板，深交所改革创业板，合并主板与中小板，新三板设立精选层进而设立北交所，建立转板机制。改革后，多层次资本市场的板块架构更加清晰，特色更加鲜明，各板块通过 IPO（挂牌）、转板、分拆上市、并购重组加强了有机联系。五是完善了法治保障。新《证券法》的实施，从根本上扭转了违法违规成本过低的局面。首例证券集体诉讼“康美案”判决赔偿投资者 24.59 亿元，成为资本市场法治史上的标志性事件。六是改善了市场生态。在一系列改革措施的推动下，资本市场的优胜劣汰机制更加完善，上市公司结构、投资者结构、估值体系发生积极变化，市场秩序更加规范，发行人和中介机构对市场的敬畏之心显著增强。

（二）加强优先股在中小企业投融资领域的功能

在优先股试点开始之前，最积极的莫过于需要提高资本充足率的大型商业银行，其次是想通过发行优先股进行并购重组的大型上市企业，而最迫切需要解决融资又不想失去企业控制权的中小型企业则在优先股制定过程中失去了话语权。由于中小企业个体力量太单薄，没有精力和能力去考虑除了经营之外的国家大事，尤其是专业性很强的立法和修法活动。虽然证监会等部门考虑到了中小企业对优先股的需求，但是却没有点对点地征求中小企业的意见，因此在试点工作中出台的相关规定并未充分顾及中小企业的需求。而且我国的优先股试点工作的发行范围并未包含中小企业，而是限定了上市企业和非上市公众公司。依据《非上市公众公司监督管理办法》第 2 条①的规定，非上市公众公司显然是具有一定规模的企业，包含部分中型企业，与小型企业则必然无关。符合非上市公众公司认定的中型企业一般均具有一定规模，其能够在融资谈判中占据主导地位，并具有一定的议价能力，严格意义上来说不属于本书所探讨的急需运用优先股融资的中小企业范畴。

在国际上，私募股权投资的特定案例中，如果用优先股作为投资工具，则优先

---

① 《非上市公众公司监督管理办法》第 2 条规定：“本办法所称非上市公众公司（以下简称公众公司）是指有下列情形之一且其股票未在证券交易所上市交易的股份有限公司：（一）股票向特定对象发行或者转让导致股东累计超过 200 人；（二）股票公开转让。”

股享有的优先权和限制往往是不同的，因为大部分国家允许公司设立不同权利的优先股，经过PE和企业相互协商和谈判，优先股呈现出多种多样的类型。而国内的优先股试点工作开展以来，发行的优先股的权利和限制大体相同，类型单一，这种发行优先股的案例和经验显然不适合中小企业借鉴。

对于中小企业来说，由于数量庞大，个体性差异明显，因此对于优先股的需求也是多种多样的，而试点工作采取严格法定主义，对优先股的发行主体、发行对象、发行数量及优先股的权利与限制等方方面面都予以了规定，灵活性很差。我国优先股经过试点后的发展方向，除了减少对发行主体和对象的限制外，对优先股的优先权和限制也应适当放宽，比照国际上较为成熟的立法例，增加优先股的多样性和灵活性。只有对各类优先权和控制权进行排列组合，才能适应不同企业的现实需求，才能在公司股份实践中不断促进优先股制度的发展。

（三）运用优先股推进国资国企改革

正如上文所述，优先股试点工作中并未考虑用优先股作为国企改革的资本工具。但是无论黄金股还是优先股，均能在国资国企改革进程中扮演重要角色，本书也一直强调类别股制度能够促进国资国企改革，因此在优先股试点工作推进过程中，需要着重考虑如何利用优先股促进国资国企改革的问题。因为优先股可将表决权和经济性权利分割开，如果可以将国有股转换成具有分配优先性但是表决权受限的优先股，则有助于在确保国有资产安全的同时缓解国有控股带来的管理不善和中小股东缺席问题。[①] 与此相反，如果国有股份在公司中是小股东，而该公司又涉及公共利益问题，可以通过增加国有股份的表决权的制度设计来维持国有股份的话语权并保持公司的发展方向。前文中黄金股和双层股权结构就是较为成熟的制度设计，黄金股也可以作为公益类国有企业改革可借鉴的制度。此外，以笔者曾经审理过的一个商事纠纷案件为例，某高校是A公司的小股东，其依据《公司法》第20条，起诉A公司的大股东阮某和王某，认为阮某和王某滥用股东权利损害其利益。案情：阮某和王某提议A公司增资扩股，将注册资本从1000万元增加到2000万元。召开股东会时，某高校投了反对票，但是因其仅持有28%的股份，因此上述提议得以通过。增资扩股过程中，某高校未依据股东会决议增加资本，阮某和王某用现金的形式出资，获得86%的股份，而某高校未出

① 参见龚博：《以优先股制约国有股控权的制度设计》，载《法学》2012年第10期。

资,因此股份减少成14%。于是某高校认为其股份被稀释,起诉阮某和王某,认为其损害高校利益。后来经法院调解,某高校决定退出,经过法定程序,将股份溢价转让给了阮某和王某,案件的处理结果达到了法律效果和社会效果的统一,但是纠纷的发生也启迪我们进行深入思考。即如果国有股份在公司中的股份比例不高,则如何保护国有小股东的利益?在上述案件中,某高校还提出A公司发展很好,但是分红很少,其想退出又没有办法,公司成立至今分配的红利还不够此次增资的数额,因此情绪很大,认为阮某和王某有损害国有资产的故意。

总之,国有股东如果是公司大股东,会担心公司缺乏有效治理结构而带来公司运营效率低下等诸多负面价值效应。国有股东如果是公司小股东,则又担心大股东利用公司控制权在股利分配和公司结构变化等方面损害小股东的利益。这时候就该类别股份上场了,在与国家安全和公共利益无关的行业,将国有控股的公司中部分国有股份通过周密的安排转化为优先股后,可以在保证国有股股东地位不变的前提下,通过国有公司内部股东表决权的制衡提高公司的运营效率。制衡性的公司治理结构能有效的提高公司治理效率。国有控股股东放弃部分股份的表决权,不再在公司决策时“一股独大”,换取的是稳定的股利,甚至可以约定向上浮动的股息率,分享公司发展壮大的红利。而且部分股份换成优先股并不必然失去公司的控制权,一旦公司经营不善或其他原因导致一定期间不分红,则国有优先股的表决权复活,重新取得公司决策的控制权,从而达到权利与义务的完美平衡。另外,作为国有小股东的国有股份,如果转换为优先股,则不但能获得稳定收益,表决权的限制也不影响股东地位,因为小股东的表决权本身也缺少话语权。当然,在部分重要和关键行业,国有股份可以用黄金股来制约公司行为,防止发生不利于公共利益或国家安全的公司行为。随着顶层设计的不断完善,国企混改已然成为新时代国企改革的方向,在改革过程中中小股东的权益不容忽视,可以通过加强监管和完善法律制度来实现对中小股东的保护。监管机构应当对国企混改过程进行严格监管,防止利益输送、内幕交易等行为的发生。同时,应完善相关法律法规,明确中小股东的权益保障机制,加大对侵害中小股东权益行为的处罚力度,提高违法成本。

强化国有优先股股东的收益权是新时代的国有企业改革的核心,国有优先股股东,即在国有企业中持有优先股的国有股东,他们的身份是由强化国有资本收益功能、将竞争领域的国有企业国有股权转化为优先股的混合所有制改革所形成的。将部分国有股份依据不同行业不同情况转化为以优先股为代表的类别股，是国资国企改革的有益尝试，虽然还需要建立和完善缜密的制度设计。优先股试点工作相关规定明确，公司可以发行优先股作为并购重组的支付手段，这是优先股的一个重大作用和突出亮点，与我国政府近年推动的混合所有制改革方向一致，有利于改善国有企业的资本结构，也为调整我国产业结构提供了一个新的解决方案。但是在实践中，暂时还未有国有企业运用优先股进行资本结构调整，原因可能是试点工作刚刚开展，大多数国有企业对于如此重大的变革尚未做好心理预期和准备工作，随着优先股试点工作的进一步推进，公司股份制度将日益成熟，类别股份制度将为国资国企改革作出重要贡献。

第四章 类别股份制度在我国的应用：借鉴与改革

优先股试点工作的启动，以及优先股在国内大型商业银行进行的实践，使得类别股份制度在我国得以重新从理论上的讨论提升到实践的阶段。类别股份制度在我国的发展历程如下：20 世纪 80 年代，优先股制度在地方政府规章层面确立。1992 年 5 月 15 日，国家经济体制改革委员会发布《股份有限公司规范意见》，允许股份有限公司发行与财产利益相关的优先股，规定优先股股东较之普通股股东享有优先分配权及优先清算权等财产性权利，优先股制度开始实践。1993 年 12 月 29 日，全国人民代表大会常务委员会发布首部《公司法》，其中第 135 条规定："国务院可以对公司发行本法规定的股票以外的其他种类的股票，另行作出规定。"但之后一段时间，我国关于优先股、类别股的立法和实践无重大进展，甚至之后我国又通过各种方式（如股改）消灭了优先股的存在，直到 21 世纪初，设立类别股制度的讨论又开始出现。2005 年 11 月 15 日，国家发展改革委、科技部、财政部、商务部、中国人民银行、国家税务总局、国家工商行政管理总局、中国银监会、中国证监会、国家外汇管理局联合发布了《创业投资企业管理暂行办法》，该办法第 15 条明确规定："经与被投资企业签订投资协议，创业投资企业可以以股权和优先股、可转换优先股等准股权方式对未上市企业进行投资。"由此可见，类别股的制度设计以"准股权"的形式再度引起关注，但由于"准股权"的定位较为模糊，其与股权之间的区别和联系也并不清晰，这一管理办法并未充分实现其预计效果。2013 年 11 月 30 日，国务院发布了《优先股指导意见》，优先股试点工作终于启动。2014 年 3 月 21 日，证监会发布了《优先股试点管理办法》，明确在上市公司和非上市公众公司中推进优先股试点工作，进一步细化对优先股发行和交易行为的相关规范。优先股试点工作在我国公司法股份制度建设上是一个质的飞跃,它的实践表明类别股份制度在我国从理论空谈转入实务实践,体现出我国设立类别股份制度的决心。

但国内学者对类别股份制度的关注却是近几年发生的,之前对类别股制度的研究也很少。A 股市场自 2007 年大涨以来已熊了很久,国内投资渠道有限,社会闲散资金只能到处炒作,而无法真正进入实体经济,为经济发展作出贡献。于是我国法学界的学者开始意识到普通股不足以吸引所有的投资者,还需要类别股予以补充。尤其值得关注的是类别股份制度对于风险投资者来说远比对赌协议要有吸引力,投资者开始大力倡导类别股制度,期望用类别股份制度代替对赌协议,用类别股份制度保护他们的投资。

在过去的几年里,我国对于多重表决权股的监管政策逐渐松动,为企业提供了更多的发展机遇。这一变革的起源可以追溯到 2018 年上半年,证监会发布了一系列重要文件,为存在差异化表决权安排的红筹企业回归 A 股市场铺平了道路。2018 年 9 月 26 日,国务院发布了《关于推动创新创业高质量发展打造"双创"升级版的意见》,这份文件明确表示支持科技企业实行"同股不同权"的治理结构。这一政策旨在鼓励创新型企业,尤其是那些发展潜力巨大但尚未盈利的创新型企业,在国内上市或在新三板、区域性股权市场挂牌。

经党中央、国务院同意,中国证监会于 2019 年 1 月 30 日发布了《关于在上海证券交易所设立科创板并试点注册制的实施意见》,确立了科创板上市公司特别表决权制度,允许特殊股权结构企业上市。紧接着在 2019 年 3 月 1 日,上海证券交易所发布了《上海证券交易所科创板股票上市规则》,该规则明确表示接受存在表决权差异安排的公司的上市申请。这一规则的出台,标志着我国资本市场对于表决权差异安排的公司给予了正式的认可。2019 年 6 月 21 日,最高人民法院发布《关于为设立科创板并试点注册制改革提供司法保障的若干意见》,从司法审判的角度认可科创板上市公司在上市前经股东大会特别决议作出的差异化表决安排,尊重科创板上市公司构建与科创新特点相适应的公司治理结构,在司法层面上首次肯定了"同股不同权"的公司治理安排。2020 年 1 月 20 日,一家名为"优刻得"的科技公司成为首家在科创板上市的存在表决权差异安排的股份有限公司。这一事件标志着我国资本市场在表决权差异安排方面取得了重要的突破,为后续类似企业上市提供了借鉴。

不难看出,虽然我国对于类别股制度的态度较为谨慎,但一直处于探索之中。

随着我国资本市场的不断发展，普通股的"一股一权"及"股东同质化"的假设与实践中股东的多元需求样态严重不符，无法满足市场的现实需求，不利于促进资本市场的进一步发展。因此，新《公司法》修订过程中将类别股的制度设计纳入讨论。最终，《公司法》第 144 条吸收了 2013 年《优先股指导意见》的相关规则，正式引入类别股的发行规则，规定公司可以按照公司章程的规定发行下列与普通股权利不同的类别股：(1)优先或者劣后分配利润或者剩余财产的股份；(2)每一股的表决权数多于或者少于普通股的股份；(3)转让须经公司同意等转让受限的股份；(4)国务院规定的其他类别股，并限定公开发行股份的公司不得发行前款第 2 项、第 3 项规定的类别股；公开发行前已发行的除外。由此，类别股制度在我国得以正式在立法层面确立。虽然新《公司法》仅对部分类别股种类进行了列举，但第 4 项的规定为未来类别股种类的多样化提供了渠道，即对于其他特殊权利的类别股，需要通过国务院出台的规定予以明确。此外，法规并未禁止通过股东协议的方式对于特殊股东权利进行约定，股东仍可以通过股东协议的签署对于股东其他特殊权利(如反稀释权、回购权、拖售权等)进行约定。此外，新《公司法》将类别股的发行主体范围限定于股份有限公司，并未提及有限责任公司类别股的制度设计。但考虑到法规并未禁止通过协议约定的方式赋予股东特殊权利，在有限责任公司中，仍可通过股东签署协议的方式明确各股东的特殊权利。并且既然此次新《公司法》修订中突破了原来坚持的"同股同权"原则，表明了立法对于类别股的接受和支持态度，也许未来对于类别股的制度设计有进一步放开至有限责任公司的可能。

一、类别股立法的基本原则

要为类别股份提出立法建议，首先需要明确立法的基本原则。依据我国《立法法》总则①中关于立法的基本原则，类别股份制度在设计时必须体现党的领导原则、以经济建设为中心原则、合宪原则、法治原则、民主原则和科学原则。党的十九大报告指出，全面依法治国是中国特色社会主义的本质要求和重要保障。党的领导是依法治国的灵魂，社会主义法治必须坚持党的领导，党的领导必须依靠

① 《立法法》的总则部分规定了我国立法的基本原则，其中第 3 条规定了党的领导原则，第 4 条规定了以经济建设为中心原则，第 5 条规定了合宪原则和法治原则，第 6 条规定了民主原则，第 7 条规定了科学原则。

社会主义法治。坚持党的领导,是社会主义法治的根本要求,是党和国家的根本所在、命脉所在,是全国人民的利益所系、幸福所系,是全面推进依法治国的题中应有之义。因此,对于立法工作首要的是要坚持党的领导。经济建设和法治建设是紧密相关的,在一个国家或地区中,经济建设需要依靠有效的法治体系来保障和推动,而法治建设也需要有良好的经济基础来支撑和发展。建设社会主义法治国家,使法治建设与改革发展相得益彰,适应坚持和发展中国特色社会主义的客观需要,已经并将继续为我国经济社会发展提供有力法治支撑。因此,此次《立法法》修订新增了以经济建设为中心原则,明确提出立法应当坚持以经济建设为中心,坚持改革开放,贯彻新发展理念,保障以中国式现代化全面推进中华民族伟大复兴。党的十八届四中全会通过了全面推进依法治国若干重大问题的决定,习近平总书记在第一个国家宪法日作出重要指示,强调坚持依法治国首先要坚持依宪治国,坚持依法执政首先要坚持依宪执政。宪法是国家根本法,是党和人民意志的集中体现,是国家各种制度和法律法规的总依据,是治国理政的总章程,具有最高的法律地位、法律权威、法律效力,在国家和社会生活中具有总括性、原则性、纲领性、方向性。因此合宪原则是立法的最基本原则,而法治原则、民主原则和科学原则是现代法律制度设计的基本原则,均属于不用探讨必须适用的原则。类别股份制度在设计时除了遵循上述六个基本原则之外,还需要结合类别股份制度的特殊性来探讨更具有可操作性的原则。

(一)利益平衡原则

类别股份存在的基础是通过类别权的设定充分反映各方主体的利益需求并达到公司内外主体的利益平衡。公司是股东投资的产物,也是股东谋求各种利益的工具,无论是股东还是公司经理,无论是董事还是债权人,他们与公司发生法律关系的目的无非就是获取利益,或者物质利益,或者精神利益。公司股东的利益平衡对公司治理是至关重要的,股份公司发行类别股份之后,将导致类别股股东与普通股股东及其他公司主体间产生利益冲突,而利益冲突的存在会对公司经营发展产生障碍,如果不加以解决甚至会导致公司陷入僵局,甚至可能被迫解散,这样的结果对股东以及市场来说是两败俱伤的。股东利益平衡其实就是对股东之间财产性权利以及表决权的妥善配置,如某些创始股东可能希望控制公司,而某些小投资者可能更关心自己的收益,平衡这些利益的任务,可以由类别股制度来完成。比如优先股发行后,优先股股东在股利分配、剩余财产分配等方面享有优先权，对于普通股股东来说是不利的，因此需要对优先股的其他权利进行限制，比如限制优先股在公司控制权（公司经营决策权）方面的权利，实践中优先股股东的表决权往往受限。虽然优先股股东在财产权方面获得了优先权，但公司发行优先股之后公司资本得以增加，公司现金流得以改善，公司经营状况会有好转，而普通股股东维持了公司的控制权，从而避免了公司主体的冲突加剧而影响公司的经营发展。这就是利益平衡。

类别股可以依据类别权的不同排列组合而衍生出很多种类，因此需要依据不同种类的类别股设计出不同的利益平衡方法。利益平衡既是基本原则也是根本理念，体现到合同层面，即设计类别股契约的不同权利义务关系，反映到公司法层面，就是设计出不同的冲突治理范式。

（二）契约自由原则

契约自由原则又可称为意思自治原则。[①] 按照 2023 年 MBCA 第 6.01 节的规定，在公司章程中载明的关于类别股的优先性、权利和限制等条款构成了相关类别股持有人在公司中所具有的权利所达成的“合同”。根据卢梭的社会契约理论，法律应是公共意志的体现，本质上也是一种社会契约的产物。此外，意思自治原则是民商法的基本原则之一，而契约自由原则是意思自治原则在类别股制度中的具体体现。因此，在设计类别股份制度时，需要体现契约自由原则。

具体地说，公司是否设置、发行类别股，以及类别股的权利的具体内容，都应当交给公司自治决定，并由公司自由选择。公司对类别股的态度，应由公司普通股股东以及董事等主体自由协商，第三人无权非法干涉。契约自由原则的贯彻，主要涉及以下两点：第一，公司自由决定涉类别股制度的相关事宜。公司法等商事法应明确公司章程可以规定的具体事项，包括但不限于股利是否可累积，是否可转换成普通股，是否可回赎，股息率及发行、转换和回赎的定价标准等。第二，该自由并非没有边界。公司法等商事法应当明确规定类别股份制度的基本条款，使类别股得到现行法的认可，并出台一部分强制性规范，并使之在制度标准和操作规范层面有法可依，为契约自由可能导致的无序状态提前设定规范，使类别股份制度实践在一定的框架内进行，保护类别股股东的权利，平衡各方的利益，避免

① 之所以选择用契约自由原则命名本节标题，而非意思自治原则，是为了突出类别股合同的契约性，从而强调类别股合同的不完全性。

公司陷入僵局。这些具体操作层面的内容由公司依据内部程序在章程中予以规定,归属任意性规范,能弘扬契约自由、私法自治和意思自治精神。

(三)类别股东权利保护原则

权利保护原则也是世界各国立法的基本原则,法律应当保护合法的权利,这是法律得到尊重和遵守的基础。根据《民法典》第3条的规定,民事主体的人身权利、财产权利以及其他合法权益受法律保护,任何组织和个人不得侵犯。随着法治的进步,多数人的权利保护原则已经被成文法和判例法所规定和认可,这方面的规定具体而详尽。当今法学界需要重点关注的是对少数人权利的保护,这是法治进步的必然趋势。具体到公司法和证券法领域,就是对少数股东的权利保护问题,而类别股股东毋庸置疑是属于少数股东的范畴,因此类别股份制度的设计需要考虑对类别股股东权利的保护。假如类别股股东权利得不到保护,则类别股份制度即使建立也会名存实亡。

总体来说,可以从事前制度设计和事后司法干预两个方面全面保障类别股股东的权利。具体地说,在设计类别股份制度时,需要明确普通股与类别股之间的权利差异。首先,要建立类别股股东保护的基本原则和制度,包括设计详尽的类别股东表决机制、异议股东股份回购请求权制度、独立董事制度和董事的信义义务制度等,这些制度将有助于确保类别股股东在公司决策和治理过程中享有公平的权益。其次,要尽量明确类别股股东的类别权,并在普通股和优先股可能发生冲突的方面进行具体制度设计平衡各方主体的利益,这包括对类别股股东在公司决议、利益分配等方面的权益进行合理划分。此外,还要设计相关司法干预制度,切实保障公司法律关系各方主体的合法权利,尤其是类别股股东的合法权利。司法干预制度的具体设计应结合公司法、证券法等相关法律法规,对公司股东大会、董事会等公司治理机构的决策过程进行监督和审查。最后,在实施这些制度的过程中,我们还需要关注类别股股东权益的保护措施是否切实可行,是否能够有效地防止滥用权利、损害公司和其他股东的利益。这需要不断对制度进行优化和完善,以适应市场环境和公司治理的实际需求,维护公司治理的稳定,促进资本市场的发展和优化资源配置。

(四)符合国情原则

20世纪80年代我国就在部门规章的层面推行过优先股,且与2013年开始的优先股试点工作相关规定近似,甚至比2013年的优先股试点规定更完善,但是却没有进一步推广。笔者认为主要原因是20世纪80年代的优先股制度不符合中国国情,中国当时的经济社会发展程度以及公司制度的规定尚不能接受优先股。虽然世界大部分发达国家都已规定类别股制度,但是也不必然意味着中国应当且必须追随其他国家法律制度发展的步伐,因为不同国家建立类别股份制度的条件和目的是千差万别的,正因如此,不同国家的类别股份制度也是不完全相同的。

我国是社会主义国家,存在大量国有企业或者国有法人股,这些国有股份在新中国成立初期稳定经济发展方面起到了至关重要的作用,但是在国有企业和国有控股企业的治理中"一股独大"现象严重,中小股东利益保护问题突出,国有股在一定程度上影响了企业的运营效率,阻碍了企业的进一步发展壮大,因此从有利于国有企业或国有控股企业的发展,促进企业建立更为有效的治理体制与机制角度考虑,深入推进国有企业改革已迫在眉睫。虽然类别股份制度是解决上述问题的一个很好的途径,比如通过一定的制度设计,将国有股、国有法人股转换成优先股或黄金股就是很好的方法。又如,在对赌协议第一案出现之前,VC和PE对创业公司的投资往往采用对赌协议的方式,但是国家和政府一直没有给予对赌协议一个说法,对赌协议也走在合法与非法的边缘或者说灰色地带,该案出现后,现实的问题摆在了司法系统面前,如何处理对赌协议成为案件审理法院非常棘手的事情,该案的处理结果也牵动着所有存在类似问题的VC和PE的心。虽然最后法院给出了一个较为公平合理的判决结果,但是由于没有更好的替代方式,对赌协议在创业公司中还是大量存在。此外,一个法律制度的引进还需要考虑其在和谐社会建设中扮演的角色和发挥的作用。总之,只有国家和政府以及学界主流观点意识并认可类别股份制度在推进国企改革和优化创业投资方式以及拓宽投融资渠道等方面的优越性,类别股份制度与中国国情相结合,类别股份制度才得以被引进中国并发挥最大的社会效益。

目前,随着我国经济的持续发展和资本市场的不断完善,股权融资市场正逐渐成为各类企业获取资金、扩大规模的重要途径。在这个过程中,境内公司在股权融资时所面临的投资人群体类型日趋多样化,不同投资人群体在交易惯例理解、投资风险偏好、投资目标定位以及对目标公司了解程度等方面存在显著差异,因此,融资主体需要根据不同投资人的需求,提供更为合适的融资工具。另外,融资主体在不同时点需要针对创始人、员工和投资人等不同类别的股东群体,合理安排股权架构。这有助于公司成为凝聚各方利益的载体,拓宽融资渠道,降低融资成本,提高股权融资的成功率,实现企业的长期稳定发展。类别股制度为融资主体满足各类投资人的利益诉求、最大限度实现融资功能提供了有效基础,通过类别股制度,融资主体可以设计出符合商业目的的股份类别,满足不同投资人的需求,如为风险承受能力较强的投资人设置优先股等。总之,随着我国目前股权融资市场的日益成熟,融资主体需充分考虑不同投资人群体的需求和特点,提供合适的融资工具,同时,也需要合理安排股权架构,以满足各类股东的利益诉求。类别股制度能最大限度地实现融资功能,为企业的发展提供有力支持。因此,在不断优化股权融资市场的过程中,创新引入类别股制度可以使各类企业更好地发挥自身优势,实现可持续的高质量发展,符合我国国情。

二、类别股立法的模式选择

前文已介绍了大陆法系和英美法系关于类别股份制度的相关规定。两大法系在发展过程中并非绝缘,而是相互借鉴、相互渗透、取长补短。设计我国类别股份制度自然需要借鉴西方发达国家成熟的经验,但是法律制度需要与国家社会经济发展情况相匹配。因此我国的类别股份制度应当与我国国情相结合,不能照抄照搬西方国家现有的制度规定,而是在借鉴的基础上,去粗取精,去伪存真,实现批判性、创造性的转化。

本书认为,我国的类别股立法应当较多地借鉴和引进大陆法系国家立法的成熟经验。理由如下:一是由于立法者对引进和发展类别股制度存在一定顾虑,担心类别股份制度出台步伐太快会阻碍经济的可持续发展,从而导致前期我国优先股试点工作范围过于狭小,类别股制度在我国的发展前景堪忧,因此借鉴优先股试点工作方法,采用成文法的形式推进类别股份制度建设,对类别股制度的每项具体规定都进行详细的推敲之后再实施,那么推进的阻力会小得多。二是本书主张引进类别股股份制度的主要目的是解决公司投融资、国有企业改制和我国股份与国际通行惯例脱轨适用性较差的问题,以及提高公司运营效率等,有着很强的目的性和针对性,因此,从达到特定目的或解决特殊领域问题出发逐步制定成文的类别股份规范会给人一种循序渐进、有条不紊的感觉,从而更容易获得各方面的支持。三是英美法系授权式立法体系对董事会的授权很大,这种授权式的立法体例对少数股东的利益保护是不利的;但是英美国家对于少数股东保护的相关规定却弥补了这个问题。而我国公司法实践中对少数股东权利保护的理论和实践都远远落后于西方国家,对少数股东权利保护的相关措施也还停留在理论探讨的阶段。四是我国的法律体系、法治文化与大陆法系比较接近,采用成文法的形式,既尊重意思自治,又强调国家的合理强制性干预,在《公司法》《证券法》等法律中存在很多的强制性规定,强调安全性和稳定性。

但是如果过分强调安全和稳定,则可能对效率有伤害。比如,我国《公司法》的强制性规范过多,实践中工商行政部门为了便民和提高服务水平提供了公司章程模板,但却未指导公司在哪些方面可以修改公司章程,也未引导公司发挥主观能动性,甚至某些地区的工商行政部门对修改后的公司章程进行严格审查,不允许修改,否则不予注册。另外,公司在设立时也担心工商行政部门反对修改章程模板或者担心制定个性化公司章程影响注册和取得营业执照。因此导致我国现在的公司章程内容千篇一律,极大地遏制了公司治理结构的优化和公司发起设立者的主观能动性,也影响了《公司法》的发展。反观英美国家实行授权性的立法体例,大力推动了公司在治理结构和融资模式上的创新。即使是大陆法系国家,也是部分借鉴了适合自身体系发展进步的英美法系的成功经验,增加任意性规范,放松对公司章程的管制,增加公司章程的自治性。2001 年法国修订公司法,2005 年日本修订公司法以及 2012 年韩国修订公司法均授权公司章程更大的自治性。正如上文所述,选择一个适合我国经济社会发展现状的公司法制度和类别股份制度需要符合我国国情。中国历来推崇不偏不倚,折中调和的处世态度,这种中庸之道体现在我国文化和社会发展的各个方面。我国的法治建设同样如此,立法者倾向于在强制性规范和任意性规范之间选择一个合理、恰当的边界,汲取大陆法系和英美法系各自的优点,从而建设具有中国特色的社会主义法治体系。

参照已经开始试点的优先股制度和新《公司法》中已引入的类别股规则,在进一步完善类别股制度时,应当还是以大陆法系立法体例为主,以强制性规范为主导,突出对类别股股东权利的保护和公司主体之间利益的平衡,同时采纳现代公司法制度发展的趋势,突出任意性规范,逐步增加公司章程的灵活性。下面,本书具体分析一下适用强制性规范和任意性规范的方面。

第一,适用强制性规范的方面。英美法系下公司法多为示范性规范和法律默示性规范,法律授权公司和股东自行协商订立章程以确定相互间的权利义务,体现私法自治精神。我国的公司立法也借鉴英美法系的特色,在 2014 年新的修正中增加了授权性规范,给予了股东更多自治权。但是在推行类别股份制度的初期,可参照优先股试点工作安排,在优先股试点工作的基础上全面推行类别股份,还需强调国家对类别股份制度中各方利益的平衡和权利义务的分配,尤其是对类别股股东权利的保护,应当适用强制性规范,约束公司章程的边界。关于强制性规范的设计,大体包括以下几个方面:(1)信息披露规则。优先股试点工作就是坚持平稳起步原则,从信息披露较充分、公司治理较完善的上市公司和非上市公司开始试点。一方面,信息披露是为了保护投资者的知情权,在充分了解类别股产品的前提下,投资者自行做出决策;另一方面,如果发行类别股的公司对相关信息披露不充分,则会影响类别股的发售,尤其是公开发行类别股,投资者对模糊产品会“用脚投票”,一旦发行出现问题会对公司整体利益造成不利影响。(2)与公司治理有关的基本规则。包括但不限于公司管理层对类别股股东的义务和责任,股东大会和董事会议事规则的变化,类别股东大会的设置及决策程序,公司重大事项决策的表决办法等。(3)类别股权利设置规则。按照境外类别股制度的成熟经验,采用法定式立法例的国家往往会明确规定类别股享有的类别权。以《优先股指导意见》为例,主要规定了优先股股东如何优先分配公司利润和公司剩余财产,优先股是否可以回购、是否可以转换为普通股,优先股股东的表决权限制及恢复等。(4)类别股权利保护规则。没有权利的保护就没有权利。所有法律法规有个共同的特点,一旦设定权利,接着就会规定相关保护措施,从而为权利受到侵害后如何救济提供法律依据。

第二,适用任意性规范的方面。我国《公司法》强制性规范过多的状况一直未得到有效改善,公司章程往往采用工商局提供的格式文本,导致公司治理结构千篇一律,章程没能发挥出应有功能。为了体现私法自治的精神,以《公司法》为首的法律法规对需要公司和股东进行谈判博弈的事项应当充分授权,允许公司对类别股运作的具体细节进行创设。比如,对于经济权利享有的先后顺序和表决权的限制、排除或放大;对于股息是否可累积或可以参与一般分配;公司或者股东是否有权要求回赎优先股;优先股是否在一定情况下转换为普通股等方面进行规定。另外,有关类别股的程序性事项,比如,类别权表决权的范围和表决权复活的条件等均可通过公司和股东的自由协商进行设置。

依照上述分析,新《公司法》对类别股的制度设计兼顾了强制性规范和任意性规范两个方面,但仍有进一步补充完善的空间。在引入类别股制度的基本路径上,新《公司法》采取了类别股法定模式,避免因为部分主体过度意思自治导致其他相关主体利益受损。新《公司法》第 144 条对类别股进行了详细列举,囊括了财产分配型类别股、表决权型类别股和限制转让型类别股三大类型。与此同时,第 144 条第 4 款用"国务院规定的其他类别股"为灵活引入其他类别股类型留下空间,既具强制性又兼顾了开放性。新《公司法》第 145 条进一步规定:"发行类别股的公司,应当在公司章程中载明以下事项:(一)类别股分配利润或者剩余财产的顺序;(二)类别股的表决权数;(三)类别股的转让限制;(四)保护中小股东权益的措施;(五)股东会认为需要规定的其他事项。"由此可见,其一定程度上考虑到了信息披露规则和类别股权利保护规则,但相关规范仍需随着类别股制度在我国的发展进一步细化。此外,新《公司法》第 146 条也规定了类别股制度下的公司治理,引入了类别股股东表决权的行使规则,明确类别表决权适用的典型情形,同时也考虑到了类别股的权利保护。

从上述条文中不难看出,目前我国对类别股制度的设计比较谨慎,仅规定了较为基础的规则,并未针对中小股东的权益保障和救济途径进行更为详细的规定,也未引入域外较为成熟的"异议评估机制""日落条款"等机制。从中小股东利益保护方面来看,新《公司法》第 145 条要求公司章程明定中小股东权益保护措施,实质上是将保护中小股东权益的具体操作交由公司自定。现实中发行类别股的公司倾向于保护高表决权股东对公司的控制,中小股东的利益可能被忽视。此外,限制高表决权股东表决权滥用的有效机制之一的"日落条款"在新《公司法》中未被提及。"日落条款"的作用是担任终止契约的使命,能够有效平衡利益冲突,终止类别股上的类别权。"日落条款"的灵活设计可以在不妨碍公司治理结构自由选择的前提下,对中小股东的权利进行保护,因此,引入这一制度实有必要。

总之,考虑到类别股制度的理论优势和现实需要,我们还需要结合实践经验,进一步完善配套规则,加快形成完整的类别股制度体系。

三、类别股制度的利益平衡范式

(一)厘清优先股合同解释原则

前文已分析类别股的债权性和股权性。优先股的债权性特征体现在优先股合同上,诸如对于股利分配、剩余财产分配、回赎和转换方面的约定都体现在优先股合同中,而优先股合同又是一个不完全合同。正常情况下,较为完善的公司治理结构推动公司向前发展,公司经营有序进行,但是一旦公司面临并购等重大事宜时,公司内外利益错综复杂,利益平衡机制有可能失效,此时作为少数股东的优先股股东的地位非常尴尬且脆弱,其权益有受到损害的危险。比如在并购的情况下,类别股可能会在董事会的自由裁量下获取一定对价而被转换成普通股,也有可能按照优先股合同的约定而继续存续公司。即使有类别股东会议的兜底保护,但是在公司重大决策提出前,作为少数股东的优先股股东会被如何对待,则除依据公司章程的规定外,主要还是取决于董事会对重大事项的安排和决策。

一旦优先股合同的不完全性导致利益冲突的发生,那么需要通过合同解释来加以补充完善,除了补充合同存在的漏洞之外,主要是为了保护优先股股东的权益。于是,从民法解释学的角度,对优先股合同采取何种解释方法更能维护公平和正义,并兼顾优先股股东的保护的问题,就摆在了法院面前。

1. 美国法下的优先股合同解释原则

美国联邦第二巡回上诉法院在 Guttmann v. Illinois Central R. Co. 一案确立了优先股合同按照文义进行严格解释原则。法院在该案中认为"合同就是合同。因公司章程没有规定优先股股利是否可以累积,而法院不能为合同当事人增加双方没有协商过的权利义务,因此应依据合同文义进行严格解释"。① 该案在美国法上为以后涉及优先股合同解释的案例所援引并确立了合同文义严格解释原则。

特拉华州法院处理了美国大部分的优先股争议。从 1980 年起,Westlaw 上可查的涉及优先股的案件 60% 由特拉华州法院进行了裁决。② 因此,下文以特拉华州法院的裁决为范例来深入探讨美国法院系统如何对优先股合同进行严格文义解释。

一般来说,构成一家公司股本的所有股份在普通法上都是平等的,优先股股东所享有的优先权必须通过公司与普通股股东之间订立的合同进行明确规定。③ 相应地,想要知道优先股拥有什么权利需要看相应的成立证书契约性创设了怎样

---

① Guttmann v. Illinois Central R. Co. No. 238, Docket 21801.

② William W. Bratton & Michael L. Wachter, *A Theory of Preferred Stock*, University of Pennsylvania Law Review, Vol. 161, p. 1821 (2013).

③ See Equity - Linked Investors, L. P. v. Adams, 705 A, 2d 1041, 1042 (Del. Ch. 1997).

的权利和义务。[①] 但是,即使在合同中没有明示约定,优先股仍然拥有一些超越合同的剩余权利存在。在 1986 年的 Jedwab v. MGM Grand Hotels. Inc. 一案中,[②]法官确定了这样一个规则:“如果事项涉及将优先股和普通股区分开的优先权以及限制,则公司和其董事的义务本质上是合同性的且该等义务的范围应参照合同的具体文字适当确定;但是,如果所主张的权利并非相对于普通股的优先权而是与普通股共享的权利,则该权利的存在以及相应义务的范围可以用衡平法以及普通法上的公平标准进行衡量。”因此,根据 Jedwab 一案,在董事会分析优先股股东的权利时一个基本的问题就是判断优先股股东主张的权利是契约性的(优先权利)还是衡平法上的(契约外的剩余权利)。但是,特拉华州法院却未能制定一条明确原则可协助董事进行该判断。[③]

在对成立证书或名称证书的条款授予了优先股股东何种权利进行解释的时候,特拉华法院首先会考虑合同解释的基本原则。[④] 法院会将整个证书作为整体进行考虑并尽量对所有条款进行一致性解释以确定意图赋予该证书的任何部分的含义。[⑤] 优先股股东的特殊权利将会被严格解释,必须清楚表述而不得倚赖假设。[⑥] 由此,在大多数情况下,优先股股东不同于普通股股东的权利在该种优先股被创设之时以合意达成之合同条款进行了确定。[⑦] 在 LC Capital Master Fund, Ltd. v. James 一案中,首席法官 Allen 认为:“在特定交易环境中,当优先股的权利被明确规定,董事会应尊重这些权利。在某种程度上,如果董事已经这样行为,就没有必要采取进一步行动把一些没有规定的信义利益转移给优先股股东,并以牺牲普通股权益为代价扩张优先股的权益。”法院维持了之前对优先股合同严格

---

① See Rothschild Int'l Corp. v. Liggett Group, Inc. 474 A. 2d 133, 136 (Del. 1984).

② Jedwab v. MGM Grand Hotels. Inc. 案中原告 Jedwab 是 MGM 公司的优先股股东。Jedwab 原是 MGM 公司的普通股股东,该公司为了补偿因公司遭遇大火导致普通股贬值而提出将普通股转换为优先股,且约定清算时每股价格为 20 美元。Jedwab 持有的普通股转换成了优先股。后来,同时持有普通股和优先股的 MGM 公司的主要股东 Kerorian 提出将 MGM 公司与 Bally 公司合并,MGM 公司的所有股东的股份都将被公司回购。因优先股股东无表决权,故无法阻止合并的通过,最终每股普通股的回购价格是 18 美元,每股优先股的回购价格是 14 美元。于是原告提起诉讼,请求法院禁止该公司合并。

③ See Moore Bus. Forms, Inc. v. Cordant Holdings Corp., 1995 (Del Ch. Nov. 2, 1995).

④ See NBC Universal, Inc. v. Paxson Commc'ns Corp., 2005 WL 1038997 (Del. Ch. Apr. 29, 2005).

⑤ See Ellingwood v. Wolf' Head Oil Refining Co., 38 A. 2d 743 (Del. 1944).

⑥ See Rothschild Int'l Corp. v. Liggett Group, Inc. 474 A. 2d 133, 136 (Del. 1984).

⑦ See Wood v. Coastal States Gas Corp., 401 A. 2d at 937 (Del. 1979).

文义解释的原则。[①] 因此,文义解释是确定优先股权利的前提和基础,严格的文义解释有助于明确优先股和普通股权利的界限,并减少涉及优先股权利及评估权行使中的估值争议。一般认为,就优先股股东拥有的不同于普通股的优先权而言,董事对该等优先股股东不负有忠实义务,但是公司对优先股股东可能负有合同法上的诚信义务。[②] 一旦董事会承认一项优先权是契约性权利,其就该优先权对优先股股东不再承担任何额外的义务。[③] Jedwab 案所确定的规则在实践中也遇到了很多问题。一是需要界定优先股股东契约权利的范围。既然优先股股东在合同外也存在权利,那么在判断公司行为时需要去考虑该行为是针对优先股的优先权还是与普通股共享的权利。[④] 二是无法避免普通股和优先股之间的利益冲突,且公司董事和高级管理人员在遇到此类冲突时会从公司整体利益出发选择维护普通股股东的权利。[⑤] 由于上述两个问题的存在,一旦法院认定公司行为涉及优先股的优先权,则可能反而导致对优先股合同权利的限缩解释和狭义理解,无论法院是否援引该优先权,优先股股东都将无法获得契约外的权利保护。

当一个条款文义不清时,法院将会按照字面进行解释,并且任何文义不清都应当作出对被质疑的优先性、权利或权力不利的解释。[⑥] 虽然特拉华州法院认为在所有的合同(包括成立证书)中都有诚信以及公平交易这一暗示义务,但是法院拒绝采用诚信及公平交易原则推断未能获清楚表述的优先股的优先权的存在。[⑦]

特拉华州法院在若干案件中采用了以上解释原则,造成的效果是,一些以避免触发或者积极取消优先股的优先性保护为目的的交易被批准进行。在一系列特拉华州法院的案件中,优先股合同规定修改或改变优先股的权利和优先性需要该优先股股东团体投票赞成,此类保护性条款因公司合并而导致不利后果,并未

---

① See LC Capital Master Fund, Ltd. v. James, 990 A. 2d 435 (Del. Ch., 2010).

② See Fletcher Int'l, Ltd. v. ION Geophysical Corp., 2010 WL 2173838 (Del. Ch. May 28, 2010).

③ See LC Capital Master Fund, Ltd. v. James, 990A. 2d. 435, 449 (Del. Ch. 2010).

④ See Lawrence E. Mitchell, *The Puzzling Paradox of Preferred Stock*, The Business Lawyer, Vol. 51, p. 433 (1996).

⑤ See Kohls v. Kenetech Corp., 791 A. 2d 763, 771 (2000).

⑥ See Hibbert v. Hollywood Park, Inc., 457A. 2d342.

⑦ See Quadrangle Offshore (Cayman) LLC v. Kenetech Corp. 1999 WL 893475 (Del. Ch. Oct. 13, 1999).

能赋予相关优先股股东团体投票权,因此不能在合并的情况下保护优先股股东。[①] 因此,在 Warner Communications. v. Chris – Craft Industries 一案[②]中,在公司章程通过合并进行修改而不利影响了优先股条款的情况下,法院考虑了优先股股东是否具有团体投票权。该案中公司章程明确规定,"在公司修改、改变或废止公司成立证书或者章程的任何条款而不利影响 B 系列优先股或其股东的任何优先性、权利、权力或特权"的情况下,相关优先股股东团体具有投票权。法院注意到了规范章程制定与规范公司合并的特拉华法律的差异,并认为起草人明显熟知特拉华州法律甚至有可能是这方面的专家,如果起草人希望合并触发优先股股东的团体投票权,则其应当在成立证书或章程中明确写入相关条款,从而判决不赋予该类优先股股东类别表决权。特拉华州高等法院随后采用了该案的裁判论理,就通过合并达到章程修改需要团体投票的相关章程条款的起草给出了指导意见。在 Elloitt Associates, L. P. v. Avatex 一案中,特拉华州高等法院认为相关的章程条款写得非常合适。其明确规定,"在公司重述成立证书因合并、兼并或其他原因进行任何修改、改动或废止的情况下",需要一个系列优先股股东的团体投票。特拉华高等法院认为该语言足够触发合并情况下的团体投票。

2. 英国法下的优先股合同解释原则

对于优先股合同应该怎样解释,英国的司法系统逐渐发展出以普通法默示推定为基础的以下解释原则:[③]

(1)除非另有相反证据,否则所有股份均为平等。因此,如果一些股份需要具有相对另外一些股份的优先性则需要在其发行时就该等优先性通过具体条款进行明确约定。

(2)但是,如果股份被明确的划分为不同的种类(由此推翻先前所假定的平等性),在每一情况下每一种类的股份具有怎样的权利则是一个有待解释的问题。[④]

---

① See Benchmark Capital Partners IV, L. P. v. Vague, 2002 WL 1732423 (Del. Ch. July 15, 2002).

② See Warner Communications. v. Chris – Craft Industries, 583 A. 2d 962 (Del. Ch. 1989).

③ See Paul L. Davies & Sarah Worthington, *Gower and Davies' Principles of Modern Company Law*, Sweet & Maxwell, 2012, p. 867.

④ See Scottish Insurance v. Wilsons & Clyde Coal Co. [1949] A. C. 462; Isle of Thanet Electric Co., Re [1950] Ch. 161, CA.

(3)如果对于一种种类股就(a)股利,(b)资本返还,或者(c)参与会议或投票所具有的权利未能明确约定,除非另有相反证据,否则该种类股就此具有普通股所具有的权利。因此,对于股利具有优先性不意味着对资本返还具有优先性,反之亦然。①

(4)如果一类股份在公司清算的时候享有参与剩余财产分配的权利,初步看来该类股份对所有剩余财产均有权参与分配,包括可能分配给另一类别股股东的但是尚未分配的利润。②

(5)如果对任何权利的任一事项已经进行了明确的约定,就该事项而言相关约定被推定为穷尽。因此,如果一类股份被明确赋予了股利优先权则可推定该等股份对未来的股利无权参与分配,③如果一类股份享有资本返还的优先权则可推定该等股份对剩余财产的分配无权参与。④ 这一原则同样适用于出席股东会并表决:如果股东在一些特定情况下(如他们的股利被拖欠)被赋予投票权,这意味着他们在其他情况下没有投票权。

(6)股份被明确赋予参与股利分配的权利并不表示该等股份对资本的分配具有权利,反之亦然。实际上,这可能是得到相反结论的证据。⑤

(7)如果约定了优先股股利,则该股利被推定为是累积性的。但是,如果有任何文字表示当年的优先股股利只能从当年的利润中支付,则这一推定将被推翻。⑥

(8)优先股股利也被推定为获宣派后方可支付。⑦ 因此,在清算过程中,除非先前已获宣派,否则初步看来累积性股利的欠款不应获支付。⑧ 但是只需少许证

---

① See London India Rubber Co. Re (1868) L. R. 5 Eq. 519; Accrington Corp Steam Tramways, Re [1909] 2 Ch. 40.

② See Dimbula Valley (Ceylon) Tea Co. Ltd. v. Laurie [1961] Ch. 353; Saltdean Estate Co. Ltd., Re [1968] 1 W. L. R. 1844.

③ See Will v. United Lankat Plantations Co. [1914] A. C. 11, HL.

④ See Scottish Insurance v. Wilsons & Clyde Coal Co. [1949] A. C. 462; Isle of Thanet Electric Co., Re [1950] Ch. 161, CA.

⑤ See National Telephone Co., Re [1914] 1 Ch. 755

⑥ See Staples v. Eastman Photographic Materials Co. [1896] 2 Ch. 303, CA.

⑦ See Burland v. Earle [1902] A. C. 83, PC; Buenos Ayres Gt Southern Railway, Re [1947] Ch. 384; Godfrey Phillips Ltd. v. Investment Trus Ltd. [1953] 1 W. L. R. 41.

⑧ See Crichton's Oil Co., Re [1902] 2 Ch. 86, CA; Roberts & Cooper, Re [1929] 2 Ch. 383; Wood, Skinner & Co. Ltd., Re [1944] Ch. 323.

据即可推翻这一推定。[①] 因此,对优先股股东比较有利的是,约定股利在一定日期自动应付(假设有利润)而非在董事会或股东决议时应付。

如同 Evershed 大法官指出的,以上解释原则的采用对优先股股东是不利的,使得优先股股东的地位更加接近债券持有人。[②]

3. 严格文义解释原则的局限

文义解释,又称语义解释,指按照法律条文用语之文义及通常使用方式,以阐释法律之意义内容。解释法律,应尊重法条文义,始能维护法律的尊严及其安定性价值。[③] 同理,对于优先股合同来说,遇到需要解释优先股合同条款的场合,应尊重合同文义,维护合同稳定性和约定应当信守原则。从上文可以看出,无论美国法还是英国法,实践中均倾向于从文义上严格解释优先股合同。英国法上关于优先股股利默示为累积的规定,历来被学者们津津乐道,认为是对优先股权利保护的一种重要措施。诚然该规定有利于保护优先股股东权利,但是它是可以推翻的,而且推翻该规定的证据可以在任何文字中表述。Lawrence E. Mitchell 教授认为对于公开发行的优先股而言,尽管优先股合同的拟定完全是发行公司所提出的格式合同,优先股股东无法参与优先股合同的谈判协商,但是他们享有认购或者不认购该优先股的选择权。[④] Frank Easterbrook 教授和 Daniel Fichel 教授认为优先股合同的文义解释原则是保护优先股的途径,其不能仅仅求助于信义义务或诚信原则,并认为优先股股东能够特定化优先股合同中的优先权且能够达成他们自己所希望达到的交易目的。[⑤]

但是严格文义解释原则不利于保护优先股股东权利,甚至在一定程度上剥夺了优先股股东的合同权利。在此解释原则的诱导下,发行公司和普通股股东对优先股股东的机会主义行为开始蔓延,为了绕过无法通过董事会和股东会对优先股合同章程条款进行修改的规定,发行公司运用与其他公司合并的途径,达到变更

---

① See Walter Symons Ltd. , Re [1934] Ch. 308; f de Jong & Co. Ltd. , Re [1946] Ch. 211, CA; E. W. Savory Ltd. , Re [1951] 2 All E. R. 1036; Wharfedale Brewery Co. , Re [1952] Ch. 913.

② See Isle of Thanet Electric Co. , Re [1950] Ch. 175.

③ 参见梁慧星:《民法解释学》,中国政法大学出版社 1995 年版,第 214 页。

④ See Lawrence E. Mitchell, *The Puzzling Paradox of Preferred Stock*, The Business Lawyer, Vol. 51, p. 433 (1996).

⑤ See Frank Easterbrook & Daniel R. fischel, *The Economic Structure of Corporate Law*, Harvard University Press, 1991, p. 109 - 111.

优先股合同条款并实质上剥夺优先股合同权利的目的。[①] 此类情况在 Benchmark Capital Partners IV, L. P. v. Vague 一案[②]中得到了彰显。有学者对严格文义解释原则提出异议和批评,Bratton 教授认为"正是基于对优先股投资的错误理解而导致对优先股合同进行严格文义解释,实际上优先股在交易中处于弱势地位"。[③]

4. 我国优先股合同司法解释原则的构建

中国是大陆法系的成文法国家,合同解释原则并非散布在司法案件的裁决中并随着司法实践而变化,相反地,法律对合同解释原则进行了明确的规定。《民法典》第 466 条规定:"当事人对合同条款的理解有争议的,应当依据本法第一百四十二条第一款的规定,确定争议条款的含义。合同文本采用两种以上文字订立并约定具有同等效力的,对各文本使用的词句推定具有相同含义。各文本使用的词句不一致的,应当根据合同的相关条款、性质、目的以及诚信原则等予以解释。"第 142 条第 1 款规定:"有相对人的意思表示的解释,应当按照所使用的词句,结合相关条款、行为的性质和目的、习惯以及诚信原则,确定意思表示的含义。"第 498 条规定:"对格式条款的理解发生争议的,应当按照通常理解予以解释。对格式条款有两种以上解释的,应当作出不利于提供格式条款一方的解释。格式条款和非格式条款不一致的,应当采用非格式条款。"由此,我国合同解释原则包括以合同整体为框架进行解释的原则、按照合同文义进行解释的原则、按照订立合同的目的进行解释的原则、按照交易习惯进行解释的原则、以公平为原则进行解释的原则、以诚信为原则进行解释的原则、合同漏洞填补以及格式合同解释原则等,借助这些原则以探求当事人在订立合同时的真实意思。鉴于该等合同解释原则的一般性和抽象性,在法院的司法实践中,就涉及优先股争议的具体案件应当如何适用合同解释原则仍然是一个亟待解决的问题。虽然中国法院的判决没有作为"先例"的约束力,但是,最高人民法院会随着各地法院司法实践的发展从中总结出一些具体的指导原则以司法解释的方式发布。因此,我们有必要借鉴英美法系有关优先股权利的法院案例,对我国优先股合同司法解释原则的构建

---

① See William W. Bratton, *Venture Capital on The Downside: Preferred Stock and Corporate Control*, Mich. L. Rev, Vol. 100, p. 936 – 937 (2002).

② See Benchmark Capital Partners IV, L. P. v. Vague, 2002 WL 1732423 (Del. Ch. July 15, 2002).

③ See William W. Bratton, *Gaming Delaware*, Willamette L. Rev, Vol. 40, p. 858 (2004).

提出一些建议。

首先,对优先股合同的司法解释不应当死板地遵守严格的文义主义。合同解释一个隐含的必要过程是对解释结果进行价值判断,也即从交易的公平性以及对合同各方行事的诚信预期来考虑解释结果。优先股股东,类似于债券持有人,合同所载的权利是其所有的真正权利。放松对合同条款的严格文义解释并将暗含的诚信原则纳入优先股合同的条款有助于加强对弱势的优先股股东的保护,可以防止董事剥夺优先股股东订立优先股合同的期待利益。① 由于优先股合同的不完全合同属性,合同语言具有内在局限性而不可能预先覆盖所有可能发生的事实状况。优先股股东不应当承受由优先股合同的不完全合同属性而带来的所有不利后果。另外,引入诚信原则可以防止普通股股东和董事利用合同解释的机会主义行为来危害优先股股东的脆弱地位。

其次,优先股合同通常由公司单方制定,是适用于所有投资者的格式合同。一般而言,格式合同的拟定方掌握话语权,而合同相对方只有概括性同意或者不同意的权利。因此格式合同的形成缺乏双方当事人的平等协商,可能造成当事人之间权利义务的不对等。具有优势的一方当事人会借助拟订格式合同的机会将自己的意志强加于地位相对弱势的另外一方。因此,按照《民法典》第 498 条对格式合同采用的解释原则,对于格式条款的争议应遵循文义进行通常解释,如果有两种以上的解释则应当做出不利于起草方的解释。

最后,借鉴英国判例法的经验,在优先股合同就某些涉及优先权的关键性问题未能进行明确约定的情况下,如不能根据《民法典》第 510 条和第 511 条的规定事后协商填补合同漏洞,司法解释应当提供默示的推定结果用以填补双方当事人约定上的漏洞。比如,《优先股指导意见》中要求公司发行优先股时章程必须就利润分配的强制性、累积性、参与性、股息是否浮动以及确定方式、可否回售或赎回进行明确约定。如果出现某家公司实际发行优先股时章程未能就任一该等事项进行规定的情形而产生争议,法律应当设定推定的默示结果。通常而言,如无合同明文规定,一项优先权被推定为不存在。因此,如果章程未能规定股息是否可以累积的情况下,法律的默示解释应当是不可累积。

---

① See Melissa M. McEllin, *Rethinking Jedwab: A Revised Approach to Preferred Shareholder Rights*, Colum. Bus. L. Rev, p. 895 (2010).

（二）强调类别股股东会议制度

1. 类别股股东会议制度的立法例

类别表决权既有可能来自公司法的授权，也有可能来自类别股合同的约定。类别表决权不同于普通表决权，后者是股东的固有权，章程不能限制或剥夺，而类别表决权来自类别股合同创设，章程可以限制或剥夺，但关于公司章程修改的法定类别表决权除外。类别表决权的实质是类别股股东对公司普通股东会决议的追认和批准，具有否决公司决议的效力。类别表决权是一把“双刃剑”，一方面，它防止普通股股东滥用多数决，保护弱势的类别股股东；另一方面，类别表决权否决公司决议将延长决策时间，降低决策效率，阻碍公司行为自由和经营灵活性。类别股股东也有权通过公司经营业绩的增长收获投资成功的喜悦。但是由于类别股股东与公司其他主体之间存在普遍的利益冲突，只有这些利益冲突通过治理使得各方利益取得平衡，那么类别股股东才能切实分享到公司价值增长的利益。正如前文所述，由于类别股股东在公司中往往属于少数，即便表决权恢复，其在普通股股东大会多数决制度下亦很难维护自身合法权益，因此类别股东会制度对于类别股股东来说意义重大，是保护类别股股东的有力武器。类别股东会设立的基础是类别股股东享有的类别投票权，而类别投票权是类别股股东的基本权利之一。当公司可能做出涉及类别股股东利益的决策时，该决策不但要求通过普通股股东大会的决议，还需要通过类别股股东组成的类别股股东会的投票表决，由类别股股东会来决议是否同意公司的提议。类别股股东会是基于类别表决权而设立的制度，能够为类别股股东提供实质意义上的有效保护。类别表决权的设置使得公司决议过程能充分考虑类别股股东的权益，确保在公司意思形成过程中对各类股东的意志予以充分尊重，有利于保障类别股股东在公司治理中的话语权，维护了决策的公平正义。与此同时，类别表决权的行使将降低公司决策效率。在决策效率与决策公平存在冲突的情况下，应当将决策的公平正义放在首位，不能盲目地为了追求高效而忽视了实质公平。但这并不意味着决策效率可以被忽视，事实上商业社会非常讲求效率，对于商事活动来说，机遇转瞬即逝，高效的决策更有利于公司及时对市场变动做出反应，把握机遇创造更多利润。虽然类别表决权可以充分反映类别股股东的诉求，但如果触发类别表决权的事项过多将产生过高的制度运行成本，不符合商业机会稍纵即逝的现代市场经济环境的现实要求。因此，需要慎重规定类别表决制度的触发条件，仅将类别股股东与普通股股东存在较大利益冲突的事项以及可能严重损害类别股股东合法权益的事项纳入分类表决,兼顾股东会决策的公平正义和决策效率,并保证分类表决制度不会被滥用。经过境外立法考察,凡是设立类别股法律制度的国家均有关于类别表决权和类别股东会的相关规定。下面以英美相关立法为例予以说明。

(1)美国类别股类别表决制度

美国2023年MBCA和相关州的立法例也规定了类别股股东会制度,认为需要进行类别表决,对类别股权利内容有影响的公司行为主要包括:公司章程的变更和需要类别股参与交易的公司合并和股份交换等行为,并以非穷尽列举的形式予以立法。

关于公司章程的变更。2023年MBCA第10.04节第(a)(5)-(12)小节规定了视为针对公司章程变更而需要类别股股东进行表决的8种情形:①该种类别股全部或一部分的交换或再分类;②其他种类股份全部或一部分与该种类类别股进行交换或再分配,或创设交换的权利;③变更全部或者部分类别股股东的权利、优先权或限制;④改变该种类类别股全部或一部分的股份数;⑤创设一种比现存类别股的分配顺位在先的新类别股;⑥增加任意种类股份的权利或数量,使其在修订条款生效后较该种类类别股的权利更加优先;⑦对全部或部分该种类类别股既存之优先购买权进行限制或者取消;⑧取消或以其他方式影响该种类类别股全部或一部分已累积但尚未批准的分配权。但是,发生上述情形并非必须要进行类别表决,如果其无须通过普通股股东大会决议,则也无须类别股股东会决议。比如,2023年MBCA第6.02节赋予了董事会在一定情形下可根据公司章程决定类别股具体内容的权力,董事行使该权力无须普通股股东大会决议,因此也不需要类别股东大会的表决。

美国加利福尼亚州《公司法》的规定与MBCA类似,类别表决的前提并不需要类别股股东权益受到损害,也不考虑类别股股东是否享有表决权问题。美国加利福尼亚州关于类别股股东会的召开事宜主要规定在该州《公司法》第903条(a)款第1至7项:①该种类类别股数量的变动;②该种类类别股全部或一部分的交换、再分类或取消;③其他种类的股份全部或一部分与该种类类别股交换或创设该等交换的权利;④该种类类别股的权利或限制的变动;⑤创设较该种类类别股权利更加优先的股份,或增加较该种类类别股权利更为优先的现存类别股的权利或数量;⑥将优先股划分为多种权利与限制不同的股份,或授予董事会这样做的权力；⑦取消或影响该种类特别股已经计提但尚未支付的股利。上述章程的修订必须通过类别股股东会议的决议，而不论该种类的类别股股东是否有投票权。[①] 也就是说，上述章程的修订无论是否损害类别股股东的利益，都需要经过类别股股东投票才能通过。

特拉华州《公司法》与 MBCA、加利福尼亚州《公司法》不同，其仅规定在公司章程的修订损害类别股股东的利益时，才需要进行类别表决。特拉华州法院对优先股合同一般会给予严格文义解释，而类别表决权是优先股股东防止权利被剥夺的排他的决定性方式。[②] 该州《公司法》第 242 节第(b)(2)小节规定了必须召集类别股东会议进行表决才能通过的公司章程变更情形：该种类类别股的股份数量变动、票面价值的变动以及权利的变更导致类别股股东权益受到损害。[③] 至于如何认定类别股股东权益受到损害则没有规定，存在一定的争议。有立法者观点认为所谓的"类别股股东权益受到损害"不很明确，对解释和实践适用造成了困难，因此在立法时试图对必须由类别股东会议进行决议的事项进行限定。虽然限定事项的做法可能产生类型化条文的风险，但相比"类别股股东权益受到损害"这种解释的不确定性，在尽可能注意的范围内以条文的形式进行限定是较优的立法选择。[④] 还好美国是判例法国家，具体诉讼产生后可以由法院进一步解释法律形成判例，从而丰富法律内容并为以后同类案件提供裁判依据。

在此还有必要说明一下纽约州《公司法》，该法对修改公司章程是否需要类别表决的规定范围介于 MBCA 和特拉华州《公司法》之间。该州《公司法》第 804 节(a)小节规定：①引起该种类类别股表决权被排除或限制的事项；②由该种类类别股票面金额的降低，因转换为同种不同数量或不同种类股份而创设权利，转换条件变更，以及因转换而股份内容改变等引起该种类特别股股东权益受到损害。③授予其他种类股票优先权而导致该种类类别股权利劣后。[⑤]

无论是 MBCA 还是美国有代表性的州的《公司法》，均规定了公司章程的变更需要进行类别表决，除了特拉华州《公司法》，其他州的《公司法》不以类别股股

---

① See California Corporations Code § 903. (a).

② See William W. Bratton, *Gaming Delaware*, Willamette L. Rev, Vol. 40, p. 861(2004).

③ See Delaware General Corporation Law § 242(b)(2).

④ See Graham L. *Sterling*, *Amendments to California Corporation Laws*, 1937: *Readjusting Stock Structure*, California Law Review, p. 76 –90 (1937).

⑤ See NY Code –Business Corporation § 804(a): Class voting on amendment.

东权益受到损害为要件。此外,相关州立法均规定将受到影响的部分类别股股东视为一个种类的类别股股东,有权组成相应的类别股股东会议进行表决。

(2)英国类别股类别表决制度

英国关于类别股股东会相关事项的条款相对简单且明确,其于英国 2006 年《公司法》第 630 条和第 631 条分别对具有股本的公司和不具有股本的公司的类别权变动进行了相关规定。[①] 基本原则是,类别权只有根据章程中关于变动权利的条款,方可进行变动。但是,在公司章程未能包括相关条款时,就具有股本的公司而言,变更附属于类别股份上的类别权应经持有类别股名义价值 3/4 以上的类别股股东书面同意或该类别持有人认可变动的独立成员大会上通过的特殊决议(3/4 的表决通过);就不具有股本的公司而言,变更附属于类别股股东资格的类别权,应经 3/4 以上类别股股东人数的书面同意或该类别成员认可变动的独立成员大会上通过的特殊决议(3/4 的表决通过)。此外,英国《公司法》对法定出席人数要求较低,除非一人公司,一般只要求 2 人的法定出席人数即可。

2. 我国优先股类别表决制度

原国务院证券委员会和国家经济体制改革委员会于 1994 年 8 月 27 日颁布并实施的《到境外上市公司章程必备条款》和证监会于 2004 年 12 月 8 日发布的《关于加强社会公众股股东权益保护的若干规定》是我国关于类别表决的主要法律依据,虽然只是部门规章,但是前者第 79 条[②]针对境内上市公司向境外投资者发行的 B 股和/或 H 股与其向境内投资者发行的 A 股之间存在利益冲突的情形,规定公司拟变更或废除类别股股东的类别权应当经过类别股股东大会分类表决通过才能予以变更。后者规定上市公司存在股权分置情形下,作为过渡性措施,应建立社会公众股股东分类表决制度审议公司重大事项,很多拥有非流通股的上市公司都召开过社会公众股股东大会。[③] 在存在股权分置情形的上市公司中,流通股被认定为类别股的一个种类,由流通股股东组成的社会公众股股东大会也是类别股股东大会的一种。我国已有的类别表决立法和实践已说明国家已经充分

① 鉴于前文已对英国法上类别权变动的相关内容进行了论述,因此在此处不再赘述。

② 《到境外上市公司章程必备条款》第 79 条规定:“公司拟变更或者废除类别股东的权利,应当经股东大会以特别决议通过和经受影响的类别股东在按第八十一条至第八十五条分别召集的股东会议上通过,方可进行。”

③ 例如,2004 年首旅股份(600258)拟配售 2100 万股,召集公众股东进行分类表决;2004 年华北制药(600812)将以国有股抵债的议案提交社会公众股股东大会进行分类表决。

认识到了类别表决对不同类型股东间的利益平衡以及少数股东保护的重要意义。

《优先股指导意见》和《优先股管理办法》均明确规定了公司需要进行类别股表决的 5 种事项,[①]除须通过普通股股东大会(含表决权恢复的优先股股东)决议之外,还须表决权受限的优先股股东所持表决权的 2/3 以上通过。新《公司法》沿袭了上述内容,在第 146 条规定:“发行类别股的公司,有本法第一百一十六条第三款规定的事项等可能影响类别股股东权利的,除应当依照第一百一十六条第三款的规定经股东会决议外,还应当经出席类别股股东会议的股东所持表决权的三分之二以上通过。公司章程可以对需经类别股股东会议决议的其他事项作出规定。”第 116 条第 3 款规定:“股东会作出修改公司章程、增加或者减少注册资本的决议,以及公司合并、分立、解散或者变更公司形式的决议,应当经出席会议的股东所持表决权的三分之二以上通过。”

我国的优先股类别表决制度借鉴了英美法系的立法以及司法经验。相关规定列举了影响类别股股东利益的几种重大情况作为表决权的法定情形,其中包含了合并、分立、解散或变更公司形式以及修改章程涉及优先股的内容。这种强制性规定避免了前面分析的特拉华州优先股案例中以公司合并的方式达成章程修改的目的以剥夺优先股股东权利的情形。同时,法律也尊重公司和股东之间就类别表决权的自由约定,可在章程中规定其他需要类别股股东进行表决的情形。

3. 类别股东会议制度的合同法解释

类别表决权是保护类别股股东依据类别股合同所确定的公司参与权(公司中的相对权利)的重要手段,该权利的行使会引发类别股股东保护与公司行为自由的利益冲突,因此类别表决权的适用范围如何合理确定应是利益衡量的结果。类别表决的概括式和列举式立法模式下不同国家的立法例呈现了这一利益衡量的结果,其背后共通的原则是效率价值优先,应优先保护公司行为自由与适应市场环境的灵活性。因此,我国公司法框架下规定法定强制性的类别表决权适用范围仅限于修改公司章程损害类别权之情形;除此之外的类别权,在合同法框架下

---

① 《优先股指导意见》在优先股股东权利义务部分,以及《优先股试点管理办法》在第 10 条,规定了需要类别表决的五种事项:(1)修改公司章程中与优先股相关的内容;(2)一次或累计减少公司注册资本超过百分之十;(3)公司合并、分立、解散或变更公司形式;(4)发行优先股;(5)公司章程规定的其他情形。

由类别股合同安排,应尊重类别股发行公司与类别股股东之间的自由协商,由相关方自行订立适合于公司的资本架构和公司治理结构。

鉴于以上论述优先股的不完全性以及优先股合同会被公司后续行为变更,因此需要对相对于债券持有人和普通股股东地位更加软弱的优先股股东提供保护,防止其受普通股股东机会主义行为的侵害。从优先股合同事前角度阐述,优先股股东也可以在优先股合同中约定类别表决权来防止公司后续行为对优先股权利的侵害,不过这一类别表决权适用范围过广将妨碍公司行为自由和公司整体利益最大化。对公司发行的优先股而言,类别表决权只能由发行公司在单方制定的优先股合同中承诺提供给优先股股东,不过公司主动为优先股股东提供类别表决权的保护,有助于建立一个优良的与优先股相关的公司治理结构,在有效资本市场的前提下,有助于公司在竞争的资本市场上吸引投资者,也有助于降低融资成本。

股东投票权的制度设计,深深印着合同的精神。从合同视角来看股东投票权,意味着两重意义:首先,对于公司初始合同,股东有权投票同意或反对;其次,对公司初始合同中没有明确规定的,或者规定不合适的事项,股东有权通过投票对后续合同安排加以补充和调整。因此,股东的投票权具有合同的属性,①股东投票是对不完全合同的补充和重新协商。目前,新《公司法》用强制性规范明确赋予类别股股东类别表决权,类别股股东可以运用类别表决权制度来保护自己合法权益。

(三)借鉴表决权复活制度

从权利义务平衡角度来说,优先股股东为了享有经济性的优先权而对其参与公司管理的表决权进行部分或全部放弃。因此,在优先股股东的优先权不能实现时,公司应当给予其权利救济,恢复其表决权以允许优先股股东参与公司重大事项的决策,这就是表决权复活制度的基本概念。在股东的自益权被剥夺时,通过表决权的复活以恢复股东失衡的权利和义务。当平衡恢复时则复活的表决权应当归于消灭。② 大陆法系国家的公司法都规定了表决权复活制度,但是对复活的条件有不同的规定。日本《商法典》对表决权复活设置的条件是,若公司决定不向优先股股东优先分配利益,则公司有义务召集优先股股东参加该次股东大会并

① 参见罗培新:《公司法的合同解释》,北京大学出版社2004年版,第201页。

② 参见刘俊海:《论股东的表决权》,载《法律科学》1995年第6期。

进行表决。根据德国《股份公司法》的规定,如果在一年内没有支付或者没有完全支付优先款项,并且在下一年度除了该年度的全部优先股外不能补交拖欠款项,那么优先股股东在公司补发股息之前有表决权,即享有与普通股股东一样对公司经营管理的投票权。法国《商法典》规定如果公司在 3 个经营期内都没有对无表决权股分配优先股利息,那么,优先股将恢复类似于普通股的表决权(第 269 – 3 条);相反,如果公司发行了“投资证书”,持有这种证书的人始终不享有表决权(第 283 – 1 条)。[①]

我国优先股试点的相关法规借鉴了主要大陆法系国家的立法例,也规定了表决权复活制度,称为“表决权恢复”。根据该制度,公司累计 3 个会计年度或连续 2 个会计年度未按约定支付优先股股息的,股东大会批准当年不按约定分配利润的方案次日起,优先股股东有权出席股东大会与普通股股东共同表决,每股优先股股份享有公司章程规定的一定比例表决权。[②] 根据累积性优先股和非累积性优先股的不同,表决权可恢复的时间点是不同的。对于累积性优先股,表决权恢复直至公司全额支付所欠股息。对于非累积性优先股,表决权恢复直至公司全额支付当年股息。同时也规定,公司章程可以自由规定优先股表决权恢复的其他情形。值得注意的是,表决权复活制度是法律的强制性规定,不能通过合同约定或章程的方式加以取消。

在公司法修订过程中,优先股试点工作中关于“表决权恢复”的制度已经借鉴西方成熟的制度设计,只需要结合我国国情对相关细节予以调整,进一步明确“表决权恢复”的条件即可。

(四)引入董事的信义义务

1. 信义义务的定义

信义义务(fiduciary)是英美法系上的概念,中国法律体系缺少对应的制度和术语。信义义务源于信托法上受托人对委托人应当承担的责任,在公司中通常指公司的高级管理人员(董事和经理)对公司承担的信义义务。[③] 受到香港学者的

---

① 参见[法]伊夫・居荣:《法国商法》,罗结珍、赵海峰译,法律出版社 2004 年版,第 323 页。

② 《优先股管理办法》(2023 年修订版)第 11 条。

③ See Robert W. Hamilton, *The Law of Corporations*, *the Director as a* “*Fiduciary*”, West Nutshell Series, p. 378。转引自朱慈蕴:《资本多数决原则与控制股东的诚信义务》,载《法学研究》2004 年第 4 期。

影响，fiduciary 经常被翻译为“信义”或“受信人”“信义关系”“信义义务”，而国内的法学教科书和专著也多沿用这一译法以区别于中国法上的诚信原则。

从历史上看，信义关系是英国衡平法院（Chancellor's Court）在裁决关于“信任”关系的事务中，为保护受益人的利益而发展起来的。信义义务实际上是一方当事人为另一方当事人的最佳利益或者双方共同利益行事的承诺。① 委托人对受托人的信任、财产或权力的委托、委托人承受风险，共同构成信义法律关系的三个要素。信义关系中的受信人和受益人之间具有不对等的地位，基于受益人对受信人能力、经验、技能等的信任，受益人通常将其财产或者权力转移给受信人供受信人管理或者行使因而处于相对弱势的地位，而受信人因为其具有代为管理财产或代为行使权力的能力和地位而处于相对强势的地位，并且受信人代为管理财产或行使权力的结果由受益人承担。因此，为了防止受信人滥用受益人对其的信任而发展出了信义义务用来约束受信人的行为。

《元照英美法词典》对“fiduciary”的解释如下：“fiduciary，受托人，源自罗马法，指受托人及其他类似信任关系中的受信任者。受托人应克尽诚信勤勉之责，为委托人的利益处理有关信托事务，且须达到法律或合同所要求的标准。受信托人、破产管理人、遗嘱执行人、监护人等均属于受托人之列。”对“fiduciary duty”的解释为：“受托人责任；信托义务：是为他人利益办事时，必须使自己的个人利益服从于他人的利益。这是法律所默示的最严格的责任标准。”②

2. 美国法上董事的信义义务

美国法上董事的信义义务主要包括两大类义务，即忠实义务和注意义务。③ 忠实义务是最为重要的信义义务，也称为公平交易义务。当一个公司的董事、高级管理人员或者控股股东（一般统称为内部人）拟进行一项其自身利益与公司利益相冲突的自我交易时，按照该义务，内部人应当为公司利益而非其个人利益而行事。④ 2023 年 MBCA 对信义义务进行了明文规定。第 8.30（a）节对忠实义务的规定如下，“董事会的每一位董事在履行其职责的时候应当（1）善意且（2）以该

① 参见罗培新：《公司法的法律经济学研究》，北京大学出版社 2008 年版，第 154 页。

② 参见薛波主编：《元照英美法词典》，法律出版社 2003 年版，第 549 页。

③ See Iman Anabtawi & Lynn A. Stout, *Fiduciary Duties for Activist Shareholders*, UCLA School of Law, Law & Economics Research Paper Series Research Paper No. 08 – 02, p. 11.

④ See Bernard S. Black, *The Core Fiduciary Duties of Outside Directors*, Asia Business Law Review 3 – 16, p. 3 (July 2001).

董事合理相信符合公司最佳利益的方式行事”。为了从程序上规制董事的自我交易,2023 年 MBCA 第 8.62 条要求董事将利益冲突的相关信息向董事会其他成员进行披露,并且有利害关系的董事应当在其他符合资格董事投票时回避,不得参与投票。

注意义务是指不草率行事的义务,在实践中,董事的注意义务受“商业判断原则”的保护和限制(有些观点认为注意义务因“商业判断原则”而名存实亡)。[①]“商业判断原则”是由美国法院在长期的司法实践中逐步发展起来的一项关于经营者免于就合理的经营失误承担责任的法律规则,[②]是一个既定的法律假设,该假设认为公司的董事和高级管理人员是在(1)知情的基础上;(2)以善意行事;并(3)真诚的认为他们的行为对公司最有利。除非原告可以提出有说服力的证据反驳以上三个因素之一,否则公司的董事和高级管理人员被推定为履行了注意义务。[③]

MBCA 第 8.30(b)节对注意义务的规定如下,“……董事应当以处于相同地位的个人在类似环境下合理相信为适当的注意处理事务”。以前版本的 MBCA 就注意义务采用的是“一般谨慎人”的标准,美国很多州的制定法或者判例法仍然沿用这个标准。新版本的 MBCA 删除了“一般谨慎人”的标准是因为起草者担心这一标准会使得董事过于保守而不愿意承担适当的风险。另外,他们担心采用“谨慎人”的标准会使得法院对商业决策的实质正确性进行评价,而这会减损“商业判断原则”。董事的信义义务是对公司负有的,这并不是说董事对股东个人不具有信义义务。但是,最好还是理解为这些义务是指向公司的,因为只有公司或者代表公司方可主张该等义务。[④]

3. 英国法上的董事信义义务

英国法上的董事是指受托管理公司的人,与经理和公司秘书统称为高级职员

---

① Smith v. Van Gorkum, 488 A. 2d 858 (Del. 1985). See generally Lynn A. Stout, *In Praise of Procedure*: *An* Economic and Behavioral Defense of Smith v. Van Gorkom and the Business Judgment Rule, 96 N W. U. L. Rev. 675 (2002) (discussing the business judgment rule).

② 参见罗培新:《公司法的法律经济学研究》,北京大学出版社 2008 年版,第 168 页。

③ Smith v. Van Gorkum, 488 A. 2d 858 (Del. 1985). See generally Lynn A. Stout, *In Praise of Procedure*: *An Economic and Behavioral Defense of Smith v. Van Gorkom and the Business Judgment Rule*, 96 N W. U. L. R EV. 675 (2002) (discussing the business judgment rule).

④ See Robert W. Hamilton, *The Law of Corporations in a Nutshell*, Thomson Reuters, p. 154 (2011).

(officers),无论其称呼如何,只要参加董事会会议并参与其决策制定的,即为董事。① 英国2006年《公司法》第250(1)条把"董事"界定为"处于董事地位的任何人,不论其称谓如何"。这种界定董事地位的标准体现了实质重于形式的精神。

英国公司法学者Gower教授认为,董事对公司所负的义务基本可纳入忠实义务和注意义务两大类,虽然这两大类义务的界限不是非常清楚,但是基本和股东在将公司管理权授予董事行使后所面对的两大类风险相对应。忠实义务主要来源于衡平法原则,最初由衡平法院发展出来;而技能和注意义务现在主要基于过失侵权法的原则。英国普通法上通过各种判例发展出来的有关董事义务的基本原则最后获得了制定法的重述,成为英国2006年《公司法》第十部分第二章所载的7项"董事一般义务"。但是,需要说明的是,这7项董事一般义务并不是按照忠实义务和注意义务两大类划分的,而是采用了列举的方式,包括:(1)在权力范围内行事的义务;(2)促进公司成功的义务;(3)董事运用独立判断的义务;(4)董事运用合理注意、技能和勤勉的义务;(5)董事避免利益冲突的义务;(6)董事不接受第三方好处的义务;(7)董事在所提议的交易或安排中主动宣报有无利益的义务。注意义务大概对应上述7项一般义务的第4项(运用合理注意、技能和勤勉的义务)。传统上,判例法上对董事注意义务设定了非常低的标准,在City Equitable Fire Insurance Co. Re. 一案中,Romer法官对这一标准的描述比较具有代表性:"董事在履行其职责时的技能水平应当符合具有与该董事同样知识和经验的个人合理具有的水平,不需表现出更高的水平。"②这个以主观为主的标准在现代的市场环境中明显已经不合时宜,现代公司花费大量金钱聘请董事来管理公司是倚赖于该董事应当具有的可推动公司业务发展的专业知识。这一标准在20世纪90年代起逐渐向一个更加客观性的方向发展。英国2006年《公司法》最终采用了一个主客观相结合的标准来规定注意义务,其第174条规定:"(1)董事必须运用合理的注意、技能且保持勤勉;(2)这里的注意、技能和勤勉是一个具有以下知识、技能和经验的合理勤勉的自然人所应当具有的:(a)一个自然人为了履行与公司相关的董事职责而应当具备的一般的知识、技能和经验;(b)该名董事

---

① See K. Rahbott & N. Pendlehury, *Business Law*, 6th ed. (1993), p. 278. 转引自陈东:《英国公司法上的董事"受信义务"》,载《比较法研究》1998年第2期。

② See Paul L. Davies & Sarah Worthington, *Gower and Davies' Principles of Modern Company Law*, Sweet & Maxwell, 2012, p. 518.

所拥有的一般知识、技能和经验。”

忠实义务大概对应 7 项一般义务的第 1 项以及第 5 项到第 7 项,包括在权力范围内行事的义务、董事避免利益冲突的义务、董事不接受第三方好处的义务以及董事在所提议的交易或安排中主动披露有无利益的义务。

谁是董事信义义务的受益人这一问题非常重要,因为这决定了谁有权要求董事履行其义务。在这一问题上,英国法有着明确的答案:普通法一直主张董事对公司负有信义义务,这一主张也在英国 2006 年《公司法》第 170(1)条的规定中得到了重述。但是英国 2006 年《公司法》回避了董事是否对股东个人负有信义义务或其他义务这一问题,将其留给了普通法来回答。传统上,包括现在,普通法都不愿认可董事对股东个人负有义务。背后的原因是,认可董事对股东个人负有义务将会减损公司作为股东集合的团体性质,同时也会减损公司的信义权利。谁可以代表公司主张信义权利,个别股东是否有权通过衍生诉讼来主张公司的信义权利,这些问题从 19 世纪现代公司法出现后就一直备受争议。而英国 2006 年《公司法》在衍生诉讼方面引入了变更,[①]并在第十一部分对衍生诉讼制定了明确的规则。

4. 公司合同视角下的董事信义义务

在公司合同理论框架下,公司法实际上就是一个开放式的标准合同,其补充公司合同的种种缺漏,同时也在不断地为公司合同所补充。[②] 在合同关系中极少会存在信义原则。正常交易关系中的各方会尽量争取自己的利益并严格按照合同的文字完成交易,不论这样会给另外一方带来怎么不良的后果。为什么在公司合同中会存在信义原则呢?答案就是,公司是一个长期的合同,人们无法提前预见将来可能发生的各种情况,制定一个可以覆盖未来可能发生的各种情况的合同不具有效率也没有现实可能性。[③] 信义关系的出现就是为了确保不论何种情况,董事都会诚实小心地完成其职责。如果要求股东各方一一列举董事不得从事的事项,则高昂的交易成本将使公司无法设立,事实上这种列举也无法周详。在此情况下,董事信义义务概括性地规定,董事必须本着诚信、勤勉和忠实的原则履行

① See Paul L. Davies & Sarah Worthington, *Gower and Davies' Principles of Modern Company Law*, Sweet & Maxwell, 2012, p. 506.

② 参见罗培新:《公司法学研究的法律经济学含义——以公司表决权规则为中心》,载《法学研究》2006 年第 5 期。

③ See Frank Easterbrook & Daniel R. Fischel, *The Economic Structure of Corporate Law*, Harvard University Press, 1991, p. 91.

义务,就很好地解决了这一问题。董事信义义务的强制性,是指其一般不容股东通过合意而免除,如此规定,原因在于股东无法准确预见免除这一义务的后果,而巨额交易成本的存在,也使得股东无法制定出其他替代方案。①

公司法范畴的信义义务和合同法范畴的诚信义务虽然表面看来概念相近,但是却有着重要的差异。首先,这两种义务的来源不同。合同法上的诚信义务来源于对合同私人自治原则的尊重,意在填补合同语言的文义不清,其功用仅限于确保所订立的合同得到不折不扣的履行。信义义务产生于完全不同于合同私法自治的土壤。一方被授予了管理另一方财产的权力而处于优势地位而另一方因其对财产控制和管理权的转移而处于劣势地位,两方地位悬殊,拥有权力的一方在行使其权力的时候应当接受一定约束,对另一方负有忠诚的责任,并接受信义义务的约束。当然,受益人能将财产的管理和控制权让渡给受信人的一个重要预期就是受信人会秉着忠实原则行事。两种义务截然不同的起源也导致了其内容的差别。如果信义义务是合同性的,该合同的核心条款就是忠实。因此,合同预期(contractual expectation)是受信人会为受益人的利益而行事。这意味着受信人可能需要牺牲自己的利益,甚至放弃自己的合同预期。这是信义义务的实质,其和合同的关系也很清楚:信义义务在适用的时候优于合同。

5. 信义关系和优先股股东利益保护

如前文所述,董事对公司负有信义义务。但是公司只是拟制人,能够代表公司决策、代表公司接受和处理信息的只能是自然人,因此,说董事对公司负有信义义务其实也就意味着董事对能够代表公司的人——全体股东负有信义义务。是股东将公司财产和事务授予董事来经营管理,董事其实就是股东的受托人(trustee),但不是对股东个体,而是对股东全体。② 在 Loft, Inc v. Guth 一案中,特拉华州最高法院认为,尽管董事和公司经理严格上来说不是受托人,但是其和公司以及公司股东之间是信义关系。③

在普通股股东利益和优先股股东利益发生直接冲突且不牵涉优先股股东的优先权时,特拉华州法院认为,在董事会不违反其对优先股股东的信义义务的前

---

① 参见罗培新:《公司法的合同解释》,北京大学出版社 2004 年版,第 66 – 67 页。

② See Rafael Chodos, *The Law of Fiduciary Duties*, Blackthorne Legal Press, 2010, p. 19; Wichersham v. Crittenden. Hobbs v. Tom Reed Cold Mining Co.

③ See Loft, Inc v. Guth, 2A. 2d 225, 510 (Del. Ch. 1939).

提下,董事会可行使其自由裁量权选择维护普通股股东而非优先股股东的利益。[①] 在 In re Trados Incorporated Shareholder 一案 [②]中,特拉华州法院进一步肯定,在董事会拥有自由裁量权的情况下,一般来说董事会有义务在普通股利益和优先股的特殊权利、优先性等创设的利益之间偏向前者。相应地,在普通股股东利益和优先股股东利益发生冲突时,如果董事不偏向普通股股东利益则有可能违反其信义义务。[③]

此外,在普通股股东和优先股股东利益发生冲突的案件中可能会牵涉"经营判断原则"。比如,在 Robinson v. T. I. M. E. – DC, Inc. 一案[④]中,一位优先股股东质疑了一项子公司分立的公司决策。虽然法院认可了董事对优先股股东也负有信义义务,法院也同时认同了董事在面对股东利益冲突的局面时被迫作出决定的困难处境。因此,法院采用了"经营判断原则"对董事会的决定进行了评价。"T. I. M. E. – DC 公司的董事会不但对优先股股东负有信义义务,也同时对 T. I. M. E. – DC 的普通股股东负有信义义务。这些义务有时会发生冲突,平衡相关冲突是非常困难的。由此,享有'经营判断原则'保护的董事所作出的决策只要符合任何理性的商业目的则通常不会被法院干涉。"[⑤]也就是说,董事会作出倾向于普通股股东的决策通常是不会遭受质疑的,因为其决策行为受到经营判断标准的保护。上述问题均可能导致优先股股东的权利无法得到充分保护。

6. 中国法下董事信义义务的引入

信义义务是英美普通法和衡平法上的重要概念,在中国法下并无对应的、由判例法发展而成的体系。中国公司法借鉴了英美普通法的相关概念,2023 年《公司法》第 180 条规定,董事、监事、高级管理人员对公司负有忠实义务,应当采取措施避免自身利益与公司利益冲突,不得利用职权牟取不正当利益。董事、监事、高级管理人员对公司负有勤勉义务,执行职务应当为公司的最大利益尽到管理者通常应有的合理注意。公司的控股股东、实际控制人不担任公司董事但实际执行公

---

① See Equity – Linked Investors, L. P. v. Adams, 705 A, 2d 1041, 1042 (Del. Ch. 1997).

② See In re Trados Incorporated Shareholder Litigation Delaware Court of Chancery, 2009 WL 2225958.

③ See Blackmore Partners, L. P. v. Link Energy, LLC, 864 A 2d 80 (Del. Ch. 2004).

④ See Robinson V. T. I. M. E. – DC, Inc., 566 F. Supp. 1077 (N. D. Tex. 1983).

⑤ See Noelle M. Holladay, *Limited Fiduciary Duties Owed by Corporate Managers to Preferred Shareholders: A Need for Change*, Fall 1999/2000, 88 Ky. L. J. 87.

司事务的,适用前两款规定。另外,第181条列出了董事违反忠实义务的6种情形。[①] 法律就忠实义务和勤勉义务的概括性规定为司法审判的具体法律适用留下了很多待解决的问题。

其一,法院在审查相关案件时对董事会的决策是应当进行程序性审查还是实质性审查并不明确。比如在审理利益冲突的交易时,是否在有利益冲突的事实得到适当披露而且交易获得公司股东或者无利益关系的董事在其知情的基础上的适当批准后即可认定董事并无违反忠实义务,法官是否必须对交易的公平性以及商业合理性进行实质审查,对此问题法律并未给出明确的答案。英美法系为了确保董事可以有充分的商业决策权,赋予了董事以商业判断原则的保护,法官对经营决策行为并不进行实质审查。但是,这一原则并未被中国公司法明确采用。本书认为,中国应当引进程序审查这一基本原则,给予公司管理者以足够的商业决策裁量权和空间,而不应当对公司治理和业务经营进行过多的司法介入。

目前,我国涉及董事违反勤勉义务的司法实践中,主要有两种不同的司法审查规则。一为实质性审查,首先假设存在一名普通、合理、谨慎的董事,在相同或类似的情况下,将该董事与假定董事进行比较,并检查董事决策的内容和结果,看其是否尽到了勤勉义务。法官在审理相关案件时不会审查董事的决策程序,而是指出被告董事在实际经营决策中应当如何作为,如果董事在决策中没有采取合理措施或者是预防措施的话,法官就会据此作出被告违反勤勉义务的判定。如北京妙鼎矿泉水有限公司诉王某春损害公司利益赔偿纠纷案。二为程序性审查,只检查董事的商业决策过程是否合理、完整,以及是否违反法律法规和章程规定。如四川省安泰建设有限责任公司诉王某雄等侵害企业出资人权利纠纷案。内容不加以赘述,只需在判定违反勤勉义务时考量程序性要件即可,倘若在商业决策过程中不符合法律法规和公司章程规定,那么就无须进行实质审查,直接可以通过此判定其违反勤勉义务。也就是说,将勤勉义务等同于董事、监事、高级管理人员在商业决策过程中作出了违反法律法规和章程规定的行为。

其二,在优先股股东和普通股股东利益发生冲突时,董事应当如何行事并无

---

① 《公司法》第181条规定:董事、监事、高级管理人员不得有下列行为:(一)侵占公司财产、挪用公司资金;(二)将公司资金以其个人名义或者以其他个人名义开立账户存储;(三)利用职权贿赂或者收受其他非法收入;(四)接受他人与公司交易的佣金归为己有;(五)擅自披露公司秘密;(六)违反对公司忠实义务的其他行为。

可遵守的原则。英美的成文法在这一问题上也并未给出明确的答案,但是,相关的判例却层出不穷,而法官随着司法实践逐渐发展出相对完整的解释原则,包括最大化普通股股东利益的原则。由于优先股在中国尚属新生事物,根据笔者从公开渠道的查询,尚未有涉及优先股股东和普通股股东冲突的违反董事义务的案件出现。英美判例法下发展出来的相关解释原则是否对中国的司法实践有参考意义是一个值得商榷的问题。英美的判例法偏向于保护普通股股东利益,即使一项决策无法创造更多的公司财富而是将优先股股东的利益转移给普通股股东,只要董事在该项决策中并无利益冲突,一般而言,法官都不会认定董事违反了任何信义义务。本书认为,在处理优先股股东和普通股股东利益冲突时,董事应当按照公平原则行事,不能以牺牲优先股利益的方式来使普通股股东获利。董事在履行其义务时应当以公司整体财富最大化而非普通股股东利益最大化为目的。董事的信义义务面向的是公司整体利益,在优先股股东利益和普通股股东利益的取舍中,应当从更高层面的公司整体利益角度入手,使之不损害公司整体利益即可。

(五)完善异议股东股份评估权制度

1. 异议股东股份评估权制度的产生以及各国立法例

异议股东股份评股权(appraisal right),又称股东的退股权,是指股东会作出严重影响股东利害关系的决议(如公司经营转让之决议、为限制股份转让而变更章程的决议、公司合并的决议等)时,股东有权请求公司购回自己的股份,是救济中小股东的一个重要措施。[①] 股东的学界通常认为异议股东评估权兴起于19世纪20世纪初的美国。在19世纪的普通法下,公司若要经历重大变更如合并,需要股东一致同意。一致同意表决权制度对封闭性的小公司而言可能并不存在太大问题,但是对于大规模的公司来说是一个巨大的限制,少数顽固的股东可以阻挠对公司有利的变动。立法机关因此通过法例授权以绝对多数票通过导致公司根本性变更的交易,并同时授予小股东评估权使得他们可以从变更后的企业退出。早期的评估权是为了在促进有利的公司变更的同时给予异议的小股东以退出投资的流动性。美国各州公司法典都给予股东在公司发生重大变更时要求公司以公允价值回购其所持有的股份的权利。所有州的立法都将并购作为该权利

① 参见刘俊海:《现代公司法》(第3版),法律出版社2015年版,第384页。

的触发事件;绝大部分州的立法都将出售大部分公司资产作为一个触发事件;大部分州的立法将公司章程的某些变更作为一个触发事件。[①] 2023 年 MBCA 第 13.02节规定,异议股东在如下 8 种情形具有异议股东评估权:(1)公司合并;(2)股份交换计划;(3)非正常商事活动中的公司财产出售或交换;(4)公司章程的修改;(5)公司章程、公司管理细则或董事会决议要求的其他情形;(6)股东的利益必须在公司国际化后得到保护和维持;(7)公司转变为非营利性法人;(8)公司转变为非法人。

各国针对异议股东股份评估权的立法主要有三种模式:"(1)禁止主义,为严格奉行法定资本制的大陆法系国家所采用,不允许异议股东享有股份回购请求权而退股。(2)原则自由主义,主要为英美法系国家所采用。对股东退股只要不损害债权人的利益,一般不加以限制,在股东大会上持有异议的股东,可以书面形式请求公司以合理的价格回购其股权。(3)折中主义,主要为德、法等国所采纳。"[②]

2. 异议股东股份评估权制度在我国的发展

1993 年版的《公司法》并未规定异议股东股份评估权制度。这一制度最早出现在中国证监会在 1994 年颁布的《到境外上市公司章程必备条款》,其第 149 条第 1 款规定了对分立合并持异议的股东要求公司以公平价格购买其股份的权利。[③] 2005 年《公司法》正式从法律层面引进了该制度,而 2014 年《公司法》原封不动地继承了这一制度,没有进行任何拓展:第 74 条针对有限责任公司提供异议股东在公司连续 5 年不分配利润、合并分立、转让主要财产以及经营期限届满后继续经营时所拥有的异议权,[④]而第 142 条第 2 款针对股份有限公司规定了异议

---

① See Robert B. Thompson, *Exit, Liquidity, and Majority Rule: Appraisal's Role in Corporate Law*, Georgetown Law Journal, November, 1995.

② 参见王磊:《论我国的异议股东股份回购请求权制度》,载《湖北警官学院学报》2013 年第 3 期。

③ 《到境外上市公司章程必备条款》第 149 条第 1 款规定:反对公司合并、分立方案的股东,有权要求公司或者同意公司合并、分立方案的股东,以公平价格购买其股份。

④ 2014 年《公司法》第 74 条规定:"有下列情形之一的,对股东会该项决议投反对票的股东可以请求公司按照合理的价格收购其股权:(一)公司连续五年不向股东分配利润,而公司该五年连续盈利,并且符合本法规定的分配利润条件的;(二)公司合并、分立、转让主要财产的;(三)公司章程规定的营业期限届满或者章程规定的其他解散事由出现,股东会会议通过决议修改章程使公司存续的。自股东会会议决议通过之日起六十日内,股东与公司不能达成股权收购协议的,股东可以自股东会会议决议通过之日起九十日内向人民法院提起诉讼。"

股东在公司合并和分立时拥有异议权。对于股份有限公司而言,《公司法》所允许的退股范围非常有限,仅限于公司合并和分立,而公司极易通过其他方式,如重大资产转让或者根本性公司结构变更达到合并或分立的目的。在 2023 年新修订的《公司法》中,第 89 条依然保留了原《公司法》第 74 条的内容,只增加了公司股东滥用股东权利,严重损害公司或者其他股东利益的情形,其他股东有权请求公司按照合理的价格收购其股权。该增加内容与异议股东并无关联。而原《公司法》第 142 条中的内容,也被 2023 年新修订的《公司法》第 162 条承继。因此,需要在参考其他国家立法例的基础上对股东拥有异议权的法定情况进行扩展。

3. 异议股东股份评估权制度对优先股股东利益的保护

按照我国《公司法》,在有限责任公司的情况下,只有对股东会相关决议投反对票的股东才享有评估权,也即对相关决议拥有投票权是享有评估权的前提条件且已经就相关决议投了反对票是行使评估权的前置程序。而有关股份有限公司的规定却没有将拥有投票权设置为股东行使评估权的前提条件,这对保护股份有限公司的优先股股东具有积极意义。通常而言,在导致公司发生根本性结构变化的交易中作为小股东的优先股股东未必具有表决权或者表决权受限,容易被作为大股东的普通股股东的绝对多数决控制。因此在优先股股东没有类别表决权的情况下也赋予其评估权的救济是保护优先股股东的一个重要方式。2023 年新修订的《公司法》第 161 条规定,有下列情形之一的,对股东会该项决议投反对票的股东可以请求公司按照合理的价格收购其股份,公开发行股份的公司除外:(1)公司连续五年不向股东分配利润,而公司该五年连续盈利,并且符合本法规定的分配利润条件;(2)公司转让主要财产;(3)公司章程规定的营业期限届满或者章程规定的其他解散事由出现,股东会通过决议修改章程使公司存续。自股东会决议作出之日起 60 日内,股东与公司不能达成股份收购协议的,股东可以自股东会决议作出之日起 90 日内向人民法院提起诉讼。公司因本条第 1 款规定的情形收购的本公司股份,应当在 6 个月内依法转让或者注销。《最高人民法院关于适用〈中华人民共和国公司法〉时间效力的若干规定》第 4 条规定:“公司法施行前的法律事实引起的民事纠纷案件,当时的法律、司法解释没有规定而公司法作出规定的下列情形,适用公司法的规定:……(三)对股份有限公司股东会决议投反对票的股东请求公司按照合理价格收购其股份的,适用公司法第一百六十一条的规定……”

尽管新《公司法》列明了公司回购异议股东股份的具体情形，但是，值得注意的是，《公司法》对股份有限公司异议股东要求公司回购其股份的规定仍然有很多需要改进的方面。例如，新《公司法》第162条规定："公司不得收购本公司股份。但是，有下列情形之一的除外：……（四）股东因对股东会作出的公司合并、分立决议持异议，要求公司收购其股份……"此处规定的情形，与第161条并无实质差异，应当并入第161条。现有规定可能模糊了股份有限公司异议股东回购请求权的权利属性与功能定位，不利于异议股东合法权益的保护。

（六）健全独立董事制度

在不同的法域和不同的公司治理规范中存在"无利益关系董事""独立董事""外部董事""非执行性董事""非员工董事""无利害关系董事"等各种概念，每一概念的定义不同且相应的赋予董事的职责也不同。为了行文方便，本书采用"独立董事"作为这一类董事的统称。独立董事一向被认为是解决很多公司治理问题的良方。[①]

独立董事制度最早出现在美国，通说认为，美国公司的股份结构比较分散，分散的股东难以采取集体行动来对抗公司的直接管理者，独立董事制度的出现是为了解决"管理者剥削股东"的问题。[②] 公司治理的一个难题是如何控制内部人通过自我交易或者关联交易损害外部股东和公司的利益，独立董事制度有助于抑制非公平的自我交易或关联交易。而中国引入独立董事制度主要是为了解决这一冲突。本节主要探求的问题是独立董事在面对优先股股东和普通股股东的利益冲突时是否可以起到平衡利益并治理冲突的作用。

1. 欧美公司法中的独立董事制度

德国法要求大型的公众公司采用双层制的公司治理结构：每一公司设立有监事会，并由监事会委派高级管理层组成管理委员会；监事会的职责限于监督公司的管理，其主要的职权是任免管理委员会的成员并代表公司与管理委员会的成员交涉；法律明确授予管理委员会管理的权利。在这种双层制的结构中，独立董事是指监事会的独立成员。[③] 德国《公司治理准则》建议上市公司监事会应有足够的与公司及管理委员会之间不存在任何可能引起利益冲突的商业或个人关系的

① See Donald C. Clarke, *Three Concepts of the Independent Director*, 32 Del. J. Corp. L. 73.

② 参见易仁涛、闫梓睿：《独立董事制度取舍论》，载《法学杂志》2011年第8期。

③ See Donald C. Clarke, *Three Concepts of the Independent Director*, 32 Del. J. Corp. L. 73.

独立成员。[①] 而英国和美国的公司法下公司董事会一般采用单层制,也即公司的管理权与监督权均由同一机构实行,其中的监督权应当由独立董事来行使。[②]

这里以美国法为例来探讨独立董事的"独立性"的内涵。美国有关公司方面的一般制定法并没有规定独立董事制度,与之相近的概念是"无利害关系"的董事,[③]其着眼于对单个交易审查是否存在有利益冲突的董事以及与董事有利益冲突的交易在何种情况下可被有效的批准或推翻。

2023 年 MBCA 第 8.60 节到第 8.63 节专门对董事的利益冲突交易进行了规范。美国的上市公司则一般需遵从股票交易所(包括纽约证券交易所和纳斯达克股票交易市场)有关独立董事制度的强制性规定。纽约证券交易所以及纳斯达克股票交易市场均要求除非某些豁免情况独立董事需构成董事会的大多数。[④]根据纽约证券交易所上市公司规则,独立董事是指董事会肯定性确认与公司没有直接的实质关系且不因担任与公司有关系的组织的合伙人、股东或高级职员而与公司有实质关系的董事。[⑤] 根据纳斯达克股票交易市场上市规则,独立董事是董事会认为不存在任何影响董事行使其董事职责时进行独立判断的董事,不包括执行董事或公司员工。[⑥] 应对不断发生的上市公司丑闻,2002 年美国颁布了 Sarbanes - Oxley 法案,旨在加强独立董事的作用并规范其独立性。除了满足交易所有关董事独立性的一般规则,全部由独立董事组成的审计委员会的成员还需符合 Sarbanes - Oxley 法案第 301 部分以及 1934 年美国《证券交易法》第 10A - 3(b)(1)下有关独立性的其他要求,包括(1)除了董事服务薪酬,董事不得从上市公司接受任何直接或间接的咨询、顾问或其他薪酬;且(2)董事不得与上市公司或其子公司有任何关联。除了对独立董事的定义进行宽泛和一般性的界定,纽约证券交易所和纳斯达克股票交易市场的上市规则均针对独立董事丧失"独立性"的情

---

① 参见曹理:《独立董事 VS. 控股股东:中国上市公司关联交易治理实效研究》,载《证券法苑》2011 年第 5 期。

② 参见曹理:《独立董事 VS. 控股股东:中国上市公司关联交易治理实效研究》,载《证券法苑》2011 年第 5 期。

③ 参见罗培新:《公司法的合同解释》,北京大学出版社 2004 年版,第 320 页。

④ 参见《纽约证券交易所上市公司手册》第 303A.01 部分以及《NASDAQ 上市规则》第 5606(1)条。

⑤ 参见《纽约证券交易所上市公司手册》第 303A.02(a)节。

⑥ 参见《NASDAQ 上市规则》第 5606(2)(a)条。

形进行了列举式的规定。根据纽约证券交易所上市规则,[①]如果某董事有下列情形之一,就不能成为独立董事:(1)在过去3年内是或曾是公司的职员或者其近亲属在过去3年内是或曾是公司的执行官。(2)其或其担任公司执行官的近亲属在过去3年内的任何12个月期间从公司直接获取了超过12万美元的报酬(不包括董事费)。(3)其或其近亲属是公司内部或外部审计师的在任合伙人;其是审计师的现雇员;其近亲属是审计师的现雇员且亲自参与公司的审计工作;或者董事或其近亲属在过去3年曾是审计师的合伙人或者雇员并在当时亲自参与公司的审计工作。(4)在过去3年内,董事或其近亲属受雇或曾受雇于另外一家公司担任执行官的职位,而公司的任何现任执行官在同时担任或曾担任该另外一家公司薪酬委员会的成员。(5)其担任一家机构的现雇员或其近亲属担任一家机构的现任执行官,而该家机构就财产或服务向公司给付的或者从接受的款项超过了该家机构合并总营业收入的2%或者100万美元。

英美很多学者就独立董事制度是否可以改善公司经营业绩这个问题进行了实证研究。各种研究的总体结论是,没有确凿的证据可以说明独立董事制度有利于提高公司经营业绩。有些研究甚至发现董事独立性和公司业绩存在负相关。[②]虽然独立董事的价值无法得到实证研究的支持,但从政策层面来说,独立董事制度仍然是公众公司必不可少的用以监督公司内部人对公司的控制以及保护小股东利益的重要机制。

2. 中国法下的独立董事制度

为了完善上市公司治理结构,促进上市公司规范运作,中国证监会于2001年8月颁布《关于在上市公司建立独立董事制度的指导意见》(以下简称《独立董事指导意见》)正式引入独立董事概念。根据《独立董事指导意见》,上市公司独立董事是指不在公司担任除董事外的其他职务,并与其所受聘的上市公司及其主要股东不存在可能妨碍其进行独立客观判断的关系的董事。2005年《公司法》首次以法律的形式肯定了长期以来上市公司设立独立董事的事实;2014年的新《公司法》原封不动地承继了上市公司需设立独立董事的要求,但是仍然没有对独立董事的职权进行相关规定,而是留待国务院制定具体办法。

---

① 参见《纽约证券交易所上市公司手册》第303A.02(b)节。

② See Donald C. Clarke, *Three Concepts of the Independent Director*, 32 Del. J. Corp. L. 73.

就独立董事的选任程序来看,《独立董事指导意见》规定上市公司董事会、监事会、单独或者合并持有上市公司已发行股份1%以上的股东可以提出独立董事候选人,即享有提名权。但是,只有股东大会才有权选举决定独立董事,即享有决定权。另外,《独立董事指导意见》第4条第3款要求证监会对独立董事获提名人选进行备案。① 从这些程序性规定可以看出,证监会介入独立董事的选任以提升公司治理水平的良苦用心。②

从独立董事的独立性来看,中国证监会从肯定性和否定性两方面对独立董事的任职资格作出了规定。在肯定性的条件设置方面,《独立董事指导意见》规定,独立董事必须符合独立性、具有上市公司运作基本背景知识、具有五年以上履职经验等要求。③ 在否定性方面,《独立董事指导意见》对不具备独立性的情况进行了非穷尽性的列举,对独立董事本人或其直系亲属以及主要社会关系与上市公司的投资性、雇佣性等关系进行了排除。④

公司选任独立董事是公司内部事务,独立董事是否符合任职资格最终却由证监会来定夺,这体现了独立董事制度刚刚引入中国时很强的行政干预的特色。证监会的出发点是好的,希望通过政府行为来控制企业的治理结构,但是,这样的做法不具有现实可操作性,同时也剥夺了企业的自治权力。因此,国务院在2004年取消了上市公司独立董事资格备案的行政审批事项。而两大交易所将指导意见

---

① 《独立董事指导意见》第4条第3款规定:"在选举独立董事的股东大会召开前,上市公司应将所有被提名人的有关材料同时报送中国证监会、公司所在地中国证监会派出机构和公司股票挂牌交易的证券交易所。上市公司董事会对被提名人的有关情况有异议的,应同时报送董事会的书面意见。中国证监会在15个工作日内对独立董事的任职资格和独立性进行审核。对中国证监会持有异议的被提名人,可作为公司董事候选人,但不作为独立董事候选人。"

② 参见罗培新:《公司法的合同解释》,北京大学出版社2004年版,第323页。

③ 《独立董事指导意见》第2条规定:"担任独立董事应当符合下列基本条件:(一)根据法律、行政法规及其他有关规定,具备担任上市公司董事的资格;(二)具有本《指导意见》所要求的独立性;(三)具备上市公司运作的基本知识,熟悉相关法律、行政法规、规章及规则;(四)具有五年以上法律、经济或者其他履行独立董事职责所必需的工作经验;(五)公司章程规定的其他条件。"

④ 《独立董事指导意见》第3条规定,以下人员不具有独立性因而不得担任独立董事:(1) 在上市公司或者其附属企业任职的人员及其直系亲属、主要社会关系(直系亲属是指配偶、父母、子女等;主要社会关系是指兄弟姐妹、岳父母、儿媳女婿、兄弟姐妹的配偶、配偶的兄弟姐妹等);(2)直接或间接持有上市公司已发行股份1%以上或者是上市公司前十名股东中的自然人股东及其直系亲属;(3)在直接或间接持有上市公司已发行股份5%以上的股东单位或者在上市公司前五名股东单位任职的人员及其直系亲属;(4)最近一年内曾经具有前三项所列举情形的人员;(5)为上市公司或者其附属企业提供财务、法律、咨询等服务的人员;(6)公司章程规定的其他人员;(7)中国证监会认定的其他人员。

中涉及独立董事任职资格和选任程序的规定分别内化为各自的上市规则，[①]由相关的证券交易所对独立董事的资质进行审查。

中国学术界对于引入独立董事制度有支持也有否对。朱慈蕴教授认为，独立董事有助于解决中国上市公司“一股独大”和“内部人控制”并存的情况，有利于优化董事会结构，强化董事会内部的制衡机构，有利于发挥董事会监督职能，履行职责。[②] 但是，有的学者对独立董事制度的价值提出了质疑。有教授认为，许多独立董事并没有发挥很大作用，因为他们不会像会计专家或经济学家那样分析公司的经营状况，并不了解公司的经营状况，至多在对公司的关联交易出具报告或进行审查方面起到一点作用。[③]

根据《上市公司独立董事管理办法》第 2 条的规定，独立董事是指不在上市公司担任除董事外的其他职务，并与其所受聘的上市公司及其主要股东、实际控制人不存在直接或者间接利害关系，或者其他可能影响其进行独立客观判断关系的董事。这一定义充分强调了独立董事的“独立性”，正因其独立，在公司运营过程中可以不受各方干涉，以其专业性客观作为，实现公司整体利益。并且，独立董事由证监会统一管理，其独立性也展现出其“监督”的作用。独立董事以其“外部人”的身份，摆脱公司利益阶层和管理层的“内部控制”，对上市公司进行监督。这也是为什么要对独立董事的任职能力和任职条件进行限制，独立董事一般是外部董事、非执行董事的原因。[④]

另外，独立董事也具有专业性。根据《上市公司独立董事管理办法》第 7 条的规定，[⑤]独立董事的选任除了应当保持独立外，还应当具备相应的工作能力与经验，通过发挥其技能与才识，使得上市公司得以展开正常的工作运营。正因独立

---

① 参见《深圳证券交易所独立董事备案办法》(2011 年修订)和《上海证券交易所上市公司独立董事备案及培训工作指引》(2010)。

② 参见朱慈蕴：《中国引入独立董事制度应注意的若干问题，公司治理与资本市场监管——比较与借鉴》，北京大学出版社 2003 年版，第 248 页。

③ 参见段匡：《公司治理模式论》，法律出版社 2007 年版，第 205 页。

④ 参见张婷婷：《独立董事勤勉义务的边界与追责标准——基于 15 件独立董事未尽勤勉义务行政处罚案的分析》，载《法律适用》2020 年第 2 期。

⑤ 《上市公司独立董事管理办法》第 7 条规定：“担任独立董事应当符合下列条件：(一)根据法律、行政法规和其他有关规定，具备担任上市公司董事的资格；(二)符合本办法第六条规定的独立性要求；(三)具备上市公司运作的基本知识，熟悉相关法律法规和规则；(四)具有五年以上履行独立董事职责所必需的法律、会计或者经济等工作经验；(五)具有良好的个人品德，不存在重大失信等不良记录；(六)法律、行政法规、中国证监会规定、证券交易所业务规则和公司章程规定的其他条件。”

董事具备独立性和专业性,使得这一身份在一众董事甚至整个上市公司中,都发挥出独特的作用,因而我国引入该制度,并规定上市公司应当建立独立董事制度。①

3. 独立董事制度对优先股股东利益的保护以及局限

根据《独立董事指导意见》,独立董事应对上市公司以及全体股东负有诚信与勤勉义务,维护公司整体利益,尤其是要关注中小股东的合法权益不受损害;独立董事应当独立履行职责,不受上市公司主要股东、实际控制人或者其他与上市公司存在利害关系的单位或个人的影响。一般来说,优先股股东都是公司的中小股东,对公司的决策没有控制权,容易受控股股东通过关联交易将公司利益向关联企业输送的机会主义侵害。《独立董事指导意见》赋予了独立董事对于重大关联交易的事先认可权,并授权独立董事独立聘请中介机构出具独立财务顾问报告的权利。独立董事的该认可权是保护小股东最具实质意义的职权。②

尽管独立董事制度的制度设计初衷是以独立董事的公正性和独立性来遏制大股东对中小股东实施的机会主义行为,维护包括优先股股东在内的中小股东的利益,但是完全独立和公平的独立董事在实际中是不存在的。独立董事制度本身存在的不可克服的矛盾也导致了很多情况下这一制度形同虚设。

首先,虽然单独或合计持股1%以上的股东就对独立董事具有提名权,但是独立董事的任命却需要股东大会的表决通过。大股东对独立董事的委派和任命具有控制权,如果要求独立董事对无法主宰其任免的中小股东负责,似乎是违背常理的。③ 根据《上市公司独立董事管理办法》第3条的规定,④独立董事需要保护中小股东合法权益。那么是否可以认为,中小股东为独立董事履行信义义务的首要对象呢?当然是否定的。一公司中无论股东所持份额多少,均是公司所有

---

① 《上市公司独立董事管理办法》第4条规定:“上市公司应当建立独立董事制度。独立董事制度应当符合法律、行政法规、中国证监会规定和证券交易所业务规则的规定,有利于上市公司的持续规范发展,不得损害上市公司利益。上市公司应当为独立董事依法履职提供必要保障。”

② 参见李建伟:《关联交易的法律规制》,法律出版社2007年版,第362页。转引自曹理:《独立董事 VS. 控制股东:中国上市公司关联交易治理实效研究》,载《证券法苑》2011年第5期。

③ 参见刘俊海:《我国〈公司法〉移植独立董事制度的思考》,载《政法论坛》2003年第3期。

④ 《上市公司独立董事管理办法》第3条规定:“独立董事对上市公司及全体股东负有忠实与勤勉义务,应当按照法律、行政法规、中国证券监督管理委员会(以下简称中国证监会)规定、证券交易所业务规则和公司章程的规定,认真履行职责,在董事会中发挥参与决策、监督制衡、专业咨询作用,维护上市公司整体利益,保护中小股东合法权益。”

者，但公司资本化“按份共有”的本质切割了大小股东之间的权利与义务，决定股东权利必然要与其财产投入成比例。[①] 在公司治理中，当然会出现大股东侵犯中小股东的合法权益的行径，需要制定相关制度来解决此问题。而独立董事本身却无法实现这一目标追求。因为，中小股东虽然是公司的所有者，但是其对于公司运营所发挥的价值和影响都很少，比起大股东或控股股东，中小股东似乎并不关心公司运营的实际效果。独立董事倘若将中小股东利益作为首要利益，那么就会产生本末倒置，如果其既不代表管理者，也不代表大股东，只代表不在乎公司管理状况的“广大中小投资者”，则有理由怀疑其监督公司的动力所在。

其次，虽然指导意见要求一名独立董事原则上最多在5家上市公司兼任独立董事，并确保其有足够的时间和精力有效的履行独立董事的职责。在实际中，独立董事投入公司的时间是非常有限的，对公司的运营状况也不甚了解。独立董事在审查关联交易时一般无法就交易获得第一手信息，也很难对交易的商业合理性和公平性进行专业的衡量。在信息获取不充分和可投入时间不足的情况下，独立董事可充分履行尽职勤勉义务的可能性会比较低。[②]

再次，独立董事的责任并没有足够的利益激励来匹配。为了确保独立董事的独立性，一般而言，其担任董事的薪酬必然不会设置的特别高。否则，高薪酬激励下的独立董事可能会为了保住其职位在有争议的事项上不愿自由独立发表意见，而偏向采取短期行为。但是，如果独立董事的薪酬很少且通常与公司的利润没有太大关系，在风险项目成功时无法分享到直接的利益奖励，在项目失败时却可能承担名誉损失甚至是法律责任，则独立董事在需要进行决策时会以规避其自身风险为主要出发点。[③]

最后，公司利益与股东利益谁是信义义务的最终受益者、二者出现分歧时独立董事应当作何抉择的问题，源于利益相关者理论与股权所有者理论的论争。[④] 股东利益与公司利益并非时时一致，亦会有所分歧。此外，公司利益是一个更为宽广的集合体，不仅包含了股东利益，甚至也包含了债权人利益等。虽然股东是

---

① 参见邓峰：《普通公司法》，中国人民大学出版社2009年版，第409页。

② 参见方流芳：《独立董事在中国：假设和现实》，载《政法论坛》2008年第5期。

③ 参见罗培新：《公司法的合同解释》，北京大学出版社2004年版，第315页。

④ 参见陈鸣：《董事信义义务转化的法律构造——以美国判例法为研究中心》，载《比较法研究》2017年第5期。

公司的实际所有人,但是当公司创设以后,其亦是适格的法人主体,有完备的行为能力和独立的权利义务关系。如今全球公司治理结构的设置已呈明显的“监督型”导向,无论公司治理是“股东中心主义”还是“董事会中心主义”,公司内部决策的提出、通过、执行,到财务的审计与核查均需经过监督与审查,独立董事在公司治理层面起制约内部控制行为、保护利益相关者之作用,制度运行目标本身就代表全体利益主体,而与个别主体的利益相左。[①] 过多地考虑利益相关者利益必定会导致股东利益的让渡,不利于公司吸引投资者青睐的目光。[②] 过多地考量股东利益也可能对于公司长期发展造成不利后果。因此独立董事应以全局作为履行信义义务的对象,在作出独立判断时,不受股东利益的干涉和影响,亦不偏倚其他利益相关者。

正如上文所述,实然,存在大股东侵犯小股东的事宜,而独立董事相较于广大中小股东而言,因其独立于公司所有者以外,似乎会更加公正公允,并且也有更多的话语权为中小股东发声。但是,中小股东绝对不可以是独立董事履行信义义务的首要对象,应当广泛代表一切股东,代表整个上市公司。大小股东之争议尚需市场制度进行规制。在建立我国类别股份制度的同时,应当对我国独立董事制度进行再思考。最好能解决以下问题:(1)为何在国外公司治理中发挥重要作用的独立董事制度在我国却形同虚设?(2)健全我国独立董事制度的关键在何处?独立董事制度引进后水土不服的问题已是学界共识,但是如何从理论和实践两个层面进行破冰则尚无最优方案。正如上文所述,独立董事制度的创设主要是为了保护中小股东的权益,因此为了保护处于中小股东地位的类别股股东权益,我国应当尽快配套修改并健全有关独立董事制度。

(七)加强证券投资者保护基金制度

证券投资者保护基金属于对证券公司的事后规范措施之一,也是社会公众股股东保护以及少数股东保护的重要措施之一。类别股股东在很多情况下属于公司少数股东,当公司公开发行类别股,尤其是在证券交易所公开发行的情况下,证券投资者保护基金也是保护类别股股东,平衡类别股股东与公司其他主体之间利益的一项重要的事后救济措施。证券公司在资本市场中具有双重身份,即中介机

① 参见徐强胜、简晓婷:《独立董事信义义务的逻辑与展开》,载《学术交流》2022 年第 6 期。

② 参见张维迎:《理解公司:产权、激励与治理》,上海人民出版社 2013 年版,第 275 页。

构和从事自营业务时作为投资者。对于前者而言,由于存在利益冲突问题,证券公司的“看门人”机制并非总是有效;对于后者而言,一般投资者遇到的信息不对称问题都可能发生在证券公司身上。无论何种情况,证券公司都可能无法履行其对投资者的义务,但为了维持资本市场的正常运行和投资信心,对投资者遭受的损失不能视而不见,需要有适当的法律主体予以赔偿,并组织投资者维权,证券投资者保护基金制度因此应运而生。

从投资者角度而言,根据投资者的不同身份,大体可以将其划分为作为上市公司股东的投资者和对作为证券交易参与人的投资者两类。对前者的保护体系主要包括上市公司监管(如公司治理、信息披露等)、二级市场监管(如内幕交易监管等)、上市公司民事赔偿制度(如股东代表诉讼和集团诉讼制度等)和股东权益保护基金四个方面。对后者的保护体系主要包括证券公司监管、二级市场监管(内幕交易、价格操纵监管等)和投资者赔付制度三个方面。因此,证券投资者保护基金对作为证券交易参与人的投资者利益进行保护,属于投资者赔付制度。

所以,证券投资者保护基金的意图并不是要解救在财务上出现问题的证券公司,而是要通过减轻、甚至消除财务失败带来的负面影响来保持资本市场的稳定。[①] 另外,也是为了更好地对中小股东进行事后救济。因此,当证券公司因破产、陷入财务困境等原因无法发挥“看门人”作用时,由证券投资者保护基金按照一定程序和标准对因此受到损害的投资者进行赔付。从这个角度来看,证券公司处于投资者保护体系中的“第一条保护链”,而证券投资者保护基金处于投资者保护体系中的“第二条保护链”。

我国建立健全类别股份制度的同时,应当强化证券投资者保护基金的对类别股股东的保护作用。由于证券投资者保护基金独立于公司法律体系之外,属于事后规范和救济措施,因此本书予以概括论述。

四、《公司法》修改建议——完善类别股相关条款

发行类别股时,还需要对我国《公司法》等法律以及相关配套规定进行修改,由于类别股的类别权区别于普通股股权,在《公司法》中要与普通股加以区别,首

---

① 参见陈高华:《中国证券投资者保护基金制度相关经济主体的逆向选择问题》,载《上海金融》2006 年第 6 期。

先明确类别股的地位,其次对类别股的权利进行规范,最后在《证券法》及其他部门规章等的配套规定中对股份公司类别股份的发行交易等相关规定也要加以阐明。

在借鉴各国有关类别股的立法例的基础上,本书对现行公司法引入类别股制度有如下的修改建议。

1.《公司法》第4条第2款修改为:

公司普通股股东依法享有资产收益、参与重大决策和选择管理者等权利,类别股股东的权利依照本法和公司章程确定。

修改理由:在公司法总则中突出类别股股东的特殊地位,引领股份有限公司类别股具体法律规定的展开,起到提纲挈领的作用。

2.《公司法》第116条修改为:

普通股股东出席股东会会议,所持每一股份有一表决权,类别股股东除外。公司持有的本公司股份没有表决权。公司依照本法发行表决权不同于普通股的类别股份时,依照公司章程的规定。

股东会作出决议,应当经出席会议的有表决权股东所持表决权过半数通过。但是,股东会作出修改公司章程、增加或者减少注册资本的决议,以及公司合并、分立、解散或者变更公司形式的决议,应当经出席会议的有表决权股东所持表决权的三分之二以上通过。

除以下情况外,优先股股东不出席股东大会会议,所持股份没有表决权:(1)修改公司章程中与该类优先股相关的内容;(2)一次或累计减少公司注册资本超过百分之十;(3)公司合并、分立、解散、重大资产处置、根本性结构变更或变更公司形式;(4)发行一种在权利或优惠上优于或者不劣于该类优先股的股份;(5)公司章程规定的其他情形。上述事项的决议,除须经出席会议的普通股股东(含表决权恢复的优先股股东)所持表决权的三分之二以上通过之外,还须经出席会议的优先股股东(不含表决权恢复的优先股股东)所持表决权的三分之二以上通过。

修改理由:《优先股指导意见》对优先股的表决权限制已经设定了法律框架,采用了规定4种法定情形并尊重章程其他任意性规定的立法方式。本书认为,考虑到类别表决制度的重要性,应当在《公司法》中也作出相应规定。对于《优先股指导意见》中规定的4种类别股表决的法定情形,本书认为有值得商榷的地方。

其一,法定情形应当包括公司的重大资产处置或者根本性结构变化。否则,公司可以通过重大资产处置达到合并和分立的目的,从而规避触发4种法定情形之一。

其二,虽然在优先股试点期间不允许发行在股息分配和剩余财产分配上有不同优先顺序的优先股,但是,参照各国的立法例以及从公司融资的现实需求来看,允许发行不同优先顺序的优先股是不可避免的发展方向。在一种类别股已发行后,如果公司打算发行另一种类别股是否需要在先发行的类别股的股东同意则需视情况而定。如果新发行的类别股在任何权利或优惠上优于或者实质上不劣于在先发行的类别股,则需要获得先发行的类别股股东团体的表决通过;但是如果新发行的类别股在任何权利或优惠方面劣于在先发行的类别股,则无须先发行的类别股股东团体的表决通过。因此,第4种法定情形应当从"发行优先股"改为"发行一种在权利或优惠上优于或者不劣于该类优先股的股份"。

3.《公司法》第161条修改为:

有下列情形之一的,对股东会该项决议投反对票的股东可以请求公司按照合理的价格收购其股份,公开发行股份的公司除外:

(一)公司连续五年不向股东分配利润,而公司该五年连续盈利,并且符合本法规定的分配利润条件;

(二)公司转让主要财产;

(三)公司章程规定的营业期限届满或者章程规定的其他解散事由出现,股东会通过决议修改章程使公司存续;

(四)股东会作出公司合并、分立决议;

(五)公司章程规定的其他情形。

自股东会决议作出之日起六十日内,股东与公司不能达成股份收购协议的,股东可以自股东会决议作出之日起九十日内向人民法院提起诉讼。

公司因本条第一款规定的情形收购的本公司股份,应当在六个月内依法转让或者注销。

4.《公司法》第162条修改为:

公司不得收购本公司股份。但是,有下列情形之一的除外:

(一)减少公司注册资本;

(二)与持有本公司股份的其他公司合并;

(三)将股份用于员工持股计划或者股权激励;

(四)将股份用于转换公司发行的可转换为股票的公司债券;

(五)上市公司为维护公司价值及股东权益所必需。

公司因前款第一项、第二项规定的情形收购本公司股份的,应当经股东会决议;公司因前款第三项、第四项、第五项规定的情形收购本公司股份的,可以按照公司章程或者股东会的授权,经三分之二以上董事出席的董事会会议决议。

公司依照本条第一款规定收购本公司股份后,属于第一项情形的,应当自收购之日起十日内注销;属于第二项情形的,应当在六个月内转让或者注销;属于第三项、第四项、第五项情形的,公司合计持有的本公司股份数不得超过本公司已发行股份总数的百分之十,并应当在三年内转让或者注销。

上市公司收购本公司股份的,应当依照《中华人民共和国证券法》的规定履行信息披露义务。上市公司因本条第一款第三项、第四项、第五项规定的情形收购本公司股份的,应当通过公开的集中交易方式进行。

公司不得接受本公司的股份作为质权的标的。

修改理由:第 161 条的修改理由在于,应当结合异议股东享有的权利进一步放宽异议股东退出机制。面临公司合并、分立等重大结构性变化,异议股东应当有权请求公司收购其股份,公司必须收购,否则股东有权提起诉讼。此种权利属于股东的法定权利。另外,公司章程可以规定异议股东享有股份回购请求权的其他情形,在不违反法律和公序良俗的情况下应当对于这种自由加以认可并提供保护和救济。对于公司回购股东股份的情形,可以做适当补充和扩张,并且用公司章程作为其依据,以实现意思自治和营业自由的基本原则。与第 161 条的修改相配合,第 162 条第 1 款中第 4 项"股东因对股东会作出的公司合并、分立决议持异议,要求公司收购其股份"应当删去,该项内容属于股东的法定权利,应当移至第 161 条更为适当。

5.《公司法》第 180 条修改为:

董事、监事、高级管理人员对公司负有忠实义务,应当采取措施避免自身利益与公司利益冲突,不得利用职权牟取不正当利益。

董事、监事、高级管理人员对公司负有勤勉义务,执行职务应当为公司的最大利益尽到管理者通常应有的合理注意,不得因失职造成公司利益损失。

公司的控股股东、实际控制人不担任公司董事但实际执行公司事务的,适用前两款规定。

独立董事执行职务时应当优先考虑公司整体利益，在其职责范围内对公司负有忠实义务与勤勉义务。

董事、高级管理人员应公平对待不同类别股股东，不得将某一类别股东的利益不正当地转移给其他类别股东。

修改理由：《公司法》第181条详细界定了董事、监事、高级管理人员等违反忠实义务的若干情形，而更加难以界定的勤勉义务却未提及。根据立法目的，勤勉义务强调了公司董事、监事、高级管理人员等不可以消极怠工造成公司整体利益的损失。因而，所谓勤勉，应当从主观和客观两个方面进行界定。在客观方面，公司整体利益受到严重损害，已经成为一种既定事实，且造成这种损害的直接原因在于公司董事、监事、高级管理人员等的“不勤勉”，与之具有因果关系。在主观层面，需要考量公司董事、监事、高级管理人员是否具有主观故意或过失的心理。

正所谓“法不强人所难”，公司董事、监事、高级管理人员等，尤其是独立董事，仅仅专精于公司的特定事务与事项。在界定勤勉与否时，需要考量公司董事、监事、高级管理人员等在公司治理中能够发挥的实际作用和工作领域，还应当考量其工作能力，结合公司董事、监事、高级管理人员等的客观实际判定是否承担勤勉义务以及勤勉义务承担的份额。

增加与独立董事相关的条文，“独立董事执行职务时应当优先考虑公司整体利益”。不应当仅仅只依靠独立董事制度来调和大小股东的矛盾，独立董事应当立足于公司整体利益，以公司整体利益为优先，做到在大小股东中不偏不倚。

增加第5款的理由在于，优先股股东与普通股股东的利益冲突在很多情况下也是小股东和大股东的利益冲突。美国判例法（特别是特拉华州的判例法）下法官以普通股股东利益最大化原则为导向处理优先股股东和普通股股东的利益冲突，其结果是作为大股东的普通股股东常常利用其对董事会的控制采取机会主义行为侵害优先股股东的利益，而董事对优先股股东的优先权几乎没有信义义务可言。考虑到优先股股东的弱势地位，本书建议对董事会增加公平对待不同类别股东的义务，防止董事会不正当的将一类股东的利益转移给另一类股东。董事会的决策应当以公司整体财富和利益最大化为准则，这样才可以达到各种类别股东利益都最大化的多赢结果。

6.《公司法》第210条第4款修改为：

公司弥补亏损和提取公积金后所余税后利润，有限责任公司按照股东实缴的出资比例分配利润，全体股东约定不按照出资比例分配利润的除外；股份有限公司按照股东所持有的股份比例分配利润，公司章程另有规定的除外。股份有限公司按照先分配优先股股利再分配普通股股利的顺序和同一类别股东相应的持股比例进行分配，但股份有限公司章程规定不按持股比例分配的除外。

7.《公司法》第236第2款修改为：

公司财产在分别支付清算费用、职工的工资、社会保险费用和法定补偿金，缴纳所欠税款，清偿公司债务后的剩余财产，有限责任公司按照股东的出资比例分配，股份有限公司应先向优先股股东支付未派发的股息和公司章程约定的清算金额，如有剩余再按股份比例和章程的规定在股东之间进行分配。

修改理由：随着股份有限公司发行优先股的情形变得普遍，优先股股东在股份有限公司的利润分配和剩余财产分配中具有越来越重要的地位。因此需要修改该款，突出优先股拥有相对于普通股的法定优先分配地位，以更好地保护优先股股东的利润分配权和剩余财产分配权，防止普通股股东或享有控制权的其他类别股股东滥用控制权损害优先股股东的合法权益。

结　论

类别股份源于英国，蓬勃兴盛在全世界。大多数发达国家均在公司法或商法等法律中明确规定了类别股份制度。虽然类别股份在西方国家已经发展出比较成熟的法律制度，是境外市场比较成熟的证券投资品种，但对于中国来说还属于新生事物，也是近期公司法制度创新的主要方向。就类别股份的性质而言，其作为混合证券兼有股权和债权的双重性质，横跨公司法和合同法两大法律领域，是对传统公司资本结构同股同权原则的颠覆和重构。无论是从类别股份制度体现了股东实质平等角度，阐述类别股份制度存在的理论正当性；还是虽承认类别股份制度是对一股一票表决权原则的颠覆，但从股东异质化以及公司治理的私法特征等角度，对该种颠覆存在的合理性进行解释；都认可了类别股份存在合理性和必要性等。

作为现代公司融资的一个重要渠道，类别股份可以满足公司和投资者对风险和利益偏好的不同选择，实质是将股东的经济性权利和管理性权利按照合同原则进行分割和组合。因此，以类别股的主权利区别类别股的种类有其必然性和合理性。

2013 年国务院发布优先股试点的指导意见，正式将类别股制度引入中国。优先股试点工作的启动，以及优先股在国内大型商业银行首先进行试点的实践，使得类别股份制度在我国得以重新从理论上的讨论提升到试水实践的阶段。2023 年修订的《公司法》正式引入股份有限公司类别股法律制度，但相关制度设计仍需要进一步完善和细化。在分析 2023 年《公司法》相关规定以及境外有关类别股制度立法例的基础上，参照已经开始的优先股试点工作，本书试图对中国创设全面的类别股份制度提出建设意见，并从以下两个方面对类别股份制度设计进行了分析。

其一，本书对大陆法系和英美法系主要国家的类别股份制度进行了总结归纳，将不同种类的类别股份按照其主权利进行分类，寻求其共性，抽象出一般规律，同时探究不同种类类别股份的特殊性。中国的类别股份制度立法应当以大陆法系的规范性立法为主要参照系，结合英美法系的章程自由和私法自治原则，在必要的法律规制的基础上，给予足够的自治空间，以创设规范性和灵活性相统一的优先股制度，满足融资方和投资方的双重需求。

其二，公司发行类别股之后，其本身复杂而充满矛盾的内外部法律关系因类别股股东的加入而变得更为复杂。本书对各种利益冲突以及冲突的平衡范式进行了深入探讨。一是优先股股东和普通股股东之间存在横向的利益冲突，对公司利益的分配存在一定的争夺关系，在股利分配和剩余财产分配方面存在激烈冲突；二是公司的董事和高级管理人员与股东整体之间存在纵向的利益冲突，因而需要通过信义义务的约束来确保董事勤勉忠实的行事；三是优先股股东与公司债权人、债务人也存在利益冲突。尤其是，当横向冲突和纵向冲突交汇时冲突将更加难以治理。在英美判例法下，在优先股股东和普通股股东发生利益冲突时，董事和高级管理人员若以最大化普通股股东利益为原则而进行决策则会被认为是没有违反其信义义务。这样产生的结果是，董事可能会不正当的将类别股股东的利益输送给普通股股东，而非着眼于增加公司的整体财富。汲取英美判例法的经验，本书从公司法层面和合同法层面提出了保护处于弱势地位的类别股股东利益，平衡类别股股东与公司其他主体之间利益冲突的范式，从而指导我国类别股份制度的建设。

本书在理论分析和实证研究的基础上对我国《公司法》中股份有限公司类别股法律制度、我国优先股试点法律框架以及优先股发行实践中的不足进行了归纳总结，并对全面建立类别股制度提出了立法的指导原则，包括利益平衡原则、契约自由原则、类别股股东保护原则和符合国情的原则。在立法例上，本书建议在进一步完善股份有限公司类别股制度时，应当以大陆法系立法体例为主，以强制性规范为主导，突出对类别股股东权利的保护和公司主体之间利益的平衡，同时遵循现代公司法律制度发展的规律，突出任意性规范，逐步增加公司章程的灵活性。关于类别股强制性规范的设计，本书从信息披露规则、公司治理基本规则、类别股权利设置规则以及类别股权利保护规则等方面进行了阐述。最后，本书围绕《公司法》上类别股法律制度的完善提出了进一步的修改建议。

由于类别股份制度非常复杂，自身知识、水平和能力有限，本书的遗漏、不足和肤浅之处在所难免。在以后的学习研究和司法实务中,笔者将进一步深入关注和研究类别股份制度在我国的建立和完善问题,借此希望在我国公司法类别股份制度建设中贡献自己的力量。

参 考 文 献

一、中文文献

（一）著作类

1. 曹立：《权利的平衡——优先股与公司制度创新》，中国财政经济出版社2013年版。

2. 卞耀武主编：《德国股份公司法》，贾红梅、郑冲译，法律出版社1999年版。

3. 卞耀武主编：《法国公司法规范》，李萍译，法律出版社1999年版。

4. 段匡：《公司治理模式论》，法律出版社2007年版。

5. [德]托马斯·莱赛尔、吕迪格·法伊尔：《德国资合公司法》，高旭军等译，法律出版社2005年版。

6. [德]格茨·怀克、克里斯蒂娜·温德比西勒：《德国公司法》，殷盛译，法律出版社2010年版。

7. [德]汉斯－贝恩德·舍费尔、克劳斯·奥特：《民法的经济分析》，杜青云、杜涛译，法律出版社2009年版。

8. [法]伊夫·居荣：《法国商法》，罗结珍、赵海峰译，法律出版社2004年版。

9.《法国公司法典》（上、下），罗结珍译，中国法制出版社2007年版。

10. 葛伟军：《英国公司法：原理与判例》，中国法制出版社2007年版。

11. 柯芳枝：《公司法论》，中国政法大学出版社2004年版。

12. 刘俊海：《现代公司法》（第3版），法律出版社2015年版。

13. 刘俊海：《股份有限公司股东权的保护》（修订本），法律出版社2004年版。

14. 刘俊海：《新公司法的制度创新：立法争点与解释难点》，法律出版社2006年版。

15. 刘俊海：《新公司法的制度创新：规范内涵与合规治理》，中国法制出版社2024年版。

16. 李泽沛主编：《香港法律大全》，法律出版社1992年版。

17. 罗培新：《公司法的合同解释》，北京大学出版社2004年版。

18. 罗培新：《公司法的法律经济学研究》，北京大学出版社2008年版。

19. 梁慧星:《民法解释学》,中国政法大学出版社 1995 年版。

20. 李建伟:《关联交易的法律规制》,法律出版社 2007 年版。

21. [葡]路易斯·科雷拉·达·席尔瓦、马克·格尔根、吕克·伦内布格:《股利政策与公司治理》,罗培新译,北京大学出版社 2008 年版。

22. 苗壮:《美国公司法:制度与判例》,法律出版社 2007 年版。

23. [美]弗兰克·伊斯特布鲁克、丹尼尔·费希尔:《公司法的经济结构》,张建伟、罗培新译,法律出版社 2005 年版。

24. [日]前田庸:《公司法入门》(第 12 版),王作全译,北京大学出版社 2012 年版。

25. [日]滨田道代、吴志攀主编:《公司治理与资本市场监管——比较与借鉴》,北京大学出版社 2003 年版。

26. 王瑞贺主编:《中华人民共和国公司法释义》,法律出版社 2024 年版。

27. 王翔主编:《中华人民共和国公司法释义》,中国法制出版社 2024 年版。

28. 薛波主编:《元照英美法词典》,法律出版社 2003 年版。

29. [英]丹尼斯·吉南:《公司法(Smith and Keenan's Company Law)》,朱羿锟等译,法律出版社 2005 年版。

30.《英国 2006 年公司法》(2012 年修订译本),葛伟军译,法律出版社 2012 年版。

31. 赵旭东主编:《新公司法条文释解》,法律出版社 2023 年版。

32. 周正庆主编:《证券知识读本》(修订本),中国金融出版社 2006 年版。

33. 朱伟一:《美国公司法判例解析》,中国法制出版社 2000 年版。

(二)论文类

1. 陈东:《英国公司法上的董事"受信义务"——兼与王保树、孔祥俊、梅慎实等诸位先生商榷》,载《比较法研究》1998 年第 2 期。

2. 陈高华:《中国证券投资者保护基金制度相关经济主体的逆向选择问题》,载《上海金融》2006 年第 6 期。

3. 曹理:《独立董事 VS. 控股股东:中国上市公司关联交易治理实效研究》,载《证券法苑》2011 年第 5 期。

4. 董新义:《韩国新商法中的种类股制度及借鉴》,载《证券市场导报》2014 年第 4 号。

5. 方流芳:《独立董事在中国:假设和现实》,载《政法论坛》2008 年第 5 期。

6. 耿胜先、郑利霞:《社会公众股类别表决的法理基础——用比较的方法分析》,载《行政与法》2005 年第 9 期。

7. 葛伟军:《论类别股和类别权:基于平衡股东利益的角度》,载张育军、徐明主编:《证券法苑》(第 3 卷),法律出版社 2010 年版。

8. 龚博:《以优先股制约国有股控权的制度设计》,载《法学》2012 年第 10 期。

9. 蒋雪雁:《英国类别股制度研究》(上),载《金融法苑》2006 年第 2 期。

10. 蒋雪雁:《英国类别股份制度研究》(下),载《金融法苑》2006 年第 3 期。

11. 刘俊海:《建议〈公司法〉与〈证券法〉联动修改》,载《法学论坛》2013 年第 4 期。

12. 刘俊海:《论股权平等原则》,载《法学杂志》2008 年第 3 期。

13. 刘俊海:《论股东的表决权》,载《法律科学》1995 年第 6 期。

14. 刘俊海:《我国〈公司法〉移植独立董事制度的思考》,载《政法论坛》2003 年第 3 期。

15. 刘磊、刘益、黄燕:《国有股比例、经营者选择及冗员间关系的经验证据与国有企业的治理实效》,载《管理世界》2004 年第 6 期。

16. 刘鸿儒:《我国股份制改革历程的回顾》,载《百年潮》2009 年第 3 期。

17. 刘渝生:《论股东平等原则与股东会之决议》,载《东海法学》1996 年第 11 期。

18. 梁胜、易琪:《境外优先股法律制度比较研究》,载张育军、徐明主编:《证券法苑》(第 8 卷),法律出版社 2013 年版。

19. 卢阳春:《我国国有企业股份制改革三十年制度变迁研究及启示》,载《经济体制改革》2008 年第 4 期。

20. 罗培新:《公司法学研究的法律经济学含义——以公司表决权规则为中心》,载《法学研究》2006 年第 5 期。

21. 马一:《股权稀释过程中公司控制权保持:法律途径与边界——以双层股权结构和马云“中国合伙人制”为研究对象》,载《中外法学》2014 年第 3 期。

22. 林国全:《台湾地区有限公司法制之探讨与应有之修正方向》,载王保树编:《全球竞争体制下的公司法改革》,社会科学文献出版社 2003 年版。

23. 徐强胜:《论股份种类的设置》,载《河北法学》2006 年第 9 期。

24. 徐子桐:《从银山化工案看类别股东表决》,载《证券市场导报》2004 年第 2 期。

25. 杨正洪、李飞:《论流通股与非流通股的分类表决制度》,载《证券市场导报》2005 年第 2 期。

26. 吴慧如:《特别股性质研究》,台湾政治大学会计研究所 1988 年硕士学位论文。

27. 魏勇强:《双重股权结构是公司资本结构的合理选择吗》,载《特区经济》2012 年第 10 期。

28. 汪青松、赵万一:《股份公司内部权力配置的结构性变革——以股东“同质化”假定到“异质化”现实的演进为视角》,载《现代法学》2011 年第 3 期。

29. 汪青松:《论股份公司股东权利的分离——以“一股一票”原则的历史兴衰为背景》,载《清华法学》2014 年第 2 期。

30. 王磊:《论我国的异议股东股份回购请求权制度》,载《湖北警官学院学报》2013年第3期。

31. 易仁涛、间梓睿:《独立董事制度取舍论》,载《法学杂志》2011年第8期。

32. 朱思颖:《特别股法律制度与实践问题研究》,台湾大学法律学系2014年硕士学位论文。

33. 周芬锦:《现行法律将公司分为有限和股份两种,专家称修改公司法需重构公司分类》,载《法制日报》2013年4月1日。

34. 张舫:《美国"一股一权"制度的兴衰及其启示》,载《现代法学》2012年第3期。

35. 朱慈蕴:《资本多数决原则与控股股东的诚信义务》,载《法学研究》2004年第4期。

36. 朱慈蕴、沈朝晖:《类别股与中国公司法的演进》,载《中国社会科学》2013年第9期。

37. 王欣新、魏现州:《在我国公司法中设置优先股制度初探》,载《法律适用》2010年第10期。

38. 丁楹:《从美国优先股制度发展历程看中国转轨时期优先股制度的建立》,载《中央财经大学学报》2013年第5期。

39. 郭富青:《股份公司设置特别股的法律透视》,载《河北法学》2002年第5期。

40. 任尔昕:《关于我国设置公司种类股的思考》,载《中国法学》2010年第6期。

41. 张志坡:《优先股的立法、实践与启示》,载《金陵法律评论》2012年第1期。

二、外文文献

(一)著作类

1. Frank J. Fabozzi, *The Handbook of Financial Instrument*, Wiley, 2002.

2. Frinklin A. Gevurtz, *Corporation Law*, West, Thomson Reuters 2010.

3. Frank Easterbrook& Daniel R. Fischel, *The Economic Structure of Corporate Law*, Harvard University Press, 1991.

4. John Armour, Luca Enriques et al., *The Anatomy of Corporate Law: A Comparative and Functional Approach*, 3rd edn., Oxford University Press 2017.

5. Mathias M. Siems, *Convergence in Shareholder Law*, Cambridge University Press, 2008.

6. Paul L. Davies and Sarah Worthington, *Gower and Davies' Principles of Modern Company law*, 9th Edition, Sweet & Maxwell, 2012.

7. Robert Charles Clark, *Corporate Law*, Aspen Law & Business 1986.

8. Robert W. Hamilton, *The Law of Corporations in a Nutshell*, Thomson Reuters 2011.

9. *The Oxford Handbook of Corporate Law and Governance*, Edited by Jeffrey N. Gordon and Wolf - Georg Ringe, 2018.

10. K. Rahbott, N. Pendlehury, *Business Law*, 6th Edition, 1993.

11. Rafael Chodos, *The Law of Fiduciary Duties*, Blackthorne legal press, 2010.

12. [日]江头宪治郎:《株式会社法》(第4版),有斐閣2011年版。

13. [日]铃木竹雄、竹内昭夫:《社会法》,有斐阁1981年版。

14. [日]前田庸:《会社法入门》(第2版),有斐阁1994年版。

(二)论文类

1. Andrei A. Baev, *Is There a Niche for the State in Corporate Governance — Securitization of State - Owned Enterprises and New Forms of State Ownership*, Hous. J. Int'l L., 1 (1995).

2. Anete Pajuste, *Determinants and Consequences of the Unification of Dual - Class Shares*, European Central Bank Working Paper Series, No. 465, 2005. 3.

3. Bernard Black and Reinier Kraakman, *A Self - enforcing Model of Corporate Law*, 109 Harv. L. Rev. 1911.

4. Bernard S. Black, *The Core Fiduciary Duties of Outside Directors*, Asia Business Law Review 3 - 16 (July 2001).

5. Christine O' Grady Putek, *Limited But Not Lost: A Comment on the ECJ's Golden Share Decision*, Fordham L. Rev., 2219(2003).

6. *Communication of the Commission on Certain Legal Aspects Concerning Intra - EU Investment*, Official Journal OJC 220, 19/07/1997.

7. Daniel R. Fischel, *Organized Exchanges and the Regulation of Dual Class Common Stock*, 54 University of Chicago Law Review 119 (1987).

8. Donald C. Clarke, *Three Concepts of the Independent Director*, 32 Del. J. Corp. L. 73.

9. Eirik G. Furubotn and Svetozar Pejovich, *Property Rights and Economic Theory: A Survey of Recent Literature*, Journal of Economic Literature, Vol. 10, No. 4.

10. Fronco Modigliani, *Merton Miller*, *The Cost of Capital*, *Corporate Finance and the Theory of Investment*, The American Economic Review, Vol. 48, No. 3 (June 1958).

11. Germà Bel and Francesc Trillas, Privatization, *Corporate Control and Regulatory Reform: the Case of Telefonica*, Telecommunications Policy, 25 - 51 (2005).

12. Graham L. Sterling, *Amendments to California Corporation Laws*, 1937: Readjusting

Stock Structure, California Law Review, 76 - 90 (1937).

13. Harold Demsetz, *The Cost of Transacting*, The Quarterly Journal of Economics, 33 - 53(1986).

14. Ivan Kuznetsov, *The Legality of Golden Shares under EC Law*, Hanse L. Rev., 22 (2005).

15. Iman Anabtawi and Lynn A. Stout, *Fiduciary Duties for Activist Shareholders*, UCLA School of Law, Law & Economics Research Paper Series Research Paper No. 08 - 02.

16. Katharina Pistor, Yoram Keinan, Jan Kleinheisterkamp & Mark D. West, *The Evolution of Corporate law: a Cross - country Comparison*, The University of Pennsylvania Journal of International Economic Law, Vol. 23, Issue 4, p. 791 - 871.

17. Lorenzo Sasso, *Capital Structure and Corporate Governance: the Role of Hybrid Financial Instruments*, a Thesis Submitted to the Department of Law of the London School of Economics and Political Science for the degree of Doctor of Philosophy in April 2012.

18. Lawrence E. Mitchell, *The Puzzling Paradox of Preferred Stock*, 51 Bus. Law. 443 (1996).

19. Lynn A. Stout, *In Praise of Procedure: An Economic and Behavioral Defense of Smith v. Van Gorkom and the Business Judgment Rule*, 96 N W. U. L. Rev. 675 (2002).

20. Marco Becht, *European Corporate Governance: Trading off Liquidity against Control*, European Economic Review, 1701 - 1083 (1999).

21. Michael C. Jensen and William H. Meckling, *Theory of the Firm: Managerial Behavior*, Agency Costs and Ownership Structure, Journal of Financial Economics, 1976, Vol. 3.

22. Melissa M. McEllin, *Rethinking Jedwab: A Revised Approach to Preferred Shareholder Rights*, 2010 Colum. Bus. L. Rev. 895.

23. Noelle M. Holladay, *Limited Fiduciary Duties Owed by Corporate Managers to Preferred Shareholders: A Need for Change*, Fall 1999/2000, 88 Ky. L. J. 87.

24. Paul A. Gompers, Joy Ishii and Andrew Metrick, *Extreme Governance: An Analysis of Dual - Class Firms in the United States*, May 2008, available at http://ssrn.com/abstract = 562511.

25. Robert B. Thompson, *Exit, Liquidity, and Majority Rule: Appraisal's Role in Corporate Law*, Georgetown Law Journal, November, 1995.

26. Rutherford B. Campbell, Jr., *A Positive Analysis of the Common Law of Corporate Fiduciary Duties*, 84 Ky. L. J. 445 (1996).

27. Stephen M. Bainbridge, *the Short Life and Resurrection of SEC Rule* 19*c* - 4, Washington University Law Quarterly, 1991, Vol. 69.

28. William W. Bratton & Michael L. Wachter, *A Theory of Preferred Stock*, 161 U. Pa. L. Rev., 2013.

29. William W. Bratton, *Venture Capital on the Downside: Preferred Stock and Corporate Control*, 100 Mich. L. Rev., 2002.

30. William W. Bratton, *Gaming Delaware*, Willamette L. Rev. 2004, 40.

31. Yakov Amihud, *Illiquidity and Stock Returns: Cross - section and Time - series Effects*, Journal of Financial Markets, 31 - 56 (2002).

32. [日]佐井吾光,「M&Aの有効手段としての種類株式活用の可能性——M&Aの場面における活用方法と種類株式の評価の現状」,《経営戦略研究》, M&A 特集 16 号(2008 年)。

33. [日]高岡義幸,「種類株式から見た株式会社の設計思想——コーポレート・ガバナンス体制の変化」,広島経済大学経済研究論集 32 巻 1 号(2009 年)。

34. [日]荻野博司,「取締役報酬の位置づけ—クリーンフリー報告をもとに—、日本コーポレート・ガバナンス・フォーラム編「コーポレート・ガバナンス英国の企業改革」,商事法務研究会(2001 年)。

35. [日]奥平旋,「黄金株と民営化企業のガバナンス:民営化後の政府関与のあり方」早稲田法学会誌(2009 年)。

(三)案例、报告类

1. M. R. Greene in Greenhalgh v. Arderne Cinemas [1946] 1 All E. R. 518.

2. Dimbula Valley (Ceylon) Tea Co. v. Laurie [1961] Ch. 353.

3. Adair v. Old Bushmills Distillery [1908] W. N. 24.

4. Guttmann v. Illinois Central R. Co. No. 238, Docket 21801.

5. Equity - Linked Investors, L. P. v. Adams, 705 A, 2d 1041, 1042 (Del. Ch. 1997).

6. Rothschild Int'l Corp. v. Liggett Group, Inc. 474 A. 2d 133, 136 (Del. 1984).

7. Moore Bus. Forms, Inc. v. Cordant Holdings Corp., 1995 (Del Ch. Nov. 2, 1995).

8. NBC Universal, Inc. v. Paxson Commc'ns Corp., 2005 WL 1038997 (Del. Ch. Apr. 29, 2005).

9. Ellingwood v. Wolf' Head Oil Refining Co., 38 A. 2d 743 (Del. 1944).

10. Rothschild Int'l Corp. v. Liggett Group, Inc. 474 A. 2d 133, 136 (Del. 1984).

11. Wood v. Coastal States Gas Corp., 401 A. 2d at 937 (Del. 1979).

12. LC Capital Master Fund, Ltd. v. James, 990 A.2d 435(Del. Ch. ,2010).

13. Fletcher Int' l, Ltd. v. ION Geophysical Corp. , 2010 WL 2173838 (Del. Ch. May 28, 2010).

14. Kohls v. Kenetech Corp. , 791 A.2d 763, 771(2000).

15. Hibbert v. Hollywood Park, Inc, 457A. 2d342.

16. Quadrangle Offshore (Cayman) LLC v. Kenetech Corp. 1999 WL 893475 (Del. Ch. Oct. 13, 1999).

17. Benchmark Capital Partners IV, L. P. v. Vague, 2002 WL 1732423 (Del. Ch. July 15, 2002).

18. WarnerCommun. v. Chris – Craft Industries, 583 A.2d 962 (Del. Ch. 1989).

19. Scottish Insurance v. Wilsons & Clyde Coal Co. [1949] A. C. 462; Isle of Thanet Electric Co, Re [1950] Ch. 161, CA.

20. London India Rubber Co. Re (1868) L. R. 5 Eq. 519; Accrington Corp Steam Tramways, Re [1909] 2 Ch. 40.

21. Dimbula Valley (Ceylon) Tea Co. Ltd. v. Laurie [1961] Ch. 353; Saltdean Estate Co. Ltd. , Re [1968] 1 W. L. R. 1844.

22. Will v. UnitedLankat Plantations Co [1914] A. C. 11, HL.

23. Cottish Insurance v. Wilsons & Clyde Coal Co. [1949] A. C. 462; Isle of Thanet Electric Co, Re [1950] Ch. 161, CA.

24. National Telephone Co. , Re [1914] 1 Ch. 755.

25. Staples v. Eastman Photographic Materials Co. [1896] 2 Ch. 303, CA.

26. Burland v. Earle [1902] A. C. 83, PC; Buenos Ayres Gt Southern Railway, Re [1947] Ch. 384; Godfrey Phillips Ltd. v. Investment Trus Ltd. [1953] 1 W. L. R. 41.

27. Crichton's Oil Co. , Re [1902] 2 Ch. 86, CA; Roberts & Cooper, Re [1929] 2 Ch. 383; Wood, Skinner & Co. Ltd. , Re [1944] Ch. 323.

28. Walter Symons Ltd. , Re [1934] Ch. 308; f de Jong & Co. Ltd. , Re [1946] Ch. 211, CA; E. W. Savory Ltd. , Re [1951] 2 All E. R. 1036; Wharfedale Brewery Co. , Re [1952] Ch. 913.

29. Isle of Thanet Electric Co, Re [1950] Ch. 175.

30. Benchmark Capital Partners IV, L. P. v. Vague, 2002 WL 1732423 (Del. Ch. July 15, 2002).

31. Smith v. VanGorkum, 488 A.2d 858 (Del. 1985).

32. Wichersham v. Crittenden. Hobbs v. Tom Reed Cold Mining Co.

33. Loft, Inc v. Guth, 2A. 2d225, 510 (Del. Ch. 1939).

34. Equity - Linked Investors, L. P. v. Adams, 705 A, 2d 1041, 1042 (Del. Ch. 1997).

35. In re Trados Incorporated Shareholder Litigation Delaware Court of Chancery, 2009 WL 2225958.

36. Blackmore Partners, L. P. v. Link Energy, LLC, 864 A 2d 80 (Del. Ch. 2004).

37. Robinson V. T. I. M. E. - DC, Inc., 566 F. Supp. 1077 (N. D. Tex. 1983).

38. EuGH Rs. C - 367/98, Kommission/Portugal, Slg. 2002, S. I - 75; Rs. C - 483/99, Kommission/Frankreich, Slg. 2002, S. I - 4803; Rs. C - 503/99, Kommission/Belgien, Slg. 2002, S. I - 4832.

39. EUGHRs. C - 483/99, Kommission/Frankreich, Slg. 2002, S. I - 4803; Rs. C - 503/99, Kommission/Belgien, Slg. 2002, S. I - 4832.

40. 2011 Changes to the Model Business Corporation Act and Comments.

41. EUGH Rs. C - 302/97, Konle, Slg. 1999, S. I - 3099.

42. EUGH Rs. C - 367/98, Kommission/Portugal, Slg. 2002, S. I - 4731.

43. Commission of The European Communities, Impact Assessment on the Proportionality between Capital and Control in Listed Companies, Commission Staff Working Document, Brussels, 12. 12. 2007, SEC (2007) 1705.